"十三五"全国高等院校人力资源管理系列规划教材

JOB ANALYSIS
工作分析

葛玉辉◎主编　焦忆雷　郭亮亮◎副主编

电子工业出版社
Publishing House of Electronics Industry
北京·BEIJING

未经许可，不得以任何方式复制或抄袭本书的部分或全部内容。
版权所有，侵权必究。

图书在版编目（CIP）数据

工作分析 / 葛玉辉主编. —北京：电子工业出版社，2020.5
ISBN 978-7-121-38427-1

Ⅰ.①工… Ⅱ.①葛… Ⅲ.①人力资源管理－高等学校－教材 Ⅳ.①F241

中国版本图书馆 CIP 数据核字（2020）第 020106 号

责任编辑：刘淑丽　　特约编辑：田学清
印　　刷：北京七彩京通数码快印有限公司
装　　订：北京七彩京通数码快印有限公司
出版发行：电子工业出版社
　　　　　北京市海淀区万寿路 173 信箱　　邮编：100036
开　　本：787×1092　1/16　印张：15.5　字数：322 千字
版　　次：2020 年 5 月第 1 版
印　　次：2023 年 7 月第 6 次印刷
定　　价：49.00 元

凡所购买电子工业出版社图书有缺损问题，请向购买书店调换。若书店售缺，请与本社发行部联系，联系及邮购电话：(010) 88254888，88258888。
质量投诉请发邮件至 zlts@phei.com.cn，盗版侵权举报请发邮件至 dbqq@phei.com.cn。
本书咨询联系方式：(010) 88254199，sjb@phei.com.cn。

"十三五"全国高等院校人力资源管理系列规划教材丛书编委会

丛书编委会主任：葛玉辉

编委会成员：（按姓氏笔画为序）

王亚男　王传征　王泽平　王倩楠　毛双庆　刘　杨

宋　美　宋艳梅　张玉玲　陈佳怡　孟陈莉　赵晓青

胡汪红　郭亮亮　焦忆雷　蔡弘毅

丛书序言

互联网时代,"创新"已经成为社会发展的关键词,上至国家人才战略,下至组织发展规划,人们对"创新"有太多的解读与理解。VR 和 5G 技术的运用将引发新一轮的科技发展,组织的人力资源管理必将迎来新时代。面对新时代,人力资源管理必将再次升级。正在发生和即将发生的,包括 AI/VR 技术的引入,将给招聘、面试、培训等工作带来全新的体验。各类 App 将取代大多数绩效管理工具;大数据将改变组织人力资源战略决策模式;人们的需求和行为也在不断地改变。新时代背景下,人力资源管理工作面临着前所未有的机遇与挑战。这就需要我们在人力资源管理方面做出新的改变以顺应时代发展。本丛书将和你一起拥抱新时代,为人力资源管理的再升级打开一扇窗、推开一扇门。

一、丛书框架(本丛书共 10 本)

- 《人力资源管理》
- 《劳动经济学》
- 《工作分析》
- 《绩效管理》
- 《薪酬管理》
- 《人才测评》
- 《员工培训与开发》
- 《职业生涯规划》
- 《招聘与录用》
- 《人力资源战略与规划》

二、丛书特色

近年来,管理学界掀起了国学之风,大多数经理人承受着极大的工作压力,时常接触古代圣贤、管理学大师的先进思想,也未尝不是一件好事。但在放下书本重新回到现实的管理生活中后,才发现"书走书的路,人走人的路",所学的管理思想难以运用到日常的管理活动中去。

学术是实践的后台,丛书的作者一直想把自己在讲授"人力资源管理"课程中产生的许多心得体会、研究人力资源管理及相关领域时所得的思想和新观点，以及在做企业管理咨询和诊断等工作中所获得的成果融入书中，进而编写出一套体现理论的系统性与前沿性、理论与实践平衡、网络与教学互动的丛书来。呈现在读者面前的这套丛书就是在这样的背景下努力完成的结果。

（1）理论的系统性与前沿性。针对高等院校的教学要求，丛书在内容上力求涵盖人力资源管理的相关内容及主要活动，保持理论的系统性；同时，收集国内外人力资源管理的理论与技术的最新进展和作者多年来的研究成果，使丛书与其他同类书相比更能体现人力资源管理与时俱进的特点。

（2）理论与实践平衡。强化人力资源管理与实际工作的紧密结合，体现理论与实践并重的特色。

（3）网络与教学互动。丛书有一个作者与读者的互联网互动平台，将丛书的最新理论成果、策划案例分析、图形、表格、工作文本等相关资料上传（http://www.boshizixun.cn），以形成有效的互动；同时，丛书会及时增加、更新相关资料，读者扫描丛书序言最后的二维码即可查看、领取，以实现丛书资源的共享。

三、丛书的作者（学术界+企业界）

丛书的作者既有来自高校管理学院的教授、博士，又有来自管理咨询公司的资深高级咨询师，更有来自企业的人力资源总监、高层管理者，这为丛书的理论与实践结合、学术与应用并重、操作与理念相互渗透提供了强有力的支撑。

丛书从调研、策划、构思、撰写到出版，前后历时两年半。丛书的出版，既是作者辛勤付出的成果体现，更是"产学研"团队合作的成果。衷心感谢团队成员付出的努力，以及电子工业出版社的编辑为丛书的出版给予的支持和帮助。

在丛书的编写过程中，我们参阅和借鉴了大量的相关书籍和论文，在此谨向相关的作者和专家表示最诚挚的谢意。限于作者的水平和经验，丛书难免存在不足之处，恳请读者予以批评指正。

丛书互动网站：http://www.boshizixun.cn

丛书主编邮箱：gyh118@126.com

扫码可查看、领取丛书共享资源

葛玉辉，管理学博士、教授、博士生导师

2019年9月于上海

丛书主编

葛玉辉，男，华中科技大学首届 MBA 毕业，管理学博士、工商管理系主任、教授、博士生导师。劳动经济学、旅游管理硕士点带头人，国内著名的管理咨询专家、中国管理学网名师、上海交通大学海外教育学院特聘教授、复旦大学特聘教授、同济大学特聘教授、慧泉（中国）国际教育集团高级教练、精品课程人力资源管理主讲教授、上海解放教育传媒·学网特聘教师，上海博示企业管理咨询公司首席顾问、技术总监。中国人力资源开发与管理委员会委员、上海人才学会理事、上海市系统工程学会会员、上海社会科学联合会会员、湖北省社会科学联合会会员、中国管理研究国际学会理事。

学术科研

出版《现代企业策划与创新》《现代人力资源管理与创新》《人力资本产权及其制度创新研究》《人力资源管理》《成功职场修炼》等 30 部专著；在《管理工程学报》《科学学与科学管理技术》等杂志上发表论文 239 余篇，2000—2018 年主持了企业策划与人力资源开发及管理研究等科技项目 40 余项。其中国家级项目 4 项，省部级 6 项，横向课题 31 项；主持的 4 项科研成果分获国家优秀成果二等奖、湖北省重大科技成果奖、湖北省科技进步三等奖。

管理实践

葛玉辉教授自 1997 年开始专向为企业提供培训与咨询服务，专注于提升企业战略、人力资源竞争力和营销管理能力。先后受渤海油田、江汉油田、吐哈油田、克拉玛依油田、荆州自来水公司、湖北水泥厂、甘肃丰源建安商贸有限公司、安徽石油销售公司、五凌柳州机械厂、东风汽车公司（上海）、泛亚汽车技术中心有限公司（上海）、东风悦达起亚汽车有限公司、华东石油销售公司、江苏油田、上海临空经济园区、上海海洋大学、上海完美教育集团、浙江诸暨组织部和人事局、杭州诺贝尔集团、安庆石油化工有限公司、温州市人事局、吴江经济技术开发区人事局、安徽皖投公司、铜陵有色金属集团控股有限公司、马鞍山钢铁集团、上海电力公司、浙江电力公司、河北电力公司、四川省农商行、上海影视集团、上海医药集团、上海临空经济园区、中国人民银行上海总部、上海期货交易所、上海银行、上海建行、上海工商银行、黑龙江省农商行、上海市委党校、上海宣传系统人才交流中心、诺霸精密机械（上海）有限公司、浦东干部学院、国家税务总局、苏州税务局、国家科技部、上海电气集团、上海印包集团、上海申通地铁集团公司、中国电力投资集团公司、华能电力集团公司、复旦大学、上海交通大学、中国人民大学等大型国有企业、合资企业、民营企业、高等院校的邀请，做关于企业人才管理创新、人力资源管理、营销生产力、员工执行力、战略规划、文化整合方面的专题讲座、培训和科研工作，为企业创造了一定的经济和社会效益，同时塑造了良好的社会形象。

前言

管理学、经济学及科技的创新发展使管理理论和实践模式也需要快速调整与更新。在理论的演变发展中，大家始终都在强调"以人为本"，但如何在管理实践中实现这一点，一直困惑着管理者。工作分析不仅是人力资源管理的基石，也是"人本管理"的出发点。工作分析能够将人本管理落实到工作岗位中。工作分析的主要内容就是全面了解企业内各类工作的特征、工作对任职者的要求。同时，人力资源规划、招聘与甄选、人员配置与使用、培训与开发、绩效评估、薪酬管理、员工职业生涯规划等各项活动，都需要通过工作分析获得基本信息。工作分析关乎人力资源管理的科学性、公平性和合理性。

目前，越来越多的企业开始重视工作分析在人力资源管理工作中的重要性。这些企业相继引入工作分析的方法和技术，但对工作分析的理解和运用仍有待深入。本书基于目前企业的工作分析现状和前沿理论，借鉴国内外成熟的工作分析技术和方法，系统性地介绍工作分析理论，剖析开展工作分析的重难点和未来发展趋势，注重理论和实践的结合，以此提高人力资源管理的整体效率。

本书分为8章。第1章介绍工作分析的内容、历史、作用、现状与趋势。第2章介绍工作分析流程，包括准备阶段、调查阶段、分析阶段及完成阶段。第3章介绍工作分析方法，即6种基础性方法和4种系统性方法。第4章介绍工作分析系统，结合目前前沿和成熟的工作分析系统进行讲解，如基于T-MAP系统的团队工作分析、整合性工作分析法及多元工作设计问卷。这部分理论较为新颖。第5章介绍工作分析成果，包括工作说明书和工作分析价值评估。第6章介绍岗位评价及编制管理，分别从岗位评价概述、岗位评价方法、岗位评价的应用、定岗定编定员实务四部分来介绍。第7章介绍工作分析的应用，主要内容为工作分析在人力资源规划、招聘、人员培训、绩效管理、薪酬管理中的应用。第8章介绍工作设计，包括工作设计概述、工作设计方法、工作再设计、柔性工作设计和新组织的工作设计。

本书的特色体现为以下两点。一是注重理论的前沿性。时代和工作性质的变化，社会和组织环境对工作性质的影响，以及对传统工作分析的挑战都需要引起重视。本书基于传统工作分析理论的基础，加入前沿的工作分析理论，为企业战略目标的实现提供了新思路。二是注重系统性和实践性。本书对工作分析的理论和方法进行了系统性的阐述，以有利于读者形成系统和全面的认识。同时，每章开头都配备了导入案例，每章结尾设有本章小结及思考与练习，既注重理论的讲解，又注重对实践的追求。

本书由葛玉辉、焦忆雷、郭亮亮共同编写完成。

在本书编写过程中，作者借鉴、引用了大量国内外有关资料和研究成果，在此一并致谢。由于作者水平有限，书中难免存在不足之处，恳请广大读者批评指正，以便再版时修改。

目录

第1章 工作分析导论 1

导入案例 2

1.1 工作分析的含义和内容 2
    1.1.1 工作分析的含义 2
    1.1.2 工作分析的内容 3

1.2 工作分析的历史 8
    1.2.1 工作分析的早期发展 8
    1.2.2 工作分析的近代发展 9
    1.2.3 工作分析的现代发展 10

1.3 工作分析的作用 11
    1.3.1 工作分析在人力资源管理中的作用 11
    1.3.2 工作分析在战略与组织管理中的作用 13

1.4 工作分析的现状与趋势 14
    1.4.1 工作分析存在的问题 14
    1.4.2 解决策略分析 17
    1.4.3 工作分析的发展趋势 21

本章小结 23

思考与练习 23

第2章 工作分析流程 24

导入案例 25

2.1 工作分析的流程概述 26

2.2 工作分析的准备阶段 27
    2.2.1 准备阶段概述 27
    2.2.2 准备阶段的主要任务 27

  2.3 工作分析的调查阶段 29
  2.4 工作分析的分析阶段 31
  2.5 工作分析的完成阶段 33
  本章小结 37
  思考与练习 37

第 3 章 工作分析方法 38

  导入案例 39
  3.1 基础性方法 39
    3.1.1 访谈法 39
    3.1.2 问卷调查法 46
    3.1.3 资料分析法 56
    3.1.4 观察法 58
    3.1.5 写实分析法 61
    3.1.6 主题专家会议法 66
  3.2 系统性方法 68
    3.2.1 职位分析问卷法 68
    3.2.2 管理人员职务描述问卷法 73
    3.2.3 职能工作分析法 76
    3.2.4 工作要素法 83
  3.3 工作分析方法的评价和选择 85
    3.3.1 工作分析方法的评价 85
    3.3.2 工作分析方法的选择 87
  本章小结 89
  思考与练习 89

第 4 章 工作分析系统 90

  导入案例 91
  4.1 工作分析系统评估概述 91
    4.1.1 DOL 分析系统 91
    4.1.2 HSMS 93
    4.1.3 ARS 分析系统 95
    4.1.4 弗莱希曼工作分析系统 96
    4.1.5 O*NET 系统 97

    4.2 工作分析系统评估方法 98
        4.2.1 团队工作分析 98
        4.2.2 基于 T-MAP 系统的团队工作分析 103
        4.2.3 整合性工作分析法 106
        4.2.4 多元工作设计问卷 113
    本章小结 118
    思考与练习 118

第 5 章　工作分析成果 120

    导入案例 121
    5.1 工作说明书概述 121
        5.1.1 工作说明书的含义 121
        5.1.2 工作说明书的结构 121
        5.1.3 工作说明书的主要内容 123
        5.1.4 工作说明书的编写要求 124
        5.1.5 工作说明书的编写注意事项 124
        5.1.6 工作说明书编写中可能遇到的问题 125
        5.1.7 工作说明书的意义 126
        5.1.8 工作说明书的发展趋势 126
        5.1.9 工作说明书范例 127
    5.2 工作分析价值评估 133
        5.2.1 工作分析价值评估概述 133
        5.2.2 工作分析价值评估的基本程序 140
        5.2.3 工作分析价值评估的作用及意义 146
    本章小结 148
    思考与练习 148

第 6 章　岗位评价及编制管理 149

    导入案例 150
    6.1 岗位评价概述 150
        6.1.1 岗位评价的定义 150
        6.1.2 岗位评价的重要性 151
        6.1.3 岗位评价的假设前提 152
        6.1.4 岗位评价的因素模型 153

        6.1.5 岗位评价的原则 153
        6.1.6 岗位评价的具体操作 154
    6.2 岗位评价方法 156
        6.2.1 排序法 156
        6.2.2 分类法 161
        6.2.3 因素比较法 163
        6.2.4 要素计点法 167
        6.2.5 海氏评价法 174
    6.3 岗位评价的应用 178
    6.4 定岗定编定员实务 180
        6.4.1 定岗定编定员概述 180
        6.4.2 定岗定编定员的方法及注意事项 183
    本章小结 185
    思考与练习 185

第7章 工作分析的应用 186

导入案例 187
7.1 工作分析在人力资源规划中的应用 187
    7.1.1 人力资源规划概述 187
    7.1.2 工作分析与人力资源规划 190
7.2 工作分析在招聘中的应用 191
    7.2.1 招聘概述 191
    7.2.2 工作分析在招聘各环节中的应用 192
7.3 工作分析在人员培训中的应用 193
    7.3.1 人员培训概述 193
    7.3.2 工作分析与人员培训 194
7.4 工作分析在绩效管理中的应用 196
    7.4.1 工作分析与绩效考核指标的设计 196
    7.4.2 工作分析与绩效评估 198
    7.4.3 工作分析与绩效管理方式 199
7.5 工作分析在薪酬管理中的应用 200
    7.5.1 薪酬体系设计 200
    7.5.2 工作分析与薪酬管理 201
本章小结 202

思考与练习 202

第8章 工作设计 203

导入案例 204
8.1 工作设计概述 204
8.1.1 工作设计的定义 205
8.1.2 工作设计与工作分析的关系 205
8.1.3 工作设计的内容、注意事项与作用 206
8.1.4 工作设计的影响因素及原则 210
8.1.5 工作设计中常见的错误 211
8.2 工作设计方法 213
8.2.1 激励型工作设计方法 213
8.2.2 机械型工作设计方法 217
8.2.3 生物型工作设计方法 218
8.2.4 知觉运动型工作设计方法 219
8.3 工作再设计 221
8.3.1 工作再设计的概念和目的 221
8.3.2 工作再设计的常见形式 221
8.4 柔性工作设计 223
8.4.1 柔性工作设计的特征 224
8.4.2 柔性员工系统 224
8.4.3 柔性工作设计的内容 225
8.4.4 柔性工作设计的优越性 226
8.5 新组织的工作设计 227
8.5.1 新组织的工作设计的定义 227
8.5.2 新组织的工作设计的过程 227
本章小结 230
思考与练习 230

参考文献 231

第1章
工作分析导论

本章要点

工作分析是利用科学的技术和手段,直接收集、比较、分析、综合与工作相关的信息并以一种格式将之描述出来,为组织的发展战略和组织规划、人力资源管理及其他管理行为提供基本依据的管理活动。人力资源管理的目的是最大化地开发和利用组织内部人力资源的潜能,而组织的所有活动都体现在每一个员工的工作中。所以,人力资源的基础工作就是对组织内部的工作活动进行充分的分析,使员工的工作达到最好的效果,这就是工作分析要达到的目标。

关键术语

工作分析;内容;历史;作用;现状与趋势。

学习目标

- ◆ 了解:工作分析的内容。
- ◆ 熟悉:工作分析的作用。
- ◆ 掌握:工作分析的历史、现状及发展趋势。

益华的困境

益华国际饮料有限公司是一家生产奶茶的外商独资企业。由于开创初期实施了卓有成效的经营战略，产品一炮打响，并迅速占领了国内市场。随着市场的扩大，企业规模也急剧扩张，生产线由初期的两条扩建至12条，人员也达到了上千人，然而管理上却暴露出种种问题。首先，出现了大量的"窝工"现象，即有的岗位员工疲于奔命，有的岗位员工却无所事事。其次，令出多门，同一个问题很多部门都在管，要求互相矛盾，结果适得其反，反而没人管。最为突出的是薪酬问题，各部门人员觉得自己付出的比别人多，得到的却比别人少，所以认为不公平。生产部门的人强调自己的劳动强度大，确实，在炎热的夏季，车间温度高达40摄氏度，劳动强度可想而知；经营部门的人员强调，他们整天在外边跑，既辛苦又承受着巨大的心理压力；还有的部门强调自己的责任重大。大家各执一词。又快到分奖金的时候了，究竟该怎么分配？袁总经理决定聘请专家协助解决。专家们经过一番调查研究，决定从工作分析开始。

1.1 工作分析的含义和内容

1.1.1 工作分析的含义

工作分析又被称为职位分析或者岗位分析，它并不是简单地收集信息，而是强调收集信息的过程。其收集信息的过程是分门别类地对信息进行处理，从中找出这些信息的内在逻辑并据此来确定职务性质的过程。工作分析的结果也不是零散的信息的堆积，而是经过辨别、分析、判断、整理和综合后得出的关于职务和任职者的整体性质的结论。换句话说，工作分析是利用科学的技术和手段，直接收集、比较、分析、综合与工作相关的信息并以一种格式将之描述出来，为组织的发展战略和组织规划、人力资源管理及其他管理行为提供基本依据的管理活动。美国劳工部将工作分析定义为通过观察和研究，确定关于某种特定职务性质的确切情报并得出报告的一种程序。具体来说，工作分析就是为管理活动提供与职位相关的各种信息。工作分析的含义主要包括以下几点。

Who：谁从事此项工作，责任人是谁，对任职者学历及文化程度、专业知识与技能、经验及职业化素质等资格的要求。

What：做什么，即本职工作或工作内容是什么。

Whom：为谁做，即顾客是谁。这里的顾客不仅包括外部顾客，也包括企业内部顾客，即所有与从事该职务的人有直接关系的人，如直接上级、下级、同事和客户。

Why：为什么做，即职务对其从事者的意义所在。

When：工作的时间要求。

Where：工作的地点、环境等。

How：如何从事此项工作，即工作的程序、规范及为从事该职务所需要的职权。

How much：任职者完成整个工作活动需要预估大致成本并进行经费预算，以保证工作活动的正常开展。

通过工作分析，我们主要回答或者解决以下两个问题。

第一，"某个职位是做什么的"，这实际上就是工作描述，这个问题与职位上的工作活动有关，包括职位名称、职位职责、职位要求、工作环境及工作条件等一系列内容。

第二，"什么样的人最适合这个职位"，这是任职资格的内容，这个问题与任职者的资格有关，包括专业、年龄、必要的知识和能力、必需的证书、工作经历及心理方面的要求。

1.1.2 工作分析的内容

工作分析内容的确定是进行工作分析的重要环节和基本环节，也是工作分析人员进行工作分析的依据。只有明确了工作分析的内容，工作分析人员才能有所侧重地收集相关信息，并形成工作分析文件。工作分析的内容取决于工作分析的目的和用途。不同阶段、不同组织的工作分析的内容和侧重点是不一样的。一般来说，工作分析包括两个方面的内容：确定工作的具体特征；明确工作对任职者的各种要求。前者被称为工作描述，后者被称为任职资格。工作描述包括工作标识、工作编号、工作概要、工作关系、工作职责、工作环境和工作条件等内容；任职资格，或者叫工作规范，包括工作经验、学历、能力、智力、体力、职业道德等内容。

1. 工作描述

1) 工作标识

工作标识又被称为工作识别、工作认定，其内容具体包括工作名称和工作身份。

工作名称是指具有相同重要职责的职位总称，表明了任职者在组织中所扮演的角色，如财务总监、人力资源经理等。

工作身份一般在工作名称之后，包括所属部门、直接上级、工作等级、所辖人数、定员人数等。

2) 工作编号

一般按照岗位评估与分析的结果对工作进行编号，目的在于顺利完成人力资源的管理工作。

3）工作概要

工作概要是指用简练的语言阐述工作的总体性质、中心任务和要达到的目标。工作概要应尽可能清晰地描述工作的任务和基本目标。美国劳工部出版的工作概要是与职能工作分析系统（FA）相联系的，它在资料、人、事务的框架中表明工作是什么以及为什么要做。工作概要中的内容便于我们掌握任职者与三种工作对象（资料、人、事务）之间的联系。这些联系及其相应的层级水平都在每项概要下面的括号中注明了。美国制造业的工作概要也是按照"是什么"和"为什么要做"的格式进行表述的。

工作分析人员在编制工作概要时，有相当大的自由度，但无论怎样编制，最终目的都应满足用户的需求。但是，为了避免重复并保持工作概要的独特性和唯一性，编制工作概要应注意以下几点。

① 工作概要应简洁，最好用一句话叙述。

② 工作概要应明确工作的基本目的及其存在的基础，即说明工作目的"是什么"和"为什么要做"。

③ 如果工作描述是根据某种理论框架构建的，或者是某个分析系统的一部分，则应该使用适合这个系统的语言。

④ 避免将预期成效、任务、时间，以及其他超出工作目的和存在基础范围的细节包括进来。这些细节属于工作描述的其他内容，它们的加入会破坏工作概要作为独立项目的唯一性。

4）工作关系

工作关系是指在工作中，上下级及同级别工作者之间的关系，具体包括监督关系、汇报关系及同事之间的关系。它表明任职者应向更高级职位的任职者汇报工作。这是一种工作职位之间的关系，表明了组织中的权力关系。

5）工作职责

工作职责一般通过对不同任务简洁、明了和直观的描述来揭示，是工作分析的主要内容。工作职责大体分为两类：管理职责和非管理职责。管理职责是影响他人的工作方式，或者对他人的工作进行帮助和指导。非管理职责包括制作产品的责任，保护某些特定材料不受损害的责任，保护机器和设备的责任，与其他人员合作的责任，保护他人安全的责任。

6）工作环境和工作条件

工作环境是指工作时所处的自然环境，包括工作场所、工作环境的危险性、职业病、工作时间、工作均衡性、工作环境的舒适度等。工作条件包括两个方面：一是任职者应用的设备名称；二是任职者运用信息资料的形式。

2. 工作描述的作用

1) 基础作用

在构成工作分析的各行为环节中,工作描述是工作分析初始的和主要的产物,对获得之后的工作分析结果起到了基础作用:提供了任职者的任职资格、绩效评估标准、薪酬依据、工作分类和评价及其他人力资源管理所必需的信息报告。在工作描述的基础上,工作分析人员可以方便地设计出简明的职业申请表、绩效评估格式、工作分类文件和其他目标管理所需要的人事文件。

2) 直接作用

① 工作描述可以作为原始资料,直接服务于组织内部的目标管理,服务于组织的整个人力资源管理过程。管理者可以以工作描述为基础进行分工,明确任务和绩效期望,指导和监督部门及个体行为。

② 工作描述在人力资源规划、招聘、甄选、配置中有多种用途。它与任职者的任职资格一同,为形成和开发人力资源提供了必要的信息。应聘者可以利用工作描述申请自己熟悉的工作;招聘者可以利用工作描述选择相关的招聘方式并制定招聘标准。

③ 工作描述是绩效评估的重要工具,它明确地表述了绩效考评的标度和标准。工作描述同时也是了解与确定任职者资格临界水平的基础。

④ 工作描述在薪资管理领域的主要用途在于岗位评价。它连同任职者的任职资格和环境描述所提供的信息,为确定薪酬提供了依据。在向任职者解释工资率和浮动幅度的基础的过程中,客观的工作描述也是很有用的。

⑤ 工作描述对于培训、发展和职业指导也很有用,它可以帮助任职者理解和描绘工作之间的流动路线和环节,也可以成为管理者和培训者向任职者提供有关晋升机会的建议。

⑥ 工作描述还可以作为组织中的劳资纠纷处理和工作协议文件的依据。

3. 任职资格

任职资格主要包括以下几项内容。

1) 工作经验

工作经验是指完成工作、解决相关问题的实践经验,是圆满完成任务所必需的。

在分析工作经验时,要考虑的因素有以下几点。

① 完成工作任务所做决定的性质及其对经验的依赖。

② 对管理的重要程度。

③ 任职者实践经验的深度和广度,确定经验是理论上的还是实践上的。

④ 获得经验的途径,是从实际工作中获得的还是从教育或培训中获得的,或者两者都有。

⑤ 工作是否需要书面指令,任职者是否需要服从书面指令。

⑥ 工作中是否需要机器维修、装卸设备方面的知识。

⑦ 工作中是否要用到相关知识、特定方式、原材料和工具。

⑧ 任职者是否需要对相关成果进行检查和核对，他们需要具备哪些相关知识。

⑨ 任职者是否要懂得其下属的工作。

2）学历要求

学历要求是指对工作人员学历方面的要求。

3）能力和智力要求

能力是指直接影响活动顺利完成的个性心理特征；智力水平涉及头脑反应、注意力集中程度和计划水平等方面的要求。其内容具体包括以下几个方面。

① 独立能力，即独立工作、独立进行判断、独立制订工作计划的能力。

② 判断能力，即根据一系列原始材料自己做出决定的能力。

③ 应变能力，即在处理突发事件中所必备的能力，要求任职者在生产过程或人力资源管理中针对有关问题进行适当的协调。

④ 敏感能力，即要求任职者精力集中、反应迅速，避免工作失误或发生意外。

4）体力要求

体力要求是指工作本身对任职者体力方面的要求，它是与工作本身相联系的。体力要求一般用体力活动的频率和剧烈程度来衡量。频率可以表述为1天或1个小时几次、1天几小时；剧烈程度可以用提、举、推、拉的最大重量或某一个器官需要付出的劳动的数量及跳、跑、爬等身体运动的程度来衡量。

5）职业道德要求

除了上述能力要求，任职者往往还要具备良好的职业道德。

4．其他相关信息

其一，培训。这些内容的分析涉及培训的种类和数量，其对提高技能、圆满完成工作来说是非常重要的。

其二，非工作行为条件。这部分内容虽然不涉及工作的责任和质量，但是对招聘有很大帮助。其一般包括相关证书、年龄限制、婚姻、国籍、政治面貌等。

5．工作分析的关键术语

工作分析活动的实质就是要从不同的个人职业生涯与职业活动的调查入手，依次找出工作群、职务、职位、职责、任务与要素的过程，并由此确定工作的内容范围、属性关系、繁简难易程度与所需要的资格。以下是对工作分析相关术语的说明，包括行动、工作任务、工作职责、工作职位、工作职务、职业生涯、职系、职组等。

① 行动，也称工作要素，是指工作活动中不宜再继续分解的最小单位。例如，秘书接听电话前拿起电话是一个行动。

② 工作任务，是指工作活动中为达到某个目的而由相关行动直接组成的集合，是

对一个人所做事情的具体描述。它可以由一个或多个工作要素组成。例如，生产线上的工人安装螺丝这项任务只有一个工作要素，而运送行李的任务则包含多个工作要素。

③ 工作职责，也称工作责任，是指为了在某个关键领域取得成果而完成的一系列的集合。

④ 工作职位，也称岗位，是指承担一项或多项工作职责的一个任职者所对应的位置。例如，人力资源部门经理这个职位所承担的职责包括以下几个方面：员工的招聘录用、员工的培训开发、企业的薪酬管理、企业的绩效管理、员工关系的管理等。

⑤ 工作职务，是指主要工作职责在重要性和数量上相当的一组工作职位的统称。在规模不同的组织中，根据不同的工作性质，一种工作职务可以有一个或多个工作职位。例如，人力资源部门设有两个副经理的职位，一个主要分管招聘录用和培训开发，另一个主要分管薪酬管理和绩效管理。虽然这两个职位的工作职责并不完全相同，但是对整个人力资源部门来说，这两个工作职位的工作职责重要性和数量比较一致，因此这两个工作职位可以统称为副总经理职务。

⑥ 职业生涯，是指人的一生中的职业历程。人的职业生涯是人生的重要组成部分。人生的职业历程有多种可能：有的人从事这种职业，有的人从事那种职业；有的人一生变换多种职业，有的人从一而终；有的人事业成功，有的人无所作为。造成人们职业生涯差异的原因很多，既有个人能力、心理、机遇方面的问题，也有社会环境的影响。

⑦ 职系，是指职责繁简难易、轻重大小及所需工作资格并不相同，但工作性质相似的所有职位的集合。例如，招聘助理、招聘主管、招聘经理构成同一职系，职位级别越高，工作责任越大、所需的资格越高，每个职系形成一个职位晋升系统。

⑧ 职组，又叫职群，是指若干工作性质相近的职系的集合。例如，人事行政和社会行政可并入普通行政职组，财税行政、保险行政可并入专业行政职组。在一般情况下，职组是工作分类中的一个辅助性划分，并不是不可或缺的。

⑨ 职门，即职能部门，是指工作性质大致相近的所有职组的集合。例如，招聘组负责招聘配置工作，薪酬福利组负责薪酬福利的设计、核算和发放，培训发展组负责培训的开发设计和实施，绩效考核组负责绩效考核的设计和实施，这些职组都可以并入人力资源部门。

⑩ 职级，是指同一职系中职责繁简难易、轻重大小及所需工作资格相似的所有职位的集合。例如，车工、车工组长、车工班长构成一个职系，但三者的职位级别却越来越高。

⑪ 职等，是指不同职系间职责繁简难易、轻重大小及所需工作资格相似的所有职位的集合。例如，大学讲师、研究所的助理研究员及工厂的工程师均属于同一职等。职级的划分是对同一性质工作的程度差异进行区分，形成职级系列；而职等的划分则是对不

同性质工作之间的程度差异进行比较或寻求比较共同点。因为不同职级序列的职级数不一定相同，而且某个职级序列中的最高职级与另一个职级序列中的最高职级，其工作难度也可能不同，因此职等的概念有助于解决这个问题。

1.2 工作分析的历史

大多事物都是经过不断发展、演变而来的。工作分析思想可以追溯到古希腊时期思想家苏格拉底对社会分工的理解。我国古代学者的社会分工思想主要包括管仲的"四民分业定居论"，孔丘的脑力劳动与体力劳动分工，荀况的"曲辨"，韩愈的"君出令、臣行君之令、民事其上"等。国外著名的社会分工思想主要包括柏拉图在《理想国》中提出的社会职业分工，亚当·斯密在《国民财富的性质和原因的研究》开篇中提到的劳动分工。经过一代又一代思想家、科学家及普通工人的研究和实践，才有了如今的工作分析。同时，由于工作分析在社会实践中被广泛运用，其也必将不断发展下去。

1.2.1 工作分析的早期发展

1. 狄德罗的工作分析

狄德罗是18世纪的法国启蒙思想家。在编写《百科全书》的过程中，他发现所收集的资料，尤其是有关贸易、艺术及手工方面的资料并不完整。经过慎重考虑，他决定对贸易、工艺等方面的资料进行重新调查。他不仅了解工作的信息，还试着自己绘制机器图版和制作说明书。通过简化工作流程中的环节，他将收集到的信息进行了系统化处理。狄德罗的工作分析思想为以后的工作分析实践提供了直接的经验和参考。

2. 泰勒的科学管理

19世纪后期的南北战争结束后，美国的资本主义生产得到迅速发展，随着生产技术的变革和企业规模的扩大，原有的凭借传统经验的管理方式与先进的生产力之间的矛盾越来越突出。泰勒在20世纪初对组织的管理进行了一系列的研究，这对当时和以后的管理都产生了非常深刻的影响。泰勒被后人尊称为"科学管理之父"。泰勒的"时间动作研究"被认为是科学工作分析的起始。所谓时间动作研究，就是将工作划分成若干部分并分别计时，通过分析，对各种活动的时间及顺序进行重新规划，从而制定出标准化的工作程序和方法。这些标准化的工作程序和方法在从事该工作的工人中推行，可以达到提高生产效率的目的。泰勒在1911年出版的《科学管理原理》一书中指出，若要对组织进行科学的管理，就必须对组织中的每一份工作进行系统的研究，从而科学地选拔和培训工人，实现管理效率的最大化。

3. 明斯特伯格的工作分析

工作分析是人员选拔和测评的主要手段和必要程序。20世纪初，与人员选拔和测评密切相关的工业心理学得到迅速发展。明斯特伯格是工业心理学的主要创始人，被尊称为"工业心理学之父"。他的研究和思想对后来的工业研究和工业心理学的发展产生了深远的影响。他开创了对工作中的个人进行科学研究以使其生产率和心理适应达到最大化的工业心理学研究领域。他发现科学管理和工业心理学二者都是通过科学的工作分析，以及通过使个人技能和能力更好地适应工作要求来寻求劳动生产率的不断提高的方法。他主张用心理测试来选拔员工，用学习理论来评价培训技术的开发。人员选拔和测评在商业领域的广泛运用，促进了工作分析的迅速发展。

4. 吉尔布雷斯夫妇的工作分析

吉尔布雷斯夫妇在技术方法和某些指导思想上对泰勒开创的"时间动作研究"方法进行了改进。弗兰克·吉尔布雷斯是一位工程师，他的妻子莉莲·吉尔布雷斯是一位心理学家。弗兰克提出了一种在实验室条件下进行工作分析的程序方法。这种方法通过采用恰当的设备，减少多余的工作来达到最大限度提高劳动生产率的目的。这对夫妇发现对残疾老兵进行正确的工作培训并重新设计工作方法很有必要，因为残疾老兵很难像健全的职员一样进行高效的工作。据此，吉尔布雷斯夫妇认为针对不同的工人，在其从事同样的工作时应该采取不同的工作方法，从而实现劳动生产率的提高。这正是工作分析的一项重要内容。

1.2.2 工作分析的近代发展

两次世界大战的爆发极大地推动了工业心理学的发展，尤其是促进了心理学在人员分类和人员安置上的应用。随着工业心理学的发展，广大学者取得了一系列工作分析及其应用的成果。

1. 宾汉的工作分析

宾汉将工作分析作为工业心理学的分支来进行研究，在卡耐基工程学院创建了应用心理学系。在第一次世界大战期间，宾汉对工作分析方法论的研究解决了人员配置问题。随后，他又与其他专家通过收集各类数据资料来指导职业介绍和培训课程的设计。20世纪20年代后期，美国国家教委接受宾汉的建议，开展了一项优秀职工任职资格的课题研究。该项研究的负责人曼恩提出，在记录工作时只记录某项工作所需的知识和技能，不考虑且不深究工作所需的文凭和培训过程。这种记录方式被称为"用途记录"，它可以有效减少直觉误差。1931年，宾汉推动了美国国家就业局为服务大众而开展的职业调查项目的发展，该项目成为后来工作分析计划的基础。

2. 斯科特的工作分析

斯科特是美国著名的工业心理学家，在20世纪20年代，他通过对军队工作的系统研究，成功地将工作分析运用于军人的测试与选拔。斯科特制定了军衔资格标准，同时他领导的委员会通过工作分析编制了"军官任职技能说明书""入伍申请表""人员调查表"，并在军人考评方法之前进行工作分析，从而促进了军队面谈考评的科学化。之后，他又将研究成果移植到企业和政府部门，创办了斯科特公司。

3. 巴鲁什的工作分析

美国人巴鲁什通过对工作中影响薪酬的要素进行深入研究，提出了工作等级划分的方法，并将其应用于《工薪划分法案》。1919年，美国国家内政改革委员会派巴鲁什参加国会工薪划分联合委员会。巴鲁什对10 400名公职人员进行了问卷调查，收集了有关政府职位任务的事实资料。通过逻辑分类与等级划分，巴鲁什得出了分析结果。1923年，美国国会根据巴鲁什的研究结果，通过了《工资划分法案》。

4. 其他学者和研究机构的工作分析

这个时期，美国的一些研究机构对工作分析做出了以下贡献。第一，对"职业""职务""任务""工作""职责"等工作分析的基本概念进行了系统的定义。工作分析用语逐步规范化，为工作分析的进一步发展奠定了基础。第二，编制了《职业大辞典》。辞典以对工人的知识、技能等最基本的要求为标准来划分各项工作的职位等级，在社会中受到广泛好评。大辞典对国民经济中的各类工作进行了详细阐述，成为实现工作分析的重要参考工具。第三，对美国各行各业的职业技能标准做出明确的规定，并将其划分为共有部分和特定部分。

1.2.3　工作分析的现代发展

第二次世界大战后，工作分析研究得到了进一步发展，尤其是工作分析的理论和方法得到了长足的发展，各种系统的工作分析方法被开发出来并得到广泛应用。具有代表性的工作分析的系统方法有职位分析问卷法（PAQ）、能力需求尺度分析法、行为一致分析法、关键事件分析法、临界特质分析法、工作要素分析法等。工作分析被视为人力资源管理最基本的职能。20世纪70年代，工作分析已经被西方发达国家看作人力资源管理现代化的标志之一。

1. 在岗位评价中的应用

岗位评价是指对组织内部各项工作的劳动价值或重要性所进行的评价，是工作相对价值的确定方法。岗位评价是在工作分析的基础上发展而来的，工作分析的研究结果大部分被用来作为岗位评价的基础和标准。当然，岗位评价也是工作分析的发展和提高，进行岗位评价是将工作分析的价值提高到一个新层次的关键。

2. 在劳资纠纷处理的法律中的应用

工作分析不仅在岗位评价、人员招聘、薪酬管理等方面被广泛应用，还被作为劳资纠纷处理的法律之本。劳动立法对工作分析的发展影响深远，科学的工作分析对支持人力资源管理实践的合法性相当重要。从1964年的《民权法案》开始，美国政府陆续通过了一系列的法案，针对劳动关系中的歧视行为进行了详细的规定。为了避免劳资双方的法律纠纷，资方必须在招聘、考核、薪酬、调动等活动中证明其所采用的标准、程序、方法与工作具有高度的相关性。而工作分析是达到这项要求的必要手段，各个组织都比以前更加重视工作分析的研究和应用，从而促进了工作分析的发展。

3. 在人员录用生理条件方面的应用

残疾人就业问题和工效学促进了工作分析方法的发展。工作设计、工具和设备设计、工作方法设计和工作流程设计等领域的问题，既依赖于工作分析，又促进工作分析的发展。沙特尔利用吉尔布雷斯夫妇的研究成果，对残疾人的求职与工作进行了研究，设计了工作目标与任职者生理资格的评估清单，与后来设计的工作环境清单一起完善了医疗人员分析系统，使其成为整个工作分析过程的必要组成部分。

1.3 工作分析的作用

现在，越来越多的企业认识到工作分析对企业管理的作用和意义。从最初的仅仅为了工艺流程的设计和人员的招聘，发展到应用工作分析的结果进行绩效考核、培训、薪酬管理等，工作分析受到越来越多企业的重视与欢迎。

1.3.1 工作分析在人力资源管理中的作用

工作分析是人力资源管理体系的基石。工作分析的科学和合理对于企业人力资源体系的构建极为重要，代表着企业人力资源管理的水平。在工作分析的过程中，企业需要对自身的整体运作、职能设置，以及各个岗位的职责、权限、要求等有一个充分的认识。而工作分析的结果是为人力资源管理工作服务的，是人力资源管理体系中各个部分运作的基础和前提。图 1-1 所示为工作分析的主要作用。

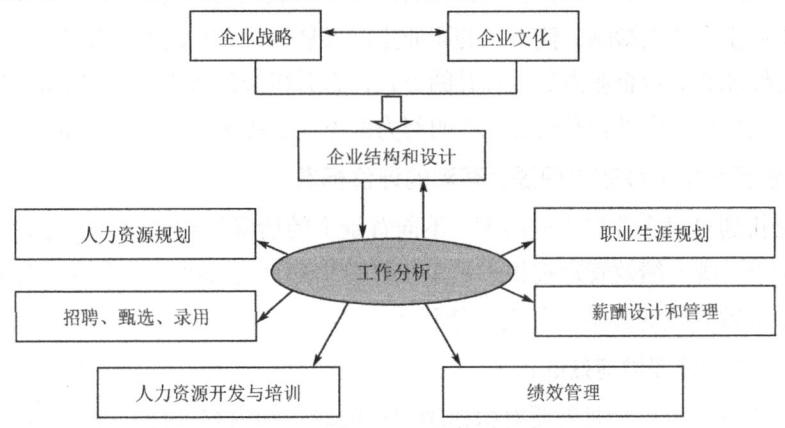

图 1-1　工作分析的主要作用

工作分析的作用具体体现在以下几个方面。

1．为人力资源规划提供准确有效的依据

一个企业在发展过程中必然会遇到因为环境变化或企业目标改变而引起的业务、企业结构或者人员数量的变化。为了适应这些变化，企业必须通过有组织、有计划的人力资源规划来预测在某个时间节点上所需要的人员数量、种类和要求，以及企业在该时间节点上能从内部满足人力资源的供给，从而满足企业对人力资源的需求。人力资源的具体规划，需要获得企业关于各种工作对于人员数量要求和质量要求的信息，而这类信息的获得必须通过工作分析来完成。

2．合理安排企业中的各项工作任务

企业是一个为完成特定目标而存在的有机整体，它的许多工作需要由不同的个体配合、协调完成。尤其是当企业规模扩大后，急需解决的问题就是企业的各项任务是否都由员工承担，以及各个工作岗位之间应如何衔接才能实现高效运转。工作分析能通过各个方面的信息收集、核实，确保企业中的各项任务都有人承担，了解清楚什么样的人员、如何工作才能更好地实现企业的预期目标。

3．明确管理者和员工各自的工作职责和目标

通过工作分析，管理者和员工能够清楚地了解各自工作岗位的职责范围和需要完成的任务。通过对完成工作的有效流程、工作方法的界定，通过对完成岗位工作需要接触的人员及接触的目的、频率的界定，管理者和员工（特别是新上岗的员工）可以对工作形成全面的了解，了解的内容具体包括工作的目的、任务及需要处理的日常事务和各项工作应达到的效果等。

4．为工作再设计和员工职业生涯规划提供依据

工作分析可以弄清职位之间在工作内容及任职资格上的逻辑关系与内在差异，形成以职位为基础的职位生涯通道，以及职业生涯发展的路径、规范与标准，提高员工升迁异动的合理性。职业生涯发展阶梯通过帮助员工胜任工作、确立组织内晋升的不同条件和秩序，对员工的职业生涯产生影响，使员工的职业生涯发展目标和规划有利于满足企业的需要。职业生涯阶梯能够显示企业内员工晋升的方式、晋升机会的多少、如何争取晋升机会等，从而为那些渴望获得内部晋升的员工指明努力的方向、提供平等竞争的机制。

5．为进行科学的绩效管理提供客观的评价标准

工作分析通过对企业在不同时期、不同背景下的情况进行分析，确定了各个工作岗位的应有标准，既为绩效管理提供了员工工作业绩的评定标准，又为员工工作指明了方向，有利于绩效管理的公平、公正、公开。

6．为员工招聘提供有效的信息

企业在进行员工招聘时需要对拟招聘岗位的职责和内容进行准确的界定，也需要明确任职资格和要求。由于工作分析所形成的人力资源文件，如工作说明书，对某类工作的性质、特征及担任此类工作应具备的资格、条件等，都进行了详尽的说明和规定，这就使人力资源管理人员明确了招聘的对象和标准。因此，在组织人员考评时，人力资源管理人员就能正确地选择考试科目和考核内容，避免了盲目性。

7. 为降低培训成本、提高培训效率提供前提

低成本、高效率的员工培训，要求培训的内容和方法同员工工作任务的内容及岗位所需要的工作能力和操作技能密切相关。工作分析可以提供关于做好该项工作所需要的知识和技能的信息，从而为分析任职者的培训需求提供前提，提高整个培训活动的效率。

8. 明确组织中上下级之间的汇报关系

工作分析可将组织目标分解为各部门的目标，再将各部门的目标分解为各个工作岗位的工作目标，从而使各个岗位的工作都能在相应的管理人员指导下进行，以提高工作效率，加强管理的层次性和有效性。

9. 明确工作岗位在组织中的相对价值，保证薪酬的内部公平性

薪酬通常同工作的复杂性、职责的大小、工作本身的难度及工作要求的任职资格等联系在一起，而所有这些因素都必须通过工作分析才能得到确定。企业员工劳动薪酬的高低主要取决于工作的性质、技术的繁简难易程度、工作负荷、责任大小和劳动条件等，而工作分析正是从这些基本因素出发，建立了一套完整的评价指标体系和评价标准，在对各个职位的相对价值进行衡量之后确定职位等级等工作。因此，工作分析可以优化企业内部的工资结构，提高薪酬的内部公平性。

1.3.2 工作分析在战略与组织管理中的作用

工作分析对企业战略的实施与组织优化具有十分重要的作用（见图1-2），具体表现在以下几个方面。

1. 实现战略传递

工作分析能够使员工明确职位设置的目的，以及该职位如何为企业创造价值，对企业战略目标与部门目标起到支持作用，从而使企业的战略能够在整体方向上得以实施。

2. 明确职位边界

工作分析能够明确界定职位的职责与权限，防止职位之间在职责上相互重叠，避免出现职位边界不清导致的双方推诿等现象。除此之外，工作分析还可以考虑到职位间的职位真空，使每项工作都能落实到人。

3. 提高流程效率

工作分析能够理顺职位与其流程中各环节的关系，明确职位在流程中的角色与权限，减少因职位设置或职位界定导致的流程不畅、效率低下等情况的发生。

4. 实现权责对等

工作分析能够根据职位的职责来确定或调整组织的分权体系，使权责一致。

5．强化职业化管理

工作分析可以使企业形成基本的职位工作规范，包括明确职责、权限等，为员工职业化素养的培养打下良好基础。

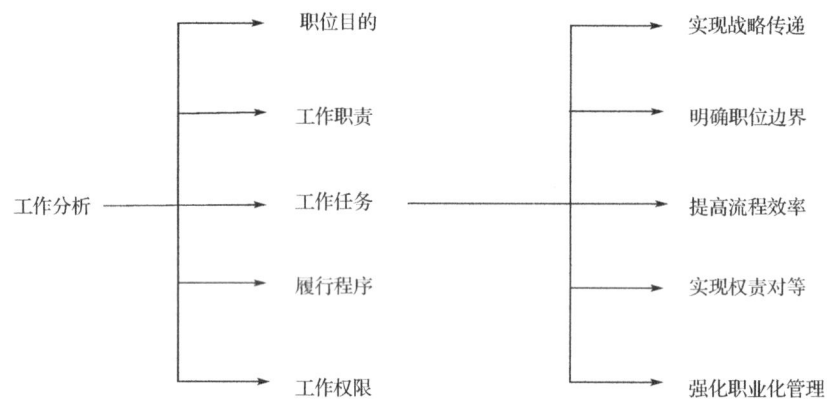

图 1-2　工作分析在战略与组织管理中的作用

1.4　工作分析的现状与趋势

我国企业在工作分析和岗位评价方面进行了一些探索，并且取得了一定的成效，积累了一些经验。工作分析并不仅仅是分析工作的一种技术或人力资源管理的一个环节，从本质上说，它还是一个重要的基础性管理过程。近年来，人力资源管理逐渐被企业和社会所重视，工作分析也随之成为企业所关注的重点。但是人们对工作分析的认识还远远不够，很多管理者把工作分析看作一种负担，甚至看作一件可有可无的事情。下面具体介绍一下我国企业在工作分析方面存在的几个问题，以及解决这些问题的策略，同时对工作分析的发展趋势进行概述。

1.4.1　工作分析存在的问题

1．工作分析缺乏系统思考

1）工作分析缺乏战略导向

人力资源管理是企业经营管理的重要组成部分，人力资源管理体系不能脱离企业的战略、文化、组织与流程等而独立存在和运行。工作分析作为人力资源管理的基础也不例外。在工作分析的实际操作中，我国一些企业不是遵循先调整战略、组织和流程，再开展工作分析的逻辑次序，而往往是将工作分析作为战略、组织和流程变革之前的先行步骤。因此，我们常常看到这样的现象：企业在耗费大量的资源完成了工作分析之后，才发现企业的战略发生了变化，伴随而来的是组织结构的调整、职位的变迁、职位的内容和职责的变化，原来煞费苦心形成的工作说明书成了形同虚设的文档。

以战略为导向进行工作分析是否意味着企业在没有进行战略设计和组织调整的情况下就不能开展工作分析呢？其实，这也未必。因为工作分析一方面要以战略为导向，强调在工作分析中明确体现关键职位对战略的价值和贡献；另一方面，要充分考虑企业目前的组织管理模式，以及职位的历史和现状，纯粹以战略为导向而背离现实的工作分析往往会走向失败。因此，以战略为导向的工作分析在实际操作中也应该是一个现状和未来、战略要求和职位实际紧密互动的过程。

2）工作分析不能适应组织的变革

经济全球化的市场竞争时代日益强调组织对外部环境的反应能力和灵活性，因而持续的组织变革与优化成为企业经营管理的主题之一。在这样的情况下，工作分析应适应组织变革的要求，在稳定中保持灵活，在严密中保持弹性；企业则应根据不同职位所受到的组织变革的影响程度，展开分层分类的工作分析。而有些企业在进行工作分析时忽视了这一点，不考虑组织变革对职位本身的影响，片面强调工作说明书的严密性与完整性，忽视工作说明书的分层分类与动态管理，其后果是难以满足持续性的组织变革与优化的内在要求，造成组织变革与工作分析的脱节。

3）工作分析缺乏对流程的衔接和磨合

现代企业越来越重视通过面向市场的流程再造来提高客户创造价值的能力。任何职位必须在流程中找到自身存在的价值，必须根据流程来确定其工作内容与角色的要求。这就要求工作分析必须与流程相衔接。而许多企业在开展工作分析时，缺乏对流程的系统分析，没有深入研究职位和流程之间的相互关系，没有根据流程进行工作分析，结果造成工作说明书的内容与流程的要求脱节，最终影响了流程的速度与效率。

2. 工作分析重结果、轻过程

1）工作分析忽视过程的价值

工作分析对于企业的价值，主要体现在两个方面：一是成果价值，即通过工作分析所获得的信息为组织与人力资源体系的设计提供基础性的信息；二是过程价值，即通过工作分析，帮助企业对组织的内在各个要素进行全面、系统的梳理，帮助企业提高把握自身状况的能力，从而发现企业经营管理中存在的问题，帮助任职者形成对职位的系统理解。而大多数企业在开展工作分析时，常常只重视前者，而忽视后者，单纯以工作说明书本身的形式质量来评价整个项目的价值与意义。这就造成工作分析片面追求文本形式的规范与美观，而忽视了工作分析的过程价值。

2）工作分析忽视对过程的管理与控制

整个工作分析项目的效果，在很大程度上取决于对项目过程的控制和管理。而大多数企业一是过分依赖外部专家，二是缺乏对工作分析项目进行管理的意识和经验，从而造成企业内部人员对工作分析的理解不够，对工作分析的参与程度不高、支持不足，最终导致工作分析的信息不全和失真，使工作分析流于形式，整个项目的效果也就大打折扣了。

3. 工作分析重描述、轻分析

工作分析的一大基本任务是对工作要素进行分析，而不是对其进行简单的罗列与描述，而重描述、轻分析恰恰又是很多企业目前在工作分析中的通病。

1）工作分析忽视对工作职责之间内在逻辑关系的系统把握

任何职位的工作职责都是一个有机的系统，而非简单的拼凑与组合。对工作职责之间内在逻辑的准确把握，一是有利于形成对工作职责的系统理解，使任职者能够按照工作职责的逻辑来安排工作；二是有利于把握不同工作职责对整体目标的贡献，找到努力的方向，优化资源的配置；三是有利于找到工作职责履行中的难点，为绩效的改进找到突破口和切入点。目前，一些企业在进行工作分析时，一方面由于任职者本身的参与度不高，另一方面由于工作分析人员缺乏系统的训练，因而往往难以形成对工作职责逻辑的准确把握，而仅仅是对工作职责进行简单的罗列与描述。

2）工作分析忽视对工作职责与任职资格、业绩标准之间关系的把握

职位可以被看作一个投入产出系统，而任职者就是投入，工作职责就是过程，业绩标准就是产出。只有对三者之间的内在关系进行系统的分析，才能真正实现任职资格与业绩标准的科学化与标准化。企业在进行工作分析时，往往割裂了它们的内在联系，仅仅依据感觉与经验来建立业绩标准与任职资格，使工作说明书本身的系统性、准确性和可信度受到影响，进而使工作说明书在招聘、录用、考核等整个组织与人力资源管理体系中的运用受到限制。

4. 工作分析重拿来、轻创新

在整个组织与人力资源管理体系中，工作分析是较为基础的管理工具，同时也是技术含量较高、操作较难的模块之一。因此，工作分析是否成功在很大程度上取决于是否能够采用科学、实用的工作分析技术与方法。由于我国企业管理的基础较为薄弱，工作分析的开发与应用尚缺乏丰厚的实践土壤，对工作分析的研究大多还停留在简单理论的引入与技术模仿上，缺乏基于本土实践的、系统性的工作分析理念以及技术与方法的创新，致使企业的工作分析在假设系统、框架体系、技术方法上存在着诸多矛盾和问题，在一定程度上制约了企业工作分析项目的有效开展。

1）工作分析框架与技术缺乏假设系统

假设系统是经济与管理科学的前提和基础，是科学区别于经验的关键要素。工作分析技术的假设系统是指在构建工作分析技术体系之前，技术的构建者和使用者对于职位内在各要素及职位与其外部环境要素之间的相互关系的抽象理解。综观国外一些企业的工作分析方法，其背后会有一套独立而完整的关于职位的理解和诠释，从而保证了工作分析方法的系统性与科学性。与此相反，国内的管理学者和企业管理实践者在对国外的工作分析方法加以引进、消化、改进和创新，以及开发本土化的工作分析技术时，却往往忽视了隐藏在技术背后的假设系统，形成对技术的孤立而片面的理解，使工作分析技

术的有效性大打折扣。

2）工作分析的操作缺乏明确的目标导向，成果缺乏显著的应用

工作分析在企业的战略、组织与人力资源管理体系中应用非常广泛。但是，由于任何一种工作分析方法都有其优势与不足，只能在一定范围内针对一定的目标而展开，无法满足组织与人力资源管理体系的所有要求，因此必须建立目标导向的工作分析技术，即明确规定工作分析在本企业运用时所要针对的具体目标——是以考核为导向，还是以薪酬为导向，或者二者兼顾——并以此为基础，确定工作分析信息收集的重点、信息收集与处理的方法、工作说明书的内容与格式。但是大多数国内企业对这个至关重要的问题尚缺乏足够的重视，导致工作分析方法失当、信息收集分散、工作说明书缺乏目标针对性。正是由于这些原因，进而导致工作分析在组织与人力资源管理体系中的应用不够显著，耗费大量资源形成的工作说明书与工作分析报告不能为实际的人力资源管理提供有效的支持，工作分析项目也成了毫无意义的"造文件运动"。

3）工作分析缺乏成熟的职位信息收集与处理技术

职位信息收集与处理技术是工作分析技术的核心，但在目前国内企业所采用的工作分析技术中，职位信息的收集与处理技术还停留在较为初级的阶段。这主要体现在两个方面：一方面，缺乏定量化的技术与方法；另一方面，传统的、定性的信息收集与处理方法（如观察法、访谈法、问卷法）缺乏系统性的总结，工作分析人员在实践中所获得的经验性认识还仅仅停留在脑海中，尚未进行系统总结，难以对人力资源管理人员进行有效的培训，由此导致了工作分析的效果在很大程度上取决于工作分析人员的个人能力及其对工作的感性认识。这也是目前国内企业中的工作说明书形式五花八门、质量参差不齐的重要原因。

在进行职位信息收集与处理时，还应注意两个方面的问题。一方面，要得到管理层的支持。没有管理层的认同和支持，就无法有效地完成工作分析及工作说明书的编写。企业的人事部门应协助管理层确定职位信息收集的方向、制定相关政策，并将这个信息传递给整个企业，以获得大家的支持。另一方面，管理层要与下属进行合作。企业中不同层次的主管应与下属一起直接参与工作说明书的编写活动，主管需要策划及分配每一个直接下属的岗位职权和任务，并且与人力资源部门确定各个岗位的工作说明书的内容。三者往往需要反复磋商，才能敲定一份说明书。

1.4.2 解决策略分析

要想适应战略性的工作分析，就不能仅仅把任职者作为唯一的工作信息来源，还应该让一些非任职者（如企业的战略制定者、人力资源管理及相关领域的行业专家）参与到工作分析的过程中，这样他们可以针对企业需要的一些比较抽象的个性特质和企业的

战略需求提出建议。

在现代企业中,由于员工工作成就感和工作挑战性的要求,工作扩大化及工作丰富化的实施,各工作岗位之间的分工界限正逐渐消失,不再像以前那样清楚明晰,从而要求工作分析不能只分析孤立的工作岗位,而应该分析一个岗位族类,分析该岗位与其他岗位之间的联系,包括信息联系、产品联系、人员联系等。如今的工作内容、职责范围和任职资格等也发生了相应的变化。因此,现代的工作分析要改变传统工作分析的描述方法,逐渐向预测性、分析性工作分析的方向发展。

工作分析领域也应逐渐引入一些新技术、新方法,尤其是计算机网络化技术等高科技,应成为工作分析领域必不可少的一部分。计算机网络技术可以应用于工作分析的各个阶段。在工作分析的准备阶段,工作分析小组可以利用计算机查阅资料、制订进度计划和安排人员等。在工作分析的实施阶段,可以利用计算机网络及其数据库查找同行业其他组织的工作设置、工作内容、职责任务及任职资格等,并将所获取的与本组织相关的工作信息输入数据库,以便进行下一步分析。在工作分析结果的检验阶段,计算机更是一种必不可少的工具,它使多元回归统计技术的应用更加可行,从而有助于排除工作分析中的潜在歧视与偏见,使工作分析的结果更加客观、准确。

解决工作分析中存在的问题,可以从以下两个方面考虑。

1. 工作分析的内部调整

1)建立分层分类的工作说明书

目前,使用传统职能型组织的企业还有很多,但是企业中的部分工作内容具有不确定性和创新性要求高的特点。因此,处于不同层级、担任不同类别工作的职务在工作内容和工作性质上也不同,企业应根据不同职务建立分层分类的工作说明书,如表1-1所示。

表1-1 分层分类的工作说明书

职务类别	职务特点	对工作说明书的要求
研发与高层管理职位	创新要求高,工作内容不确定	采用人员导向性的工作分析系统,强调任职资格,采用更加宽泛的职责描述;不对工作的过程进行硬性规定,只注重职务的成果导向
一般技术人员 职能管理人员 基层直线管理人员	创新性要求比较低,规范化、职业化要求比较高	采用严格准确的职责描述;规定工作过程与工作结果;任职资格注重职业知识、专业技能
生产线操作工	基本不需要创新,强调职位的标准化与操作一致性	注重工作任务预计、完成任务的工作程序的界定,包括完成工作采用的工具、设备、技术;任职资格需要将心理能力和身体能力相结合

2)建立交叉互动式的工作分析

在知识经济背景下的工作分析应该拓宽视野、更新观念,体现以顾客为中心的管理理念。例如，在扩大职责和交叉职责成为流行趋势的情况下，现代工作分析应当以工作流程为基础，考虑需要分析的工作与其他工作在流程上的衔接关系，将流程中上下游环节的期望作为工作的目标。由于工作流程最终的环节是向顾客提供服务和产品，这样的考虑有利于以顾客为中心的理念的实施。以工作流程为基础的工作分析必然要求在收集信息的时候保证多个信息来源，除了任职者和其直接主管，还应该包括来自同事及内外部客户的信息，这样得到的信息会更全面、更具有指导意义。同时，来自客户的信息还可以作为产品创新的指导。而基于工作流程的工作分析既有利于提高工作流程的效率，又有利于提高对客户需求的反应灵敏度。这样，企业在产品服务和管理模式方面的改进速度将会大大提高，从而使企业在市场中保持竞争力。

3）实现工作分析的动态更新

传统化的工作分析，其目的是对现有的工作进行描述。当企业面临着变化迅速、充满了不确定性的竞争市场时，其职位的工作内容也不再是固定的。职位的动态变化要求工作说明书能够及时更新。但是，开展工作分析是一件费时、费力的事情，难以及时地实现工作说明书与工作内容同步调整。在这种情况下，人力资源部门也许应该授人以渔，向在职人员提供工作分析的培训，培养在职人员自我更新工作说明书的能力；或以员工撰写初稿，部门领导修订、审批，人力资源部门提供技术支持和反馈的形式来完成新的工作说明书的编写工作。

4）工作规范的描述强调个性因素

目前，很多企业开始重视人员与职位之间的匹配。而人员与职位是否匹配，个人在其职位上能否发挥自身潜力，与人的个性有很大关系。因此，在现代的工作分析中，保留了原有的知识（Knowledge）、技能（Skill）、能力（Ability），增加了对特定岗位人员的个性（Personality）描述。

5）计算机技术的应用

随着人类社会步入知识经济时代与信息时代，信息技术被应用于社会的各个领域。工作分析领域也逐渐引入许多新技术、新方法，尤其是计算机网络技术的引进。在现代工作分析中，计算机网络等高科技手段的应用已经成为工作分析技术发展的创新趋势。

2. 建立新的工作分析系统

1）未来导向和战略导向的工作分析系统

未来导向和战略导向的工作分析系统的主要思想是将环境变化因素、企业战略及特定工作的未来发展趋势纳入传统的工作分析中。而在其操作层面上，这种新的工作方法强调自上而下的收集信息。具体操作方法如下。

首先，采取自下而上的方式收集信息。先分析工作活动和工作流程，再根据岗位工作活动的异同，从现实出发确定工作流程及相应的工作。

然后，通过自上而下的方式对前一个步骤收集的信息进行补充。设计"如果……那么……"的假设情境,并通过对主题专家(Subject Matter Expert,SME)进行访谈,确定未来工作对知识、技能、能力(Knowledge,Skills,Abilities,简写为KSAs)和其他特征的要求。参加访谈的人员除了工作分析专家、任职者、任职者的上级和人力资源管理专家等传统工作分析人员,还应包括企业的战略规划者、相应领域的技术专家和经济学家,因为他们能够提供关于技术进步和经济发展等影响工作的环境因素的信息。

最后,通过将得到的对未来需要的KSAs和现有的KSAs进行对比,就能对现有的任务和KSAs进行修正,将自下而上得到的信息和自上而下得到的信息进行有机结合,从而确定工作的任职资格要求。

2)团队中的角色分析

工作分析应该结合企业的文化和战略特点,对员工的素质提出特定要求。在对现有员工的素质了解清楚之后,进行焦点组访谈,以明确企业的特殊要求和员工具有的素质之间存在的差距。这样既可以了解企业的人力资源需求状况,又可以对企业进行长期的人力资源规划,同时还能对员工进行效用分析,确定较有价值的员工。

知识经济时代的组织结构扁平化趋势,使团队成为企业组织结构的基本单位。团队工作方式的大量盛行促使工作分析必须开始从关注个人转为关注团队,并适应团队运作的内在工作要求,为团队绩效的提升提供支持。

① 角色分析。在团队工作的环境中,某个团队成员所从事的工作可能取决于团队中其他人的才能和兴趣。团队作为一个整体被指定完成某项工作,并且对这项工作负责。因此,工作分析要研究团队内各角色的工作流程,以判断产品和服务的改变及其对团队成员的要求。通过工作分析说明一个人作为团队成员发挥的作用可能比说明他的个人岗位职责更为有用。宽泛的角色定义比严格界定的工作说明书更能满足团队中协调、互助与信息共享的要求。人在企业中的位置也由点定位转变为区间定位,即角色定位。

② 角色间分析。团队的绩效必须通过团队成员的合作来取得,合作的基础是要识别出各角色之间在工作任务层面的相互依赖性和各角色之间的流程关系。因此,分析各角色间的相互作用将有利于团队成员间进行更好的合作。

③ 团队素质结构。由于团队是作为一个整体来工作的,所以强调单个成员的任职资格已经没有太大的意义,只有团队的整体素质特征对提升绩效才是有重要意义的。正因如此,分析团队的整体素质要求,分析团队成员间如何形成具有差异性、互补性与协调性的团队素质结构才应该成为工作分析的重点。

3)作业分析

以往工作分析针对静态的单个工作岗位,缺乏对企业内部工作任务描述的整体性、系统性,在工作中容易导致员工对企业总体的任务、目标缺乏准确的把握,难以实现协调配合。而且,在现代企业中随着工作丰富化、工作扩大化的管理理念深入人心,员工不再总是从事固定、单一的岗位工作。同时,企业内的工作岗位也会随着企业发展的要求而相应调整。基于这些现状，桑切斯等人提出用作业分析来代替工作分析。

作业分析关注某些可以从一个工作移植到另一个工作的任务和技能，它强调任务定向，主张将员工的岗位工作细分为不同的任务单元，而每项工作都尽量以任务流程的方式来体现。对现代企业而言，外部环境瞬息万变，企业需要通过流程再造（Business Process Reengineering）等途径来与之适应，而掌握企业内各项工作的基本任务流程，就可以比较科学地根据任务模块划分来进行组织机构和工作岗位的调整与精简。作业分析及任务模块化的思想，对企业改制、机构调整、人员精简等都有十分重大的实践意义。

另外，作业分析强调工作与人的和谐匹配。与以往工作分析相比，它更强调通过综合技能要求与特定任务技能要求的组合，来实现对企业中所有岗位人员任职要求的描述。所谓综合技能，即超越各个具体工作岗位之上的一般能力和技术。而特定任务技能是指与任务相匹配的技术。也就是说，将对员工的任职要求具体到任务的水平，而不是停留在岗位水平。这种描述方式，与工作任务模块化的思想一脉相承：岗位可能调整，工作任务却始终存在，而且完成特定任务的能力要求也不会因为岗位的不同而改变。这种对员工任职要求的描述，能更灵活地体现组织层次与具体工作任务层面的有机结合。

总之，作业分析最大的特点是不再把工作岗位视为固定不变的组织单元，而是把组织基本单元放在更具体的任务环节中，使工作可以灵活"拆装"。不仅如此，它还将对员工的任职要求也拆分为更小的以任务为依据的单元和组织层次上的综合部分，使工作与人的匹配就像拼图一样灵活，也就能更好地适应组织内外环境发展的需求。

1.4.3 工作分析的发展趋势

随着企业外部环境和内部环境的变化，企业组织结构和工作流程必须时刻去适应，结果导致组织的基本单元不断发生变化，工作的稳定性、工作方式及工作对任职者的要求等方面也不断发生变化。在这种情况下，工作分析必然也要随之发展。

1. 工作分析战略化

当一项新的工作产生和一些工作出现巨大变革时，工作分析就要着眼于未来，基于企业的战略规划和未来定位，针对"未来的职位"进行工作分析，并识别核心竞争力，建立胜任力模型，帮助企业赢得竞争优势。

美国的施耐德和考茨提出了"战略性工作分析"，该方法的目的是界定所预测到的未来职位所需要的知识、技能、能力及其他个人特质（KSAOs）的指标。由于职位、技术和组织快速、持续发生变化，有人建议应识别出基于组织的核心竞争力，即需要放宽视野，结合组织战略，考虑组织的长期需要，更广泛地界定员工应具备的KSAOs。这些核心竞争力由跨工作任务的特性组成，并且应体现组织文化。通常，不断变化的内外部环境要求员工具有的核心竞争力包括学习能力、自我管理、自我激励、团队合作性、适应能力、社交能力，以及压力下工作的能力等。实际上，这种理念提倡的是以稳定的组织要求为基础，而非以不断变化的职位要求为基础开展工作分析。

2. 工作分析信息来源扩大化

对于工作分析信息的获取来说，尽管任职者是最常见的信息来源，但是任职者之外的其他信息来源也会变得日益重要。

1）客户

任职者和客户之间的关系变得日益紧密和重要，客户对工作业绩的衡量标准具有至关重要的影响，所以自然成为工作分析的重要信息来源。例如，许多企业采用"秘密客户"的方式来收集服务质量的信息，"秘密客户"是企业雇用的乔装成客户的人员。

2）专家

任职者对他们从事的工作并不能总是做出客观的判断，特别是与自己利益息息相关时，更是如此。而岗位培训专家则对工作负荷、工作环境等影响工作的许多因素都比较了解，如拥有心理学背景的专家对工作的心理压力就能做出准确的评估。与任职者相比，专家对工作有更为准确的判断。

3）计算机

虽然人对任务和工作内容的反应相比简单的知觉判断复杂很多，但是计算机仿真系统的引入能够分析操作人员的业绩。因此，专业化分析软件正逐渐成为工作分析数据的又一种来源。

3. 工作分析技术信息化

传统的工作分析一般采用人工方法进行。随着新技术的发展，计算机网络技术也可以运用于工作分析，工作分析技术正趋向高科技化。

1）计算机网络

现在的任务清单或者其他类型的纸笔调查将被网络所代替，特别是那些需要应用计算机的工作。这使被调查者可以将信息直接输入计算机，摆脱了打印及邮寄等烦琐的手续。

2）预测

当进行分析的工作不存在时，是不能对任职者进行观察、访谈或者问卷调查的。在这种情况下，只能对工作进行猜测。解决方法之一就是请工作小组列出现在和未来的任务，小组成员可以想象未来的工作是什么样的，然后说明工作流程。

4. 角色说明书取代工作说明书

传统的工作分析是在竞争环境、组织机构及岗位相对稳定和可以预见的时代里发展起来的。然而，现代的工作分析受到了挑战。企业的外部环境与内部环境正在剧烈变化，组织结构、工作模式、工作性质对员工的要求等也随之发生急剧变化：组织结构从等级化逐渐趋于扁平化与弹性化；工作本身从确定性向不确定性、从重复性向创新性转变；

建立跨专业的自我管理团队，在团队成员间出现工作交叉和职能互动；从强调职位之间明确的职责、权限边界转变为允许甚至鼓励职位之间的职责与权限的重叠，打破组织内部的本位主义与局限思考，激发员工的创新能力及以客户为中心的服务意识。

工作越来越庞杂，员工从一个项目转到另一个项目，从一个团队转到另一个团队，工作职责也变得模糊起来，这一系列的变化使工作分析的结果性文件（工作说明书）变得越来越含糊，工作名称变得越来越没意义。因此，一些专业人力资源工作者提出，应当用"角色（作用）"分析这个术语代替传统的针对岗位的工作分析。对于那些以团队而非个人方式为基础开展工作的组织，这种从关注"岗位"转变为关注"角色（作用）"的趋势是不可阻挡的。这种趋势在 IT 企业更为明显，其员工的工作模式发生改变，出现跨团队、跨职能合作，甚至出现了虚拟工作团队。

【本章小结】

工作分析是对职位信息进行收集、比较、分析与综合，以确定工作岗位的目的、职责、任务，以及完成工作所需要的知识、技能、能力和任职资格要求的一系列活动。工作分析无论是在传递战略、明确职位权责、提升流程效率上，还是在对人力资源规划、绩效与薪酬管理、招聘与培训上，都起着基础性的作用。在实践中，开展工作分析所遇到的挑战主要来源于工作分析人员的选择、组织体系的动态环境改变、工作本身的多样性和工作条件的变化这 4 个因素。

【思考与练习】

1. 简述工作分析的含义和特征。
2. 简述与工作分析有关的关键术语，以及它们之间的相互关系。
3. 工作分析的意义和作用是什么？
4. 工作分析的发展趋势是什么？
5. 根据所学内容，谈谈你对工作分析的认识和理解。

第 2 章
工作分析流程

本章要点

工作分析是全面评价工作的过程,而这个过程又分为不同的阶段。工作分析是以组织战略及流程为依据而展开的,经过各个阶段的分析形成分析结果,通过应用和反馈来调整工作分析计划。同时,企业内外部的变化也会引起组织战略、业务流程,以及工作分析计划的改变,以此引发新的工作分析,形成一项连续、动态的工作。

关键术语

人力资源规划;人员招聘;人员培训和开发;绩效管理;薪酬管理。

学习目标

- ◆ 了解:工作分析流程的内容。
- ◆ 熟悉:工作分析流程实施的基本程序和注意问题。
- ◆ 掌握:工作分析的基本流程。

> 导入案例

失败的工作分析

小王来到公司的人力资源部门，"张经理，"小王说，"可能我无法适应目前的工作，我希望在这个月末试用期结束时离开公司。"张经理听了这话很惊讶。小王是两个月以前到公司担任销售部门经理助理的。销售部门经理及销售部门的其他同事都反映小王试用期的工作情况很好，想不到小王会主动提出辞职。

三个月以前，销售部门经理提出了增加经理助理岗位的需求，由于销售部门将加强与国外客户的业务联系，急需熟练掌握英语口语和处理英语书面文件的员工，并希望新员工具有一定的计算机操作水平，同时可兼顾公司对外网站的管理工作。人力资源部门针对该工作岗位进行分析，经过与销售部门经理协商，编写了该岗位的工作说明书。其中对岗位职责的描述如下：

1. 协助经理处理国外业务的联系工作及英文书面文件、合同。
2. 在需要的情况下可担任英文翻译。
3. 整理销售部门的内部业务文档。
4. 负责在网站上发布有关公司的业务信息，并进行公司网页的更新、调整。

工作岗位对语言能力方面的要求决定了应聘人员最好是英语专业的毕业生或者有在国外生活的经历；而计算机网络管理工作又对应聘人员的计算机操作水平提出了较高的要求，即能制作网页和进行数据库处理，应聘者最好是计算机专业的人员。

这样的任职资格要求使这个岗位的招聘工作难度较大。当公司在人才招聘渠道发布招聘信息后，应聘人员不多。小王是华南地区某商学院毕业的学生，毕业后在广告公司做过业务工作，后来前往英国留学，在国外所学的专业是计算机应用，留学回国才一个月，各方面的条件完全符合招聘岗位的要求。经过两次面试，销售部门和人力资源部门的经理都觉得小王是这个岗位的最佳人选，于是通知小王来公司报到上班。

"为什么你觉得自己不能适应这项工作呢？"张经理问小王。

小王说："工作中业务文件处理、与客户的业务联系都没问题，内部文档我也能按要求管理好。但是，我不了解公司生产产品的技术参数和生产能力，在与客户联系的过程中，需要根据客户的需求确定产品的技术参数并在合同中注明交货期限。销售部门要求我向客户提供技术方案和产品的规格、型号，有时还要我决定什么时候能给客户供应哪些类型的产品。这些工作需要较多技术方面的知识，但我不是销售部门经理，我也无法决定。目前，我承担的工作与应聘时对我提出的工作要求完全不一样。"

2.1 工作分析的流程概述

工作分析是人力资源管理中的重要环节，是一项技术性很强的工作，其需要进行周密的准备，同时还需要有一套与人力资源管理活动相匹配的、科学的、合理的操作程序。一套科学、合理的工作分析流程能够有效指导企业的工作分析活动，节省操作成本。根据工作分析过程中的要素、中间变量、结果及它们之间的相互关系可以得出工作分析系统模型，如图2-1所示。

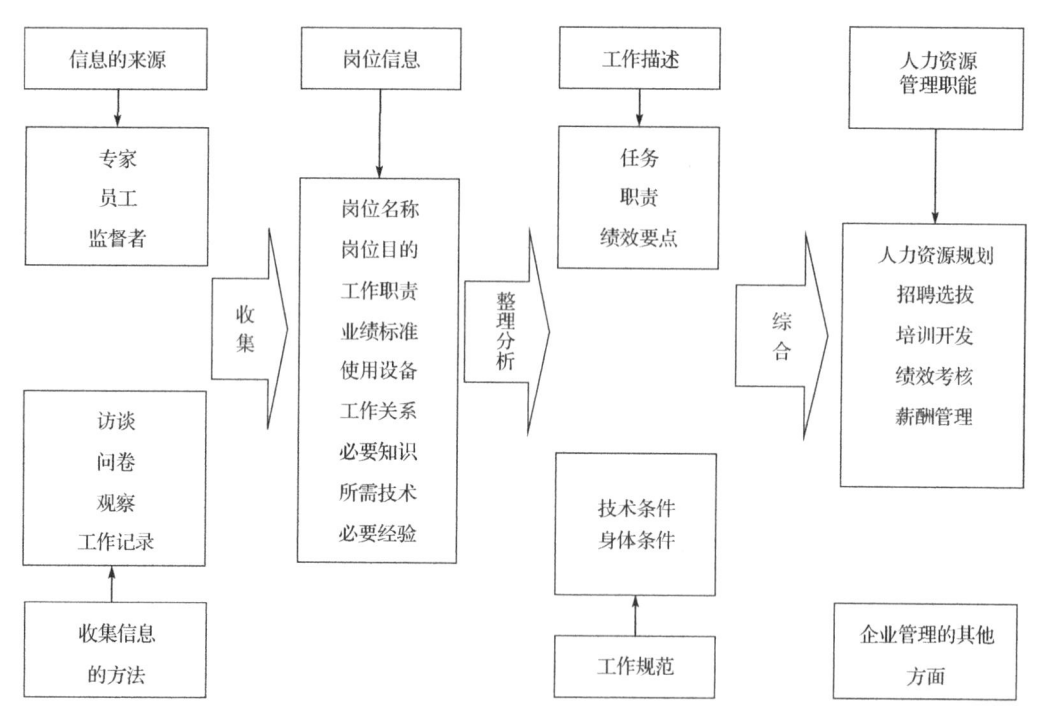

图2-1 工作分析系统模型

从图2-1中可以看出，工作分析实际上就是对与岗位相关的信息的收集、整理分析与综合的过程。根据这个模型，工作分析的整个过程可以分为准备阶段、调查阶段、分析阶段和完成阶段，如图2-2所示。其中，工作分析的调查阶段是工作分析流程的第二个阶段。这个阶段的主要工作是对整个工作过程、工作环境、工作内容和任职者等主要方面进行一个全面的调查，从而有助于人力资源管理相关人员更好地运用前期调查所得到的信息进行科学合理的工作分析，并得到相应的工作分析成果。

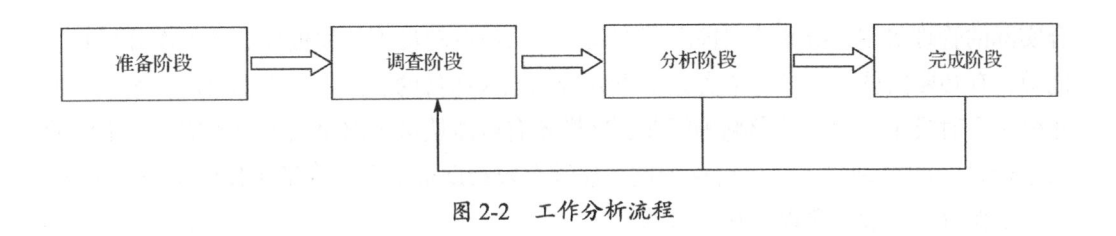

```
准备阶段  →  调查阶段  →  分析阶段  →  完成阶段
                ↑_____|
```

图 2-2　工作分析流程

2.2　工作分析的准备阶段

2.2.1　准备阶段概述

准备阶段作为工作分析流程的第一个阶段,其工作成效的高低直接决定了工作分析的成败。准备阶段的工作主要包括以下内容。

首先,人力资源部门经理与企业高层管理者进行充分沟通,使其认可工作分析的价值性和必要性,力求获得鼎力支持,为整个工作分析的顺利开展打下坚实基础。

其次,人力资源部门应鼓励各部门管理者和员工参与并积极配合,增加员工对项目的了解和支持。

最后,召开全员参加的工作分析启动会议,由高层管理者亲自介绍工作分析的重要意义,布置工作任务,为工作分析提供各方面的资源保证。在启动会上,人力资源部门应着重宣讲工作分析的理念与目的,让员工认同工作分析的价值,了解工作分析的科学性。会议结束后,成立工作分析工作小组。该小组主要由人力资源部门的相关人员组成,同时吸收一些其他业务部门的负责人,大家共同商讨工作分析工作的开展和工作说明书的编写。

有了高层管理者的全力支持和各部门员工的全力配合,进入调查阶段后就会很容易在较少阻力的情况下收集到更多工作分析所需要的信息。工作分析有多种分析方法,其中问卷调查法和访谈调查法由于操作性强、信息采集效果好而成为经常使用的两种方法。

如果缺少准备阶段的积极宣讲与后续调查阶段的充分沟通等工作分析过程,仅由人力资源部门闭门造车式编写的工作说明书,即使科学、合理、切合实际,也很难在实际工作中得到高层管理者的认可和广大员工的认同,推广应用的难度可想而知。

2.2.2　准备阶段的主要任务

工作分析的准备阶段应主要完成以下几项任务。

1. 确定工作分析的目的和用途

在进行工作分析前要明确工作分析的目的,向员工进行宣传,帮助员工理解工作分析的价值。工作分析是为了使现有的工作内容和工作要求更加明确、合理,以便制定切合实际的管理机制，帮助员工提高工作效能，从而调动员工的积极性。在工作分析开始之前，有必要向员工解释清楚实施工作分析的原因和目的、工作分析小组成员组成、工作分析会对员工产生何种影响等问题，这样才有可能从员工那里获得更可靠、更全面的信息资料。同时，通过工作分析这个过程能够有效帮助员工重新理解工作的价值和标准。

工作分析一般包含以下几个目的。

① 对各种特定工作进行如实描述，正确认识这些工作。
② 对工作进行设计或再设计，编制或修订工作说明书。
③ 明确对任职者的资格、素质的要求，制定招聘标准和招聘测试方案。
④ 制订适合任职者的培训计划，加强培训的针对性，改善培训的效果。
⑤ 明确工作任务、职责、权力及其与相关工作的关系，实现协调合作。
⑥ 进行工作比较，平衡薪资待遇，实现公平、公正。
⑦ 进行绩效评价，提高评价的客观性、公正性。

目的不同，所需要采集、处理的工作信息内容和工作分析的工作量就不同，工作分析人员的选择就不同，所需要的费用也不同。因此，进行工作分析时首先要明确工作分析的目的。

2. 成立工作分析小组

为了保证工作分析的顺利进行，在准备阶段还要成立一个工作分析小组，从人员上为这项工作的开展做好准备。小组成员应包括公司领导，职能管理部门（如管理、研发、生产、销售）和人力资源部门的有关人员。如果企业内部没有工作分析的专家，则应聘请专业人士作为工作小组的顾问。小组成员的分工如下。

① 各部门主管领导支持部门员工参与项目的开展，对项目结果进行验收。具体内容包括组织内部的舆论宣传；对部门员工进行动员，使其积极配合，安排员工接受面谈或问卷调查；听取阶段性的汇报；验收最终成果。

② 专家为工作分析提供技术方案，通过采取可行的实施手段达到项目目标。具体内容包括研讨与确定项目实施方案；培训核心工作人员和相关实施人员；设计研究工具（调查表、面谈提纲等）；实施调研、访谈；撰写与修改职位说明书。

③ 人力资源部门成员作为项目的协调与联络人，要配合专家开展工作。具体内容包括制订工作实施计划；指导与汇总审定资料；安排相关人员配合专家开展工作；收集企业员工在项目实施过程中的反馈意见，并把反馈意见报告给专家与公司领导；协调安排工作所需要的场所、材料、设备等；安排专家在公司工作期间的食宿、接待。

3. 对工作分析人员进行培训

培训一般由专家针对工作分析小组的成员而进行。为了在工作思路、工作方法上达成一致，避免出现误解和偏见，需要在小组内部由专家或人力资源部门的专业人员对其他成员进行培训，可以把培训重点放在工作方向、工作方法等较为宏观的内容上。培训时，主要由专家对工作分析的意义、使用工具的特点进行讲解，对项目用语的标准含义、施测指导语、施测过程的引导和控制进行统一规定，回答成员的质疑，并对有歧义的地方进行讨论和确定。在培训过程中，培训人员应向每位工作分析人员提供有关操作方面的书面材料。此外，还要组织工作分析人员实际分析一份他们熟悉的、但与正式分析无关的工作。

4．做好其他必要的准备

例如，针对各部门抽调的人员，部门经理要对其工作进行适当的调整，以保证他们有充足的时间进行工作分析。

2.3 工作分析的调查阶段

工作分析调查的内容主要是收集工作分析所需要的信息，主要包括信息的来源、收集信息的方法和系统的选择、收集信息的原则和内容的确定等。工作分析调查阶段是工作分析过程中最关键的阶段。工作分析调查要有一定的原则和工作方法，工作分析调查相关人员应该利用自身周边的环境有原则地、最大限度地收集各方面的信息。

参与工作分析调查的相关人员应该制作一张工作分析调查的时间计划进度表，以保证这项工作能够按部就班地开展。同时，应该收集有关岗位的信息。这个阶段的工作内容包括选择信息的来源、选择收集信息的方法，以及收集岗位的相关信息3个方面。在这个阶段中，一般应依据工作分析的目的来确定收集信息的侧重点，如表2-1所示。

表2-1 依据工作分析的目的确定收集资料的侧重点

目的	侧重点
招聘选拔	该岗位的职责及对任职者的要求
培训与开发	确定每项工作的职责及衡量履行这项职责所需要的员工的能力
绩效考核	衡量每项工作任务的标准，包括时间、质量和数量方面
确定薪酬	对岗位进行量化评估，确定每个岗位的相对价值

1．调查阶段需要完成的任务

① 制作工作分析的时间进度表，以协调各部门有序进行工作。

② 根据工作分析的目的，选择收集工作内容和相关信息的方法。

③ 收集工作的背景资料，这些资料包括企业的内部结构图、工作流程图及国家的相关分类标准，甚至还应找到以前保留的工作分析资料。

④ 收集岗位相关的信息。

2．选择信息的来源

工作分析调查的信息主要来源于员工、管理（监督）者、顾客、专家、职业名称辞典及以往的分析资料。具体来说，工作分析调查信息的来源有以下几个方面。

1）产业和行业的标杆

工作分析调查的信息可以来源于产业或者行业的标杆，如其他企业的岗位说明书、职业数据，美国职业名称大词典，职业信息网，企业内部的文献，企业现有的政策、制度文献、组织结构图、工艺流程图，企业以前的岗位说明书或者岗位职责描述等。

2）与岗位相关的人员

工作分析调查的信息可以来源于与岗位相关的人员，如该岗位的任职者、该岗位的同事、该岗位的上级、该岗位的下级、对该岗位产生影响或者受到该岗位影响的其他人员等。

3）外部组织或人员

工作分析调查的信息可以来源于外部组织或人员，如企业的客户、企业的策略联盟者、企业的上游供应商、企业的销售渠道商等。

4）与工作相关的信息

工作分析调查的信息可以来源于与工作相关的信息，主要包括以下4个方面。

① 工作内容和工作情景因素，具体包括工作职责、工作任务、工作活动、绩效标准、关键事件、沟通网络、工作成果等。

② 工作特征，具体包括岗位对企业的贡献与过失损害、管理幅度、所需要承担的风险、工作的独立性、工作的创新性、工作中的矛盾与冲突、人际互动的难度与频繁性等。

③ 任职资格要求，具体包括一般受教育程度、专业知识、工作经验（一般经验、专业经验、管理经验）、各种技能、各种能力倾向、各种胜任素质要求（包括个性特征与职业倾向、动机、内驱力等）。

④ 人际关系，具体包括内部人际关系（与直接上级、其他上级、直接下级、其他下级、同事之间的关系）、外部人际关系（与供应商、客户、政府机构、行业组织、社区之间的关系）、通用工作信息、收集方法等。

3. 选择收集信息的方法

在工作分析调查过程中信息收集的方法有很多，通常由工作分析人员根据企业的实际需要灵活运用。一般而言，在进行工作分析的时候，工作分析人员都是综合选用几种方法，从而有效地发挥各种方法的优点，使所收集的信息尽量全面。而方法的选择不是越多越好，而是要结合以下几种情况来综合考虑，这样才能事半功倍。

① 所分析岗位的特点不同，对收集信息的方法有不同的要求。不同的方法收集信息的侧重点是不一样的。

② 在选择收集信息的方法时会受到实际条件的限制。有些方法虽然可以得到较多的信息，但可能由于花费的时间或财力较多而无法被采用。

③ 工作分析方法及人员的相互匹配性也会影响收集信息方法的选择。因为每种工作分析方法都有各自的优点和缺点，每个员工的状态也不一样，这就需要工作分析人员

综合运用多种收集信息的方法，尽可能多收集岗位信息。

每种方法都有自己的适用范围，也有其具体操作时的注意事项。在选定工作信息收集的方法之后，一般需要针对具体的操作步骤和注意事项对工作分析人员进行相应的培训。

4．收集岗位的相关信息

岗位的相关信息是指与该岗位相关的所有信息。工作分析人员在进行调查的过程中，应该根据岗位所处环境以及其自身价值最大限度地收集与该岗位相关的所有信息。

2.4 工作分析的分析阶段

工作分析前期的准备工作并不是最终目标，仅仅是对各种资料信息的简单收集。最终目标是通过这些信息对工作岗位进行全面而深入的分析、整理和综合，从而总结出各种工作的主要活动和关键性的影响因素，并在此基础上，对提炼出的信息进行规范描述，形成工作说明书。分析阶段主要包括以下几项工作。

1．整理资料

将收集到的信息按照工作说明书的各项要求进行归类、整理，看是否有遗漏的项目，如果有的话返回到上一个步骤，进行再次调查、收集。

2．审查资料

归类整理后，工作分析小组要对所收集的信息的准确性进行核查，甚至需要召集相关人员进行核查，或者回到上一个步骤，进行再次调查。对收集来的岗位信息进行加工形成的文字材料，必须同任职者和任职者的直接主管进行审核，避免出现差错。同时，收集的信息反映的是任职者的工作活动，审查时应为任职者提供一个审查和修改岗位信息的机会，这样才能够赢得任职者对所收集的工作分析资料的认可。

3．分析资料

对工作信息进行分析就是对收集的信息进行统计、分析、研究和归纳的过程。通过对工作信息的分析获得各种规范化信息，最终形成统一的工作说明书。如果信息准确、完备，就可以对其进行归纳、总结，解释各个岗位的主要成分的关键因素。根据已审核的准确信息对有关材料进行分析，表2-2所示为对工作分析材料进行分析的内容。

表2-2 对工作分析材料进行分析的内容

材料分析的内容	
工作名称分析	工作名称标准化，以求通过名称就能了解工作的性质和内容
工作规范分析	工作任务分析、工作责任与权限分析、工作关系分析、工作量分析
工作环境分析	工作物理环境分析、工作安全环境分析、社会环境分析
任职者必备条件分析	必备知识分析、必备经验分析、必备身体素质分析、必备操作能力分析、必备个性特征分析

1）工作名称分析

在对工作名称进行分析时，应注意工作名称标准化，命名应准确，没有歧义，具有美感，符合人们的一般理解，使人们可以通过工作名称了解工作的性质和内容。

2）工作规范分析

① 工作任务分析。明确规定某个岗位所要完成的工作活动或任务、完成工作的程序与方法、所使用的设备和材料。

② 工作责任与权限分析。以定量的方式确定工作的责任与权限，如财务审批的金额、准假的天数等。

③ 工作关系分析。了解和明确工作中的关联与协作关系。该岗位会与哪些工作发生关系，会对哪些工作产生影响，会受到哪些工作的制约，可以在哪些岗位范围内进行晋升和岗位轮换。

④ 工作量分析。确定工作的标准活动量，规定劳动定额、绩效标准、工作循环周期等。

3）工作环境分析

① 工作的物理环境分析，具体包括环境中的温度、湿度、照明度、噪声、异味、粉尘、辐射等，以及任职者与这些环境因素接触的时间。

② 工作的安全环境分析，主要包括工作的危险性、可能发生的事故、事故的发生率和发生原因、对身体的哪些部分易造成危害及危害的程度、易患的职业病、患病率等。

③ 社会环境分析，重点包括工作地点的生活方便程度、环境的变化程度、环境的孤独程度、与他人交往的程度等。

4）任职者必备条件分析

确定任职者应具有的最低资格，主要包括以下几个方面。

① 必备知识分析，具体包括最低学历要求，有关理论知识和技术的最低要求（如使用机器设备的操作方法、工艺流程、材料性能安全知识、管理知识和技能等），对有关政策、法令、规定或文件的了解和掌握程度等。

② 必备经验分析，包括过去从事同类工作的时间和成绩、应接受的专门训练的程度、完成有关工作活动的实际能力等。

③ 必备身体素质分析。任职者应具备行走、跑步、攀登、站立、平衡、旋转、弯腰、举重、推拉、握力、耐力、手指与手臂灵巧、手眼协调、感觉辨别力等能力。

④ 必备操作能力分析。通过典型的操作来规定任职者所需具备的注意力、判断力、记忆力、组织能力、创造能力、决策能力等。

⑤ 必备个性特征分析。任职者应具备耐心、细心、沉着、诚实、主动性、责任感、支配性、情绪稳定性等方面的特点。

4. 注意事项

① 对工作活动需要进行分析而不是简单罗列。分析时应当将某项职责分解为几个重要的部分，然后将其重新组合，而不是对任务或者活动进行简单罗列。

② 工作分析针对的是工作而不是人。

③ 工作分析要以当前的工作为依据。工作分析是为了获取某个特定时间段的岗位情况，应当以当前的工作状况为基础进行分析，而不能加入对工作的设想。

2.5 工作分析的完成阶段

工作分析的完成阶段是工作分析过程中的最后一个阶段，这个阶段的任务主要包括以下几个方面。

1. 编写工作说明书

首先，根据对资料的分析，按照一定的格式编写工作说明书的初稿；其次，将初稿反馈给相关的人员进行核实，意见不一致的地方应重点讨论，无法达成一致的应返回到工作分析阶段，重新进行分析；最后，形成工作说明书定稿。工作分析的真正目的是规范工作流程、明确工作职责与权限。因此，在收集资料后，工作分析人员应该在专家的指导下编写规范的工作说明书。

编写工作说明书的过程中应注意以下事项。

① 工作分析小组应对问卷和访谈结果进行总体统计、审核、评估，应针对同一个岗位但回答差异很大的项目进行商议，以取得统一意见。

② 应由工作分析小组全体成员讨论、制定工作说明书的编写规范，如按行政和业务分类编写工作职责和内容。

③ 工作说明书的编写最好在一个固定的办公地点由小组成员统一进行，以便于及时沟通。

④ 每个成员侧重编写本部门或个人最为熟悉的工作说明书，一个部门的工作说明书编写完成后再进行下一个部门工作说明书的编写。

⑤ 定期、定时安排全组成员交流，以便及时纠正偏差。

⑥ 每个成员在编写工作说明书的过程中要及时与相应部门主管及相应岗位任职者沟通，使工作说明书尽可能切合岗位的实际情况。

⑦ 工作分析小组对完成的工作说明书进行审核、汇总后应向领导小组汇报。领导小组可针对工作说明书中的个别内容进行修正和调整。最后，工作分析小组对说明书进行编辑、存档，以备后用。随着工作性质、任务等方面的变化，工作说明书应及时进行修改，以保证其较强的适用性。

工作说明书示例如表 2-3 所示。

表 2-3 某公司人事行政部经理工作说明书

一、基本信息			
职位名称	人事行政部经理	所在部门	人事行政部门
目前任职者		岗位等级	
工作代码		工作分析员	
分析时间	2019 年 6 月	有效期	2 年

二、工作目的

根据公司发展战略和经营计划,进行人力资源发展规划,组织制定和推行人力资源管理政策,以保证公司拥有良好的用人环境,使公司的人力资源价值得到很好的实现

三、工作位置

四、工作联系

联系对象(部门或单位)		联系的主要内容
与公司总部各部门	发展规划部、财务部	研讨和解决日常事务
	总公司各业务部门	商讨关键岗位人员的配置、落实培训计划、商讨考核指标和办法
与子公司	物业、热力公司	商讨关键岗位人员的配置、落实培训计划、商讨考核指标和办法
与公司外部单位	劳动、人事局	人才索取
	外部咨询、培训机构	确定培训、咨询事宜

五、工作职责

① 制定公司人力资源管理、行政管理的政策与制度

② 制定公司 3～5 年人力资源战略与规划

③ 指导、协助各高级专员和专员制定公司薪酬福利、考核、招聘、培训、人力资源开发制度,监督、指导各部门、子公司执行相关制度

④ 指导、监督、考核下属各高级专员和专员的工作

⑤ 组织对各部门员工、子公司主管以上员工进行考核,对其提供技术支持与指导

⑥ 处理公司员工在考核、薪酬福利方面的争议申诉

⑦ 根据项目部需要,为各项目部派驻行政管理专员,对其工作进行指导

⑧ 协助完成公司的对外接待工作,注意外部关系的维护沟通与协调

⑨ 建设与维护公司的企业文化

六、工作特征

维度	具体界定	选择
工作时间	定时制:一个工作周期内(管理人员一般为一个月或者更长),基本上工作量没有太大的变化,如出纳员	
	适度波动:一个工作周期内,出现工作忙闲不均的情况,如负责工资发放的主管,在月末比较忙,而平时工作比较清闲	
	周期性:在长期的工作过程中,出现强烈的反差,如市场人员,在投标前期工作极其紧张,但是将工作交接工程部门以后,相对轻松	√

续表

			选择
工作负荷	轻松：工作的节奏、时限自己可以掌握，没有紧迫感		
	正常：大部分时间的工作节奏、时限可以自己掌握，有时比较紧张，但持续时间不长，一般没有加班情况		
	满负荷：工作的节奏、时限自己无法控制，明显感到紧张，偶尔加班		√
	超负荷：完成每日工作须加快工作节奏，持续保持注意力的高度集中，经常感到疲劳，需要经常加班		

六、工作特征

维度	具体界定	选择
出差	占总时间的10%（以百分比表示）	

七、任职资格

① 学历—工作经验替代表

	中专以下	中专、高中	大专	本科	硕士
应届毕业					
1年					
2年					
3年					
4年					
5年					
6年					

学习专业		管理类	
资格证书		无	

② 专业培训

培训内容	培训方式	每年的计划时间
人力资源管理	长期脱产培训	每年一期
非财务人员财务管理	短期集中培训	每年两期
市场营销	短期集中培训	每年两期

③ 工作技能

维度	表述	选择
外语能力	不需要	
	国家英语四级，能读、写简单的英语文章	√
	国家英语六级，进行简单的英语交流，看懂专业文章	
公文处理能力	熟悉一般公文的写作格式，符合行文要求	
	能抓住要点，并加以归纳整理	
	具有较强的文字表达能力，言简意赅，行文流畅	√
计算机	熟练使用办公软件	√
	熟练使用本专业软件	
	能针对需求进行编程	

④ 能力与素质

素质或能力项目	等级
业务能力：掌握本岗位工作所具备的专业知识和技能，有效地发现问题并及时加以解决的能力	1 2 3 <u>4</u> 5

续表

素质或能力项目	等级
学习能力：善于读书学习，总结经验教训，吸取他人的长处，接受新知识，注重自我提升的能力	1 2 <u>3</u> 4 5
创新能力：在工作中不断提出新设想、新方案，改进工作方式和方法，开拓新局面的能力	1 2 <u>3</u> 4 5
协调能力：与人融洽相处，在人际交往中随和大度，能坚持立场，有效化解冲突的能力；与主管、下属、客户保持友好关系的能力	1 2 3 <u>4</u> 5
七、任职资格	
④ 能力与素质	
素质或能力项目	等级
沟通能力：通过口头语言准确、简洁地表达自己的思想和感情，根据表述内容和沟通对象的特点采取适当表达方式和技巧的能力；在人际交往的过程中，能通过各种途径和线索准确地把握和理解对方的意图，抓住关键信息，做出恰当反映的能力；使别人接纳自己的意见和建议的能力	1 2 3 <u>4</u> 5
公关能力：采取恰当的方式与媒体、政府部门及公众沟通，以达到预定目标的能力	1 2 3 <u>4</u> 5
适应性：根据不同的环境和条件及时调整自己的心态和工作方法，在新的自然和人文环境中能很快胜任工作，采取相应的应变措施的能力	1 2 <u>3</u> 4 5

另外，在编写的过程中还要特别注意，工作说明书的描述方式和用语关系到工作说明书的质量。标准的岗位职责描述格式应是"动词+宾语+结果"。动词的选择可参照岗位职责动词使用规范表。宾语表示该项任务的对象，即工作任务的内容。结果表示该项工作要实现的目标，可用"确保、保证、争取、推动、促进、提升"等词语连接。规范的工作说明书包括工作描述书和任职说明书两部分，如表2-4所示。

表2-4 工作说明书的构成

工作描述书	
工作标识	岗位名称、岗位编号、所在部门、隶属关系、编写日期
工作综述	工作概述、工作职责和工作权限
工作环境	工作的物理环境、安全环境和社会环境
聘用条件	工作经验等
任职说明书	
一般要求	年龄、性别、学历、工作经验
生理要求	健康状况、力量与体力、运动的灵活性、感觉器官的灵敏度
心理要求	观察能力、学习能力、解决问题的能力、语言表达能力、人际交往能力、性格、气质、兴趣、爱好

2. 总结工作分析的构成

对整个工作分析的构成进行总结，找出其中成功的经验和存在的问题，以利于以后更好地进行工作分析。

3. 合理运用工作分析的成果

将工作分析的成果运用在人力资源管理及企业管理的相关方面，真正发挥工作分析的作用。在完成工作分析活动、编写出工作说明书之后，企业应该将工作分析的结果与招聘、培训、绩效管理等人力资源管理工作相结合并加以应用，制作人力资源管理的各种应用性文件，并发放给文件的使用者，使他们能够按照文件的具体规定实施管理，从而使工作分析的成果运用到实际工作中。这些应用文件包括招聘录用文件、人员培训文件、人员发展和晋升文件、薪酬规划文件等。工作说明书虽然是由专业人员编写的，但它的使用者是相关岗位人员。

需要说明的是，为了保证组织和管理的连贯性，企业内部的岗位与相对应的工作说明书必须保持相对稳定。工作分析作为人力资源管理的一项活动，是一个连续的、不断变化的动态过程，工作说明书需要根据企业的战略、组织、业务和管理的发展变化适时地进行调整，使其能及时地反映岗位的变化。

工作分析实施程序示例如表2-5所示。

表2-5 某公司2017年度工作分析实施程序

阶　段	主　要　工　作
准备阶段 （4月10日—4月20日）	对现有资料进行分析研究
	选择待分析的工作岗位
	选择工作分析的方法
	设计调查用的工具
	制订总体实施方案
调查阶段 （4月21日—5月21日）	召开员工大会，进行宣传动员
	向员工发放调查表、工作日志表
	实地访谈和现场观察
分析阶段 （5月22日—6月1日）	对收集的信息进行归纳和整理
	同有关人员确认信息
	编写工作说明书
完成阶段 （6月2日—6月10日）	将工作分析所得结果反馈给员工及其直接主管
	获取他们的反馈意见
	对工作说明书的内容进行调整和修改

【本章小结】

本章主要介绍了工作分析流程。首先，对工作分析的流程进行了概述。然后，从工作分析的准备阶段、调查阶段、分析阶段、完成阶段着手，介绍了每一个阶段需要完成的主要工作和任务，以及每一个阶段的侧重点和目标。

【思考与练习】

1. 企业进行工作分析的前提条件是什么？
2. 工作分析的组成人员一般包括哪些人？
3. 在正式实施工作分析时，工作分析人员应注意哪些事项？
4. 实施工作分析的基本流程是什么？

第 3 章
工作分析方法

本章要点

工作分析过程中的导向和要素的差异使工作分析的方法有很多,根据方法的功用可以将工作分析的方法分为基础性方法和系统性方法。基础性方法主要用于收集工作信息,具体包括访谈法、问卷调查法、资料分析法、观察法、写实分析法和主题专家会议法等;而系统性方法是指工作分析从实施过程、问卷与量表使用、结果表达运用等方面体现出高度的结构化特征,通过量化的方式刻画出工作性质、工作特征的工作分析方法。

关键术语

基础性方法;系统性方法。

学习目标

- ◆ 了解:工作分析方法的分类;
- ◆ 熟悉:六种基础性分析方法;四种系统性分析方法;
- ◆ 掌握:工作分析的基本方法,以及各种方法比较、评价和选择的相关内容。

> **导入案例**

> ### 薪水分发的争议
>
> "我们为什么拿这么点儿薪水？"这是伟业公司不少员工发出的疑问。伟业公司是一家从事文化活动策划、设计、组织等业务的公司，在同行业里属于经营效益较好的，因此公司的平均薪酬水平高于市场水平。那么，为什么仍然有员工对自己所得到的薪酬感到困惑和不满意呢？
>
> 原来，伟业公司实行的是一套比较简单的薪酬制度。这套制度将职位按照责任大小分为4个等级：员工级、主管级、经理级、高层管理。每个等级又分成两档，本着向业务部门倾斜的原则，业务开发部门和项目管理部门这两个部门选择其中的较高档，其他部门选择其中的较低档，于是问题就出现了。
>
> 有些部门（如创意设计部门）的员工认为，公司大大小小的业务还不是靠我们才能成功吗？我们的贡献理应是很大的，与行政事务这样的部门比较起来，我们的工作技术含量高、难度比他们的大，但是就因为我们不是主管，就比他们的主管人员拿的薪水低，这样太不合理了。主管人员的贡献不一定比员工大，那要看是什么部门的主管和员工。
>
> 其实部门主管、经理等管理人员也有意见。有的部门主管认为，每个部门的工作量、任务难度是不同的，不应该所有部门一刀切，应该有些差别。还有的经理认为，如果出了问题，我们所承担的责任比员工大得多，所以我们的薪水与员工的差别应该再拉大一些。

3.1 基础性方法

工作分析的基础性方法具体包括访谈法、问卷调查法、资料分析法、观察法、写实分析法和主题专家会议法等。

3.1.1 访谈法

访谈法是常用的工作分析方法之一，是指工作分析人员针对某项工作面对面地询问任职者及其主管、专家的意见或看法，工作分析人员可以对任职者的工作态度与工作动机等深层次内容进行详细的了解，并为其他工作分析方法提供资料。访谈法适用于各类工作分析，既适用于短时间可以把握的生理特征的分析，又适用于长时间才能把握的心理特征的分析，这种方法是对高层管理工作进行深度分析的最好的方法。

1. 访谈法的内容和类型

1）访谈法的内容

访谈法的内容包括工作目标、工作内容、工作性质和范围及工作负责人。

① 工作目标。组织为什么设立这个职务？根据什么确定职务的薪酬？

② 工作内容。任职者在组织中有多大的作用？其行动对组织会产生怎样的后果？

③ 工作性质和范围。这是访谈的核心，包括该工作在组织中的位置，其上下级职能的关系，所需要的一般技术知识、管理知识、人际关系知识，需要解决的问题的性质及其自主权。

④ 工作负责人。这主要涉及组织、战略政策、控制、执行等方面的内容。

2）访谈法的类型

（1）根据访谈对象的不同，可以将访谈法分为以下几种类型。

① 个别任职者访谈法。其主要适用于任职者之间工作差异比较大、工作分析时间相对充裕的情况。由企业领导根据任职者表现出的问题，逐一谈话，发现问题的根源，给予任职者一定的指导来解决相关问题。这是一种相对比较耗时的工作分析方法，但其针对性强，效果也相对明显。

② 群体访谈法。其通常适用于多个任职者做相同或相近的工作的情况，因为它可以用一种迅速而且代价相对较少的方式了解到工作内容和工作职责等方面的情况。在进行群体访谈时，应注意遵守一项基本原则：这些任职者的上级主管人员应在场。如果上级主管人员当时不在场的话，事后也应该单独同他们谈一谈，听一听他们对于被分析工作中所包含的任务和职责持有何种看法。无论采用何种访谈法，最为重要的一点是，任职者本人必须十分清楚访谈的目的是什么，因为这一类访谈常常被误解为企业有目的地"对雇员的效率进行评价"。如果任职者对访谈是这样理解的话，那么他们往往不愿意对自己或下属的工作进行较为准确的描述。

③ 主管人员访谈法。通过与某个职位任职者的一个或多个主管面谈，来获取职位信息以解析所要分析职位的情况的方法。主管对于工作内容一般都有比较全面的了解，通过与主管面谈，可以大大节省工作分析的时间，在访谈效率的提升方面可以起到非常大的作用。

在运用访谈法进行工作分析时有很多典型的提问方法，最富有成效的访谈法是通过一张结构合理或可以加以核查、对比的问卷来进行的访谈，它包括一系列与以下内容有关的信息：工作的总体目的、监督职责、工作责任，以及对教育、经历、技能的要求等。工作分析人员在运用这种问卷来收集信息时，既可以通过观察工作的实际执行情况来自行填写，又可以先由任职者填写，然后由工作分析人员加以整理。后者可能会出现从任职者处获得的信息和从主管处获得的信息不一致的情况，此时需要将不同的信息综合在一起进行比较分析，以求获得较为准确的信息。

（2）根据内容的结构化程度可以将访谈法分为以下两类。

① 结构化访谈。这种访谈法按照事先准备好的访谈内容、形式进行。其收集信息全面，有利于不同任职者的相同访谈之间的分析、比较。

② 非结构化访谈。这种访谈法无须过多准备，没有固定的形式和统一的评判标准，所谈内容因人而异，而且可以对一些问题进行深入讨论。其灵活性较强，但是收集信息的完备性较差。

2．访谈法的优点和缺点

访谈法具有以下优点和缺点。

1）优点

① 通过直接沟通，可以简单而迅速地收集到相关工作信息，准确地获得反馈，还可以挖掘到其他方法所无法得到的员工真实态度和动机等深层次的内容。

② 为组织提供一次与员工直接交流的机会，同时也为员工提供一个提出意见的渠道。

2）缺点

对于工作分析人员的专业技巧要求较高，耗时较长，成本较高。另外，任职者对于这种访谈方式的理解程度不同，会导致人为夸大或弱化某些职责，出现信息的部分偏差。而工作分析人员对于某些工作岗位的固有观念和理解，也会对分析结果造成一定的影响。

3．访谈法的原则

在进行工作分析访谈时，工作分析人员必须牢记以下几个原则。

① 必须注意与主管人员的密切合作，只有这样，工作分析人员才能找到那些对工作最为了解的人员，以及那些最有可能对自己所承担的工作的任务和职责进行客观描述的任职者。

② 必须尽快与任职者建立融洽的关系。其要点包括：知道对方的名字；用通俗易懂的语言交谈；简单地介绍访谈的目的；解释被挑选为访谈对象的原因等。

③ 在进行访谈时，必须依照一张具有指导性的问卷进行提问，这张问卷中不仅要有问题，还要留出适当的空白，方便任职者填写。这将确保在面谈之前就能了解哪些是必须问的关键问题，在工作分析人员不止一个的情况下，还可以确保每一个访谈对象都有机会回答那些应该回答的问题。当然，一定要允许任职者在回答问题时有一定的发挥余地，也就是向他们提一些开放性的问题，如"我们所提的问题中有没有遗漏什么"等。

④ 当完成工作任务的方式不是很有规律时，如任职者并不是在一天中一遍遍地重复相同的工作，应该要求任职者按照任务的重要性和发生频率将它们一一列举出来。这

样，就可以确保完成那些虽然只是偶然发生但也同样比较重要的任务。

⑤ 在访谈完成之后，还要对资料进行检查和核对。通常的做法是，工作分析人员与任职者本人或其直接上级主管人员一起对所收集到的工作信息进行最后核查。

4. 访谈法的流程

为了最大限度地控制访谈结果误差，在访谈的过程中应该遵循一定的流程。一般的工作分析访谈过程主要包括 3 个阶段，即准备阶段、实施阶段、整理阶段，如图 3-1 所示。

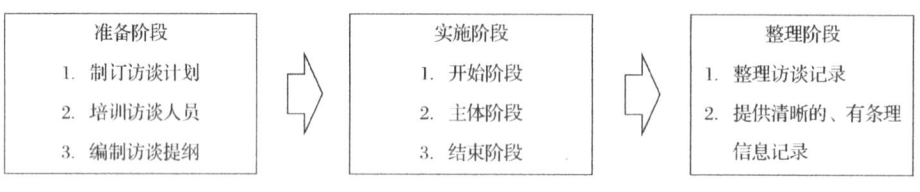

```
准备阶段                实施阶段              整理阶段
1. 制订访谈计划     →    1. 开始阶段      →    1. 整理访谈记录
2. 培训访谈人员          2. 主体阶段           2. 提供清晰的、有条理
3. 编制访谈提纲          3. 结束阶段              信息记录
```

图 3-1 访谈法的流程

1）准备阶段

① 制订访谈计划。访谈计划主要包括以下几项内容：明确访谈目标；确定访谈对象（任职者的直接上级或从事本职位 6 个月以上的任职者）；选定合适的职位分析访谈方法（如访谈的结构化程度及访谈的形式）；确定访谈的时间、地点（访谈的时间安排以不影响正常的工作为宜，访谈的地点应该保持安静、整洁、方便）；准备访谈所需要的材料和设备等。

② 培训工作分析人员。培训主要包括 3 个方面的内容：一是访谈的基本原则、知识、技巧的培训与交流；二是针对本次访谈展开的专项培训，主要是传达访谈计划，明确访谈的目的和意义；三是按照访谈分工要求，各位工作分析人员收集并分析与现有的目标职位相关的信息。在实践中，本环节操作质量的好坏对访谈的效果将会产生极大的影响，我们可以根据实际需要采取个体分散学习和集中分析总结等方式，力求使工作分析人员在访谈时对目标职位有大致的了解与认识。

③ 编制访谈提纲。工作分析人员应根据现有资料及信息，编制访谈提纲。访谈提纲的主要作用是为工作分析人员提供信息补充，防止在访谈过程中出现严重的信息缺失，确保访谈过程的连贯性。工作分析访谈提纲（见表 3-1）大致分为通用性问题（开放式）和个性化问题（封闭式）。通用性问题主要列举需要收集的各方面信息，个性化问题主要列举与职位相关的各项职责和任务，以作为启发访谈对象思路的依据。

表 3-1 工作分析访谈提纲

职位名称		主管部门	
所属部门		工作地点	
间接主管		直接主管	
访谈对象		日期	
一、职位设置的目的 此职位的工作目标是什么；从公司角度看，这个职位具有什么意义和作用			

续表

二、机构设置		
① 此职位直接为哪个部门或个人服务？（行为或决策受哪个部门或职位的控制）		
② 哪些职位与此职位同属一个部门？		
③ 是否有直接的下属，有几个，他们分别是谁		
三、岗位描述		
请您详细地描述一下您工作中的各项职责和为履行这些职责所进行的各项工作活动，包括您所采取的方法，使用的辅助工具或设备等，以及您认为合适的工作标准		
主要工作职责	为履行职责所进行的工作活动或任务及时间比例	工作设备辅助工具	工作标准
四、内外关系		
① 在公司内，此岗位与哪些岗位有频繁的工作联系？有哪些联系？		
② 在公司外，此岗位与哪些部门或个人有频繁的工作联系？有哪些联系？		
③ 你是否经常会见主管商讨或者汇报工作？		
④ 主管对工作任务的完成情况是否起决定性作用		
五、工作中的问题（选问）		
① 你认为此项工作对你最大的挑战是什么？		
② 你对此项工作最满意和最不满意的地方分别是什么？		
③ 此项工作需要解决的关键问题是什么？		
④ 处理问题时有无指导或先例可参照？有哪些处理依据？		
⑤ 你对哪些问题有自主权？哪些问题你需要提交给上级处理？（完成岗位工作有哪些权限，如招聘专员面试工作中拥有组织权，在建立公司招聘制度活动中拥有制定权等）		
⑥ 你是否经常请求主管的帮助，或者主管是否经常检查或指导你的工作？		
⑦ 你的主管如何知道你的工作内容？		
⑧ 你是否有机会采取新方法解决问题？		
⑨ 与其他部门协调配合方面存在哪些问题？		
⑩ 集团公司对如何留住人才有什么好的建议和对策？你个人呢		
六、经验要求		
本职位要求任职者具备哪些经验？是否需要参加培训？培训多久		
七、能力与技能		
① 心智要求。		
② 特殊能力。（在哪些领域表现，如领导能力、激励能力、计划能力、人际关系、协调能力、公共关系、分析能力、决策能力、书面表达、口头表达、谈判、演讲、与人沟通和交往、判断、接受指令等）		
③ 个人素质。（非智力因素，如细心、耐心、有责任感、忠诚等）		
八、教育或知识要求		
请确定下列教育或知识中哪些是必要的，或指出胜任该工作所需要的教育要求是什么		
教育或知识要求		若是必须，标示"√"
任职者能够读写并理解基本的口头或书面的指令		
任职者能够理解并执行工作程序及理解上下级的关系		
任职者能够进行简单的数学运算和办公室设备的操作		
任职者能够理解并完成交给的任务，具备每分钟至少输入50个字的能力		

续表

教育或知识要求	若是必须，标示"√"
具备相近专业领域的一般知识	
具备商业管理与财政等方面的基础知识与技能	
具备商业管理与财政等方面的高级知识与技能	
其他方面的具体要求（法制法规、外语、学历、相关证书）	
九、身体素质和生理方面的要求	
岗位要求任职者具备哪些身体素质和生理方面的要求	
十、附加说明	
对本职位还有哪些需要补充的说明（如晋升与职务轮换的可能性）	

2）实施阶段

在准备阶段结束后，经过培训的工作分析人员应根据访谈计划，利用编制好的访谈提纲进入访谈的实施阶段。实施阶段是工作分析人员和访谈对象之间面对面进行交流获取信息的整个过程。在实施阶段，记录访谈内容时应采用标准形式，这样便于记录、归纳与比较，并有助于将访谈限制在与工作有关的范围内。

实施阶段主要包括3个阶段：开始阶段、主体阶段和结束阶段。

① 开始阶段。在开始阶段，访谈对象配合与否决定了工作分析人员能否获得与工作相关的准确信息。因此，同访谈对象建立友好互信的关系，并使访谈对象保持平和良好的心态就显得十分重要。

在开始阶段，工作分析人员应注意以下几个方面。

- 营造轻松舒适的访谈氛围。工作分析人员具体可以采取下面的方式：让访谈对象采取简单随意的方式进行自我介绍；尝试发现访谈对象感兴趣的话题，从这些话题出发展开访谈；在话题开始时，采取鼓掌、适度赞扬等方式表达对访谈对象的欢迎，以缓和紧张气氛。
- 向访谈对象介绍本次访谈的流程及对访谈对象的要求。在访谈过程中，如果需要使用笔录、录音等辅助记录手段，那么应向访谈对象事先说明。
- 应重点强调本次工作分析的目的及预期目标，所收集的信息的用途，以及本次工作分析相关技术性问题的处理方法（尤其是标杆职位的抽取、访谈对象的抽取方式等）。
- 有必要向访谈对象说明的是，本次访谈已经征得其主管的同意，但是参与访谈的全部人员要保证访谈的内容除了作为分析，将对其上级和组织中的任何人完全保密。

② 主体阶段。在这个阶段中，工作分析的所有工作将围绕如何得到完整的信息而展开。这个阶段的任务包含以下几个方面。

- 寻找访谈的切入点。访谈的过程是一个由浅入深的过程，需要在开始的时候选择一些切入点。一般的切入点通常是询问访谈对象的工作环境、询问访谈对象所在部门与其他部门的关系等。
- 询问工作任务。在询问工作任务的时候，一般有两种方式。一种方式是工作分析人员提供事先准备好的任务清单，与访谈对象针对任务清单进行讨论核实，具体包括任务清单是否全面、是否需要补充、是否有需要调整的地方等。另一种方式是没有预先准备任务清单，在这种情况下主要通过工作分析人员有条理的询问，来获得职位要完成的任务信息。
- 询问工作任务的细节。询问工作任务细节的角度很多，如可以从流程分析的角度，分别从投入、行动和产出这3个方面询问工作任务的细节。

③ 结束阶段。工作分析人员可以和访谈对象进行再次沟通，沟通的内容主要包括以下几个方面。

- 允许访谈对象提问。
- 针对细节问题进一步追问，并与访谈对象最后确认所有信息的真实性与完整性。
- 重申职位分析的目的与访谈收集信息的用途。
- 提前告知下次访谈的内容（最终确认成果）。
- 邀请访谈对象在必要时与工作分析小组联系。
- 感谢访谈对象的帮助与合作。

3）整理阶段

整理阶段是整个访谈过程中的最后一个环节，由工作分析人员在速记员的协助下，整理访谈记录，为下一步信息分析提供清晰、有条理的信息记录。

5. 采用访谈法的注意事项

① 工作分析人员应事先征求访谈对象直接主管的意见，获得支持。

② 工作分析人员应事先告知访谈对象具体的访谈时间和地点。

③ 工作分析人员应向访谈对象表明访谈的意义和目的，消除疑虑。

④ 工作分析人员应按照访谈提纲的顺序，由浅入深进行提问。工作分析人员应注意问题的先后次序，尤其是对于敏感话题的把握，给对方充足的时间。

⑤ 工作分析人员要善于把控整个访谈的局面，尽量避免陈述个人观点。

⑥ 工作分析人员的语言表达应清楚、准确，所提问题应清晰明了，且应避免使用生僻的专业词汇。

⑦ 在不影响访谈对象表达的前提下，工作分析人员应做好访谈记录。

⑧ 访谈结束后，工作分析人员应将访谈记录交给访谈对象进行现场确认，必要时可由双方签字确认，以确保访谈内容的真实性。

3.1.2 问卷调查法

1. 问卷调查法的含义

问卷调查法是通过被调查职位的任职者、主管及其他相关人员填写调查问卷来获取工作相关信息的方法。该方法是工作分析通用的一种方法，是使用预先设计好的调查问卷来获取工作分析的相关信息，从而实现工作分析的目的。

2. 调查问卷的分类

按照结构化程度，可以分为结构化问卷和非结构化问卷两种。结构化问卷是在一定的假设前提下，多采用封闭式调查表收集信息，具有较高的信度和效度，便于不同职位之间相互比较，如表 3-2 所示。非结构化问卷中的问题多是开放式的，可以全面地、完整地收集信息，能够对不同的组织进行个性化设计，因此具有适应性强和灵活、高效的优势。非结构化问卷与结构化问卷相比，随意性较强，如表 3-3 所示。

表 3-2 结构化的工作分析调查问卷

姓名		职称		现任职务（工作）		工龄	
性别		部门		直接主管		进入公司时间	
年龄		学历		月平均收入		从事本工作时间	
一、工作时间要求							
① 正常的工作时间每日由_____时开始至_____时结束。							
② 每日午休时间为_____小时，_____%的时间可以保证。							
③ 每周平均加班时间为_____小时。							
④ 实际上下班时间是否随业务情况经常变化（总是，有时是，偶尔是，否）。							
⑤ 所从事的工作是否忙闲不均（是，否）。							
⑥ 若工作忙闲不均，最忙时常发生在（时间）_____。							
⑦ 每周外出时间占正常工作时间的_____%。							
⑧ 本地出差情况每月平均_____次，每次平均需要_____天。							
⑨ 本地外出情况平均每周_____次，每次平均需要_____天。							
⑩ 外地出差时所使用的交通工具按使用频率排序：_____。							
⑪ 本地外出时所使用的交通工具按使用频率排序：_____。							
⑫ 其他需要补充的问题：_____							
二、工作目标							
主要目标：				其他目标：			
①				①			
②				②			

续表

二、工作目标			
主要目标：		其他目标：	
③		③	
④		④	
⑤		⑤	

三、工作概要
用简练的语言描述一下你所从事的工作：

四、工作活动程序			
活动名称	作业程序	依据	管制基准

五、工作活动内容					
名称	结果或形成的文档	占全部工作时间的百分比/%	权 限		
			承办	需报审	全权负责
①					
②					
③					
④					
⑤					
⑥					
⑦					
⑧					
⑨					
⑩					
⑪					
⑫					

六、失误的影响		
经济损失	①	其他情况：
	②	
	③	
公司形象受损	①	
	②	
	③	
经济管理损害	①	
	②	
	③	

续表

六、失误的影响			
其他损害（请注明）	①	其他情况：	
	②		
	③		
若你的工作出现失误，会发生下列哪种情况？ 1. 不影响其他人工作的正常进行。 2. 只影响本部门的少数人。 3. 影响整个部门。 4. 影响其他几个部门。 5. 影响整个公司		说明： 　如果出现左边列举的多种情况，请按影响程度由高到低依次将编号填写在下面括号中。 （　　　　　　　　　　）	
七、内部接触			
① 在工作中不与其他人接触。	（　）	说明：将频繁程度等级填入左边的括号中	
② 只与本部门内几个同事接触。	（　）	偶尔　　经常　　非常频繁	
③ 需要与其他部门的人员接触。	（　）	1　2　3　4　5	
④ 需要与其他部门的主管接触。	（　）		
⑤ 需要与所有部门的主管接触	（　）		
八、外部接触			
① 不与本公司以外的人员接触。	（　）	说明：将频繁程度等级填入左边的括号中	
② 与其他公司的人员接触。	（　）	偶尔　　经常　　非常频繁	
③ 与其他公司的人员和政府机构接触。	（　）	1　2　3　4　5	
④ 与其他公司、政府机构、外商接触	（　）		
九、监督（将相应的答案填写在括号中或在对应选项后面的括号中打"√"）			
① 直接和间接监督的人员数量。			（　）
② 被监督的管理人员数量。			（　）
③ 直接监督人员的层次：一般职工、基层管理人员、中层管理人员、高层管理人员　　（　）			
① 只对自己负责。			（　）
② 对职工有监督指导的责任。			（　）
③ 对职工有分配工作、监督指导的责任。			（　）
④ 对职工有分配工作、监督指导和考核的责任			（　）
十、工作基本特征（在对应选项后面的括号中打"√"）			
① 不需要对自己的工作结果负责。			（　）
② 仅对自己的工作结果负责。			（　）
③ 对整个部门负责。			（　）
④ 对自己的部门和相关部门负责。			（　）
⑤ 对整个公司负责			（　）
① 在工作中时常做些小的决定，一般不影响其他人。			（　）
② 在工作中时常做一些决定，对有关人员有些影响。			（　）
③ 在工作中时常做一些决定，对整个部门有影响，但一般不影响其他部门。			（　）
④ 在工作中时常做一些大的决定，对自己部门和相关部门有影响。			（　）
⑤ 在工作中要做重大决定，对整个部门有重大影响			（　）
① 有关工作的程序和方法均由上级详细规定，遇到问题时可随时请示解决，工作结果须报上级审核。			（　）

续表

十、工作基本特征（在对应的选项后面打"√"）		
② 分配工作时上级仅指示要点，工作中上级并不时常指导，但遇到困难时仍可直接或间接请示上级，工作结果仅由上级大概审核。		（ ）
③ 分配任务时上级只说明要达成的任务或目标，工作的方法和程序均由自己决定，工作结果仅受上级原则审核		（ ）
① 完成本职工作的方法和步骤完全相同。		（ ）
② 完成本职工作的方法和步骤大部分相同。		（ ）
③ 完成本职工作的方法和步骤有一半相同。		（ ）
④ 完成本职工作的方法和步骤大部分不同。		（ ）
⑤ 完成本职工作的方法和步骤完全不同		（ ）
在工作中你所接触到的信息经常是： ① 原始的、未经加工处理的信息。 ② 经过初步加工的信息。 ③ 经过高度综合的信息	说明： 　　如出现多种情况，请按"经常"的程度由高到低依次将编号填写在下面括号中。 （　　　　　　　　　　　　）	
在你做决定时一般依据以下哪种资料： ① 事实资料。 ② 事实资料和背景资料。 ③ 事实资料、背景资料和模糊的相关资料。 ④ 事实资料、背景资料、模糊的相关资料和难以确定是否相关的资料	说明： 　　如出现多种情况，请按"依据"的程度由高到低依次将编号填写在下面括号中。 （　　　　　　　　　　　　）	
在工作中，你需要制订计划的程度： ① 在工作中无须制订计划。 ② 在工作中需要制订一些小的计划。 ③ 在工作中需要制订部门计划。 ④ 在工作中需要制订公司的整体计划	说明： 　　如出现多种情况，请按"制订计划"的程度由高到低依次将编号填写在下面括号中。 （　　　　　　　　　　　　）	
在你的工作中接触资料的公开性程度： ① 在工作中所接触到的资料均属公开性资料。 ② 在工作中所接触到的资料属于不可对外公开的资料。 ③ 在工作中所接触到的资料属于机密资料，仅对中层以上领导公开。 ④ 在工作中所接触的资料属于公司高度机密，仅对少数高层领导公开	说明： 　　如出现多种情况，请按"公开性"的程度由高到低将编号填写在下面括号中。 （　　　　　　　　　　　　）	
你在工作中所使用的资料属于哪几种，使用的比例约为多少？ ① 语言资料＿＿＿＿＿＿（　　%）。 ② 符号资料＿＿＿＿＿＿（　　%）。 ③ 文字资料＿＿＿＿＿＿（　　%）。 ④ 形象资料＿＿＿＿＿＿（　　%）。 ⑤ 行为资料＿＿＿＿＿＿（　　%）		

续表

十一、工作压力（在对应选项前面的方框中打"√"）
① 在每天的工作中是否经常要迅速做出决定？ □ 没有　□ 很少　□ 偶尔　□ 许多　□ 非常频繁
② 你手头的工作是否经常被打断？ □ 没有　□ 很少　□ 偶尔　□ 许多　□ 非常频繁
③ 你的工作是否经常需要注意细节？ □ 没有　□ 很少　□ 偶尔　□ 许多　□ 非常频繁
④ 你所处理的各项任务彼此是否相关？ □ 完全不相关　□ 大部分不相关　□ 一半相关　□ 大部分相关　□ 完全相关
⑤ 你在工作中是否要求高度的精神集中，如果是，占用工作时间的比例大约是多少？ □ 20%　□ 40%　□ 60%　□ 80%　□ 100%
⑥ 在你的工作中是否需要运用不同方面的专业知识和技能？ □ 否　□ 很少　□ 有一些　□ 较多　□ 非常多
⑦ 在你的工作中是否存在一些令人不愉快、不舒服的感觉（非人为的）？ □ 没有　□ 有一点儿　□ 能明显感觉到　□ 较多　□ 非常多
⑧ 在工作中是否需要灵活地处理问题？ □ 不需要　□ 很少　□ 有时　□ 较需要　□ 很需要
⑨ 你的工作是否需要创造性？ □ 不需要　□ 很少　□ 有时　□ 较需要　□ 很需要
⑩ 你在履行工作职责时是否有与员工发生冲突的可能？ □ 否　□ 很可能
十二、任职资格要求
① 你经常起草或撰写的文件资料有哪些

• 通知、便条、备忘录	（　　）	
• 简报	（　　）	
• 信函	（　　）	
• 汇报文件或报告	（　　）	说明：将频繁程度等级填入左边的括号中
• 总结	（　　）	极小　偶尔　不太经常　经常　非常经常
• 公司文件	（　　）	1　　2　　　3　　　4　　　5
• 研究报告	（　　）	
• 合同或法律文件	（　　）	
• 其他	（　　）	

② 你常用的数学知识		
• 整数加减	（　　）	
• 四则运算	（　　）	说明：将频繁程度等级填入左边的括号中
• 乘方、开方、指数	（　　）	极小　偶尔　不太经常　经常　非常经常
• 计算机程序语言	（　　）	1　　2　　　3　　　4　　　5
• 其他	（　　）	

③ 学历要求（在对应选项前面的方框中打"√"）
□初中　□高中　□职业高中　□专科　□本科　□硕士研究生　□博士研究生

续表

十二、任职资格要求		
④ 为顺利履行工作职责，应进行哪些方面的培训？需要多长时间		
培 训 科 目	培 训 内 容	最低培训时间（月）

⑤ 一个刚刚开始从事本职位的人，需要多长时间才能基本胜任你所从事的工作

⑥ 为顺利完成你所从事的工作，需要具备哪些方面的工作经历？工作经历约为多长时间

工作经历要求		最低时间要求

⑦ 在工作中你觉得最困难的事情是什么？你通常是怎样处理的

困难的事情：	处理方法：

⑧ 你所从事的工作有何体力方面的要求（在对应选项数字的前面打"√"）

```
      1    2    3    4    5
      轻   较轻  一般  较重  重
```

⑨ 其他能力要求		需要程度
• 领导能力	（　）	
• 指导能力	（　）	
• 激励能力	（　）	
• 授权能力	（　）	
• 创新能力	（　）	
• 计划能力	（　）	
• 资源分配能力	（　）	
• 管理技能	（　）	说明：将需要程度的等级填入左边的括号中
• 组织人事技能	（　）	1　　2　　3　　4　　5
• 时间管理能力	（　）	低　较低　一般　较高　高
• 人际关系能力	（　）	
• 协调能力	（　）	
• 群体技能	（　）	
• 谈判能力	（　）	
• 冲突管理能力	（　）	
• 说服能力	（　）	
• 公关能力	（　）	
• 表达能力	（　）	
• 公文写作能力	（　）	

续表

十二、任职资格要求		
⑨ 其他能力要求		需 要 程 度
• 倾听敏感能力	（　）	说明：将需要程度的等级填入左边的括号中 1　　2　　3　　4　　5 低　　较低　　一般　　较高　　高
• 信息管理能力	（　）	
• 分析能力	（　）	
• 判断、决策能力	（　）	
• 实施能力	（　）	
• 其他	（　）	
⑩ 请你详细填写从事工作所需要的各种知识和要求程度		
知 识 内 容	等　级	需 要 程 度
如计算机知识	（ 4 ）	说明：将需要程度的等级填入左边的括号中 1　　2　　3　　4　　5 低　　较低　　一般　　较高　　高

十三、考核

对于你所从事的工作，你认为应从哪些角度进行考核？基本标准是什么

考 核 角 度	考核基本标准

你认为自己从事的工作有哪些不合理的地方？应如何改善？改进建议有哪些

不合理之处	改 进 建 议

你还有哪些需要说明的问题：

直接上级确认符合事实（签名）

（如不符合，请说明并更正）

表 3-3　非结构化的工作分析调查问卷

填表日期：　　年　　月　　日

工作部门		职位名称	
一、职责内容			
概述：			
所任职位：			

续表

一、职责内容		
工 作 项 目	处理方式及程序	所占每日工作时数
二、职责程度		
① 工作复杂性：		
② 所受监督：		
③ 所循规章：		
④ 对工作结果的负责程度：		
⑤ 所需创造力：		
⑥ 与人接触：		
⑦ 所予监督：		
填 表 人	（签名盖章）	
以上所填均属正确		
所属部门上一级主管	（签名盖章）	所属部门直接主管	（签名盖章）

国外的组织行为专家和人力资源管理专家研究出了多种科学的问卷调查法，其中比较著名的有以下几种。

1）职位分析问卷

职位分析问卷法（PAQ）是一套数量化的工作说明法。虽然它的格式已定，但仍可用它分析许多不同类型的职位。职位分析问卷共分为 6 个部分。

2）阈值特质分析

劳普兹等人在 1981 年设计了阈值特质分析问卷（TTA），特质取向的研究角度是试图确定那些能够预测个体工作成绩出色的个性特点。阈值物质分析方法的依据：具有某种人格特质的个体，如果其职位绩效优于不具有该种特质者的绩效，并且特质的差异能够通过标准化的心理测验反映出来，那么就可以确定该特质为完成这项工作所需要的个体特质之一。

3）管理人员职务描述问卷法

托纳和平托针对管理工作的特殊性专门设计管理人员职务描述问卷，问卷于 1984 年定型。管理人员职务描述问卷法（MPDQ）是用于管理岗位的描述问卷法，主要对管理人员的工作进行定量化测试，涉及管理人员所关心的问题、所承担的责任、所受的限制及管理人员的工作所具备的各种特征，可以为不同人力资源管理功能提供信息支持。

我们可以根据企业的实际情况，来自制工作分析问卷，这样效果可能会更好。

3．问卷调查法的优点与缺点

1）优点

问卷调查法速度快，节省时间，可以在工作之余填写，不会影响正常工作；调查范围广，可用于多种目的、多种用途的职务分析；调查样本量大，适用于需要对很多任职者进行调查的情况；调查的资源可以量化，由计算机进行数据管理；可同时在大范围内展开调查，能在相对较短的时间范围内通过大量的任职者获得较为准确的信息。

2）缺点

由于问卷调查法属于一种"背靠背"的调查方法，所以被调查者的工作态度与动机心理等较深层次的内容不易被了解。除此之外，问卷调查法还有很重要的一个缺点——问卷填写人员和专业分析人员都有可能曲解问卷中的文字信息。设计理想的调查问卷要花费较多时间，人力、物力、费用成本高，因此在问卷使用前，还需要进行测试，以了解员工对问卷中所提问题的理解程度。为避免误解，工作分析人员需要对问卷内容亲自解释和说明，这大大降低了工作效率。填写调查问卷是由被调查者单独完成的，缺少交流和沟通，因此被调查者可能不积极配合，不认真填写，从而影响调查的质量。

4. 设计调查问卷时需要注意的问题

① 明确需要调查哪些内容，要获得何种信息，将信息转化为可操作的项目或问题。

② 每个问题的目的要明确，语言应简明扼要，必要时可附加说明。

③ 调查问卷的调查项目可根据工作分析的目的加以调整，内容可简可繁，二者的关系如表 3-4 所示。

表 3-4 工作分析的目的与调查项目的关系

工作分析的目的 \ 调查项目	工作目标活动内容	工作责任	工作复杂性	工作时间	劳动强度	工作危险性
工作描述	●	●		●	●	●
工作设计和再设计	●	●	●	●	●	●
对工作执行者的资格要求	●	●	●			
制订培训计划						●
人力资源开发	●		●			
进行工作比较	●	●		●	●	●
工作绩效评估		●	●	●		
明确工作任务	●	●				

注："●"号代表工作分析的目的与调查项目相一致。

问卷调查法能否应用成功，并达到相应的目的和效果，关键在于问卷问题的设计和问卷结构的安排是否合理。问卷调查法的设计一般分为两种：一种是问卷结构设计极为完备，问题及答案罗列的全面而又细致，只需要被调查者选择，或回答是或不是；另一种是完全开放式的设计，只是简单设计问题，要求被调查者凭自己的理解进行文字性的描述和回答。一份好的调查问卷通常是将两者合理地结合在一起，既有可选的封闭式问题，又有开放式问题。

5. 问卷调查法的流程

结构化问卷是在相应理论模型和假设前提下，按照结构化的要求设计的、相对稳定的职位分析问卷。由于这种问卷采用的是封闭式问题，而且问卷遵循严格的逻辑体系，所以结构化问卷的重点是发放问卷、采集信息后的信息分析。与结构化问卷相比，非结构化问卷有精度不够、随意性强等一些缺陷。

问卷调查法的流程可分为以下几个步骤，如图 3-2 所示。

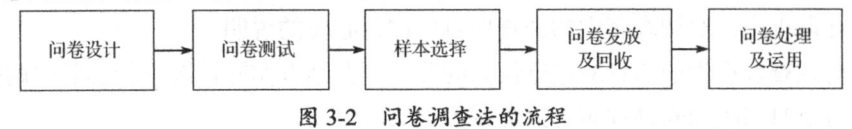

问卷设计 → 问卷测试 → 样本选择 → 问卷发放及回收 → 问卷处理及运用

图 3-2　问卷调查法的流程

1）问卷设计

问卷调查的第一步是根据职位分析的目的和用途，设计个性化的调查问卷，在这个步骤中应主要考虑以下几个问题。

① 问卷包含的项目，如职位基本信息、工作职责、工作联系、工作特征、任职资格、组织结构、职业生涯等。

② 填写说明。

③ 阅读难度和填写难度。

④ 填写者的文字水平。

⑤ 问卷长度。

2）问卷测试

在正式发放问卷前，应选取部分职位进行测试，针对测试过程中出现的问题及时加以修订和完善，避免在正式调查时出现严重的结构性错误。

3）样本选择

在针对某一个具体职位进行分析时，若目标职位任职者较少（3 人以下），则全体任职者均为调查对象；若目标职位任职者较多，则应选取适当的调查样本，出于经济性和操作性的考虑，样本以 3～5 人为宜。当然调查样本可以包括任职者的直接上级，以及有代表性的其他相关人员。

4）问卷发放及回收

在对选取的职位分析样本进行必要的职位分析辅导培训后，通过公司内部通信渠道发放职位分析调查问卷。在问卷填写过程中，工作分析人员应及时了解相关人员的填写状况，解答填写过程中出现的疑难问题，通过中期研讨会的形式，组织目标职位任职者进行交流并填写心得，统一填写规范。

5）问卷处理及运用

剔除不合格问卷或重新进行调查，然后将相同职位的调查问卷进行比较分析，提炼正确的信息，编制职位说明书。

6. 采用问卷调查法的注意事项

采用问卷调查法应注意以下事项。

① 使用调查问卷的人员，一定要受过工作分析的专业训练。

② 对一般企业来说，尤其是小型企业，由于成本太高，不必要求使用标准化的问卷，可考虑使用定性分析方法或开放式问卷。

③ 问卷的设计应该科学、合理，这是调查成败的关键。

④ 在调查中，对调查表中的调查项目应进行必要的说明。

⑤ 对调查表提供的信息应进行认真的鉴定，并结合实际情况进行必要的调整。

⑥ 应及时回收问卷调查表，以免遗失。

3.1.3 资料分析法

1. 资料分析法的含义

资料分析法又被称为文献分析法，是通过现存的和工作相关的文档资料进行系统性分析来获取工作信息的、经济有效的信息收集方法。这种方法是对现有资料的分析、提炼和加工，所以它无法弥补现有资料的空缺，也无法验证原有资料的真伪。因此，资料分析法一般用来收集工作的原始信息，编制任务清单的初稿，然后用其他方法验证该方法收集到的信息。

2. 资料分析法的优点和缺点

1）优点

资料分析法是对现有资料进行改进，成本较低，方便灵活，可以随时改进。这种方法的工作分析成本较低，工作分析人员只需要调用历史和现在的动态资料即可开展工作分析，它对工作分析对象的工作时间、工作地点没有要求，也不会影响工作分析对象的当前工作。资料分析法通过资料邮寄和网上传送的方式进行，甚至不需要工作分析人员前往分析对象的工作地点，因此可以节省大量的工作分析成本。工作分析人员在获得工作分析所需要的全部资料后即可开始工作。由于许多历史资料特别是职位说明书中有很多可以直接利用的工作分析结果，因此采用资料分析法的工作效率较高。同时，职位的核心胜任力的一般结构尚在不断完善过程中，通过不断比较历史资料可以更好地总结实践经验。资料分析的结果可以数据化，作为信息化工作分析的基础数据，可以为工作分析的开展奠定基础。

2）缺点

资料分析法也有自身的缺点，它要求工作分析人员对岗位的工作内容具备一定的熟悉度。资料分析法减少了组织与任职者的直接交流，缺少第一手资料的反馈，容易流于表面化。在具体工作实践中，资料分析法可结合其他工作分析方法进行，弥补自身的不足。同时我们也应认识到，利用原有资料会使其他工作分析的方法进行得更加完善。

3. 资料分析法的流程

资料分析法的流程如图3-3所示。

```
┌─────────┐    ┌─────────┐    ┌─────────┐    ┌─────────┐    ┌─────────┐
│确定工作分析│ ⇨ │确定信息来源│ ⇨ │收集原始资料│ ⇨ │筛选并整理有效│ ⇨ │描述信息 │
│  对象   │    │         │    │         │    │  信息    │    │         │
└─────────┘    └─────────┘    └─────────┘    └─────────┘    └─────────┘
```

图 3-3　资料分析法的流程

（1）确定工作分析对象，就是要明确对什么样的职位进行分析。

（2）确定信息来源，就是选择获得资料的渠道，可以是组织，也可以是个人。

（3）收集得到的可利用的原始资料，这些资料可分为内部信息和外部信息。内部信息是指来自以下信息载体的信息：员工手册，公司组织管理制度，岗位职责说明，公司会议记录，作业流程说明，ISO 质量文件，分权手册，工作环境描述，员工生产记录，工作计划，设备材料使用与管理制度，行政主管、行业主管部门文件，作业指导书等。外部信息是指对外部类似企业相关职位分析结果或原始信息的分析和提炼。

（4）筛选并整理有效信息。注意筛选和整理与职位相关的信息，可参考以下几个方面。

① 各项工作与任务。

② 各项工作与任务的细节，重点是各项工作、任务的主动词，对于动作的先后可用数字加以区分。

③ 文献分析中遇到的问题。

④ 引用的其他需要查阅的文献。

⑤ 知识、技能、能力要求。

⑥ 特殊环境要求（如工作危险、警告等）。

⑦ 工作中使用的设备。

⑧ 绩效标准。

⑨ 工作成果。

（5）描述信息。通过以上步骤对所需要的信息进行汇总整理，得出相关描述信息。

岗位责任制是国内企业尤其是大中型企业十分重视的一项制度。但是岗位责任制只规定了工作的责任和任务，没有规定工作的其他要求，如工作的社会条件、物理环境、聘用条件、工作流程及任职资格等。根据企业的具体情况，对岗位责任制添加一些必要的内容，可以形成一份完整的工作描述与任职说明书，如表 3-5 所示。

表 3-5　某炼铁厂计划科综合统计员的岗位经济责任制

职责：
在科长的领导下，按照专业管理制度和上级有关规定，负责全厂生产、经济、技术指标综合统计工作，做好数据管理。
工作标准：
① 综合统计，编制报表、图表。月报于次月 6 日前报出，季、年报于季后第 1 月 7 日前、次年 1 月 10 日前报出，每月 15 日前完成图表上墙，每月 28 日前提出产品、品种及主要经济指标，准确率达 9 项。
② 负责结算炼钢厂的生产原料、燃料耗用量。每月 1 日与烧结厂、原料处结算烧结矿、废铁数量，做到准确无误。

续表
③ 负责收集国内外同行业有关生产经济指标等资料。每月20日前将16个单位的主要指标入账，填写图表上墙。 ④ 负责提出统计分析，每月28日前完成。 ⑤ 建立健全的数据管理制度，建立厂级数据库，使全厂的数据管理系统化、规范化
任职条件： 　　必须熟悉上级有关统计的规章制度、统计方法，并严格执行，懂得炼铁生产工艺及主要设备的生产能力；掌握企业管理的一般知识和工业统计理论知识及统计计算能力

4. 采用资料分析法的注意事项

① 需要对资料所包含信息的真实性、可靠性和适当性进行判断。资料作为工作分析过程的外部信息来源，要想使其内容进入工作分析，首先就需要对其进行筛选和评价。外部信息尽管获取成本较低，但信息质量并不由工作分析主体所控制。同时，在外部信息的基础上再采用新的分析工具，也不能改变信息的质量。

② 应当注意资料来源渠道的多元化。渠道来源越多，资料之间相互印证的可能性就越大，资料分析的有效性也就越高。收集资料应全面，要与选拔职位有较高的关联性。

③ 应当对职位的工作任务、职责和责任形成规范的表述，以此作为后续分析工具应用的基础。

④ 应当探讨职位的工作任务、职责和责任同职位胜任力之间的联系，但这种探讨仅限于提供两者之间的可能联系，并不能进行最终的判断。

3.1.4 观察法

1. 观察法的含义

工作分析观察法是指由工作分析人员到现场实地观察任职者执行工作的过程，并记录、分析、归纳、整理成适用的文字资料的方法。此方法可以为工作分析提供最直接的资料。这种方法比较适合短时期的外显行为特征的分析，常用在相对简单、重复性高且容易观察的工作分析中。

2. 观察法的分类

1）直接观察法

工作分析人员直接对任职者工作的整个过程进行观察。直接观察法适用于工作周期较短的职位。例如保洁员，他的工作基本上是以一天为一个周期，工作分析人员可以一整天跟随保洁员进行直接的工作观察。

2）阶段观察法

有些任职者的工作具有较长的周期性，为了能够完整地观察任职者的所有工作内容，必须分阶段进行。例如行政文员，他需要在每年年终时筹备企业的总结表彰大会。因此，工作分析人员必须在年终时才能对该职位进行观察。

3）工作表演法

该方法对于工作周期较长和突发性事件较多的工作比较适合。例如保安人员，除了执行正常的工作程序，还有很多突发事件需要处理，如盘问可疑人员等。工作分析人员可以让保安人员演示盘问的过程，以此来观察该项工作的特点。

3．观察法的优点和缺点

1）优点

通过观察法，工作分析人员能够比较全面和深入地了解工作要求、工作内容、工作特征。这种方法适用于标准化、周期较短、以体力活动为主的工作。

2）缺点

观察法不适用于以脑力劳动为主的工作，以及处理紧急情况的间歇性工作，如律师、教师、急救站的护士、经理、设计人员等。对有些任职者而言，此方法难以接受，他们会觉得自己受到了监视或威胁，从而对工作分析人员产生反感，同时也可能造成操作动作变形，使工作分析人员不能得到有关任职资格要求的信息。观察法对工作分析人员有一定的要求，他们应经过一定的培训，了解工作性质，明确观察和记录的内容，这样才能确保基本信息不会被遗漏。此方法适用范围较小，局限性强。

4．观察法的使用条件

在对主要由身体活动构成的工作进行工作分析时，直接观察是一种行之有效的方法。例如，门卫、流水线上的作业人员和会计所做的工作，就是一些可以运用观察法的例子。然而，当工作中包含了许多难以测量的活动时（如律师、设计工程师所做的工作），观察法就不可能很准确了。

此外，当任职者从事一些只是偶然发生，但是非常重要的工作活动时（如偶尔从事急救工作的护士），观察法可能也会失效。观察法通常与访谈法结合使用。两者结合的一种方式如下所述。首先，对被观察者在一个完整工作周期内所完成的工作进行观察，并把所观察到的工作活动记录下来（这里的工作周期是指完成工作所需要的时间，对于一位流水线上的工人来说它可能是一分钟，而对于从事复杂工作的被观察者来说，则可能是一个小时、一天或更长时间）。然后，在所积累的信息已经足够多的时候，再同被观察者进行面谈。由于被观察者在被观察过程中往往会受到鼓舞，因而此时他们会很愿意针对一些工作分析人员所不懂的要点进行解释，并说明工作分析人员还没有观察到的工作活动情况。观察法与访谈法结合的另一种方式如下所述。在被观察者工作时，工作分析人员一边对其进行观察一边进行访谈，两者同时进行。不过，在通常情况下，最好是等到观察结束后再去进行访谈，因为这样可以使工作分析人员有充分的机会在不受影响的情况下去观察被观察者的工作。这样，反过来也减少了被观察者因焦急而不按照常规操作的可能。

5．观察法的使用原则

运用观察法时要注意以下几个原则。

① 在实施观察之前，应做好充足的了解和记录准备。

② 被观察者的工作相对稳定，即在一定的时间内，工作内容、工作程序、工作要求不会发生明显的变化。

③ 适用于大量标准化的、周期较短的、以体力活动为主的工作，不适用于以脑力活动为主的工作。

④ 要注意工作行为样本的代表性，有时有些行为在观察过程中可能未表现出来。

⑤ 尽可能不要引起被观察者的注意，不干扰被观察者的工作。

⑥ 观察前要有详细的观察提纲和行为标准。

⑦ 在使用观察法时，应以适当的方式将工作分析人员介绍给被观察者，使之能够得到被观察者的认可。

6. 观察法的流程

观察法的流程如图 3-4 所示。

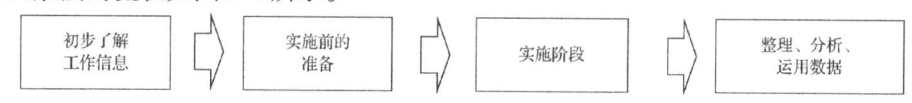

初步了解工作信息 ⇒ 实施前的准备 ⇒ 实施阶段 ⇒ 整理、分析、运用数据

图 3-4　观察法的流程

1）初步了解工作信息

第一步，明确工作分析观察的目的，主要是看观察法是描述性的还是验证性的。

第二步，根据现有的资料形成工作的总体概念。

第三步，准备一个初步的任务清单，如列一个观察提纲（见表 3-6）。

第四步，为在数据收集过程中涉及的不清楚的主要项目做一个注释。

表 3-6　工作分析观察提纲（部分）

被观察者姓名：_____	日　　期：_____
观察员姓名：_____	观察时间：_____
工作类型：_____	工作部门：_____
观察内容：_____	

1. 什么时候开始正式工作？_____
2. 上午工作多少小时？_____
3. 上午休息几次？_____
4. 第一次休息时间从 _____ 到 _____
5. 第二次休息时间从 _____ 到 _____
6. 上午完成多少件产品？_____
7. 平均多长时间完成一件产品？_____
8. 与同事交谈几次？_____
9. 每次交谈多长时间？_____
10. 室内温度是多少？_____
11. 上午抽了几支烟？_____

续表

| 12. 上午喝了几次水？ _____ |
| 13. 什么时候开始午休？ _____ |
| 14. 生产了多少次品？ _____ |
| 15. 搬了多少次原材料？ _____ |
| 16. 工作地的噪声有多少分贝？ _____ |

2）实施前的准备

① 选择和培训观察对象。根据任职者的多少，在"标杆瞄准"原则的指导下选取绩效水平高的任职者作为观察对象，并对其进行相关的培训，使其明确工作分析的目的、流程和最终的影响，达到消除其戒备心的目的。

② 选择合适的方法，确定是使用结构化方法还是非结构化方法。在现实的操作过程中，为了避免两种方法的不足，经常是将两者进行结合，在两者之间选择一个平衡点。

③ 对工作分析人员进行选拔和培训。其目的是增强观察过程的可信度和信息收集的准确性。

3）实施阶段

① 进入观察现场。之前的工作就绪后不代表观察就可以顺利进行了，在进入现场后需要做一些相关的铺垫工作。例如，相关的承诺，与任职者建立良好的相互信任关系；简要的介绍，打消任职者的"跟随效应"；设备安装应尽量避开任职者，以免对其造成影响。

② 现场记录。工作分析人员要严格遵守观察记录的流程要求，注意以下几个方面。首先，保持距离。工作分析人员与任职者最好处于"单向知觉"状态，就是说最好的情况是工作分析人员能清晰地观察任职者的工作活动，而任职者无法看见工作分析人员。其次，交流。工作分析人员可以在工作间歇（如喝水、短时间休息）时，与任职者针对观察过程中的某些疑问进行探讨，切忌过于频繁。最后，反馈。工作分析人员结束后，工作分析人员要及时与任职者针对观察所获取的信息进行沟通、确认。

4）整理、分析、运用数据

观察结束后，工作分析人员应对收集的数据进行归类整理，形成观察记录报告。观察法的数据分析是一项庞杂的工作，尤其是非结构化观察法，要对大量的活动描述进行归类分析。

3.1.5 写实分析法

写实分析法主要通过对实际工作内容与过程的如实记录，达到工作分析的目的。这种方法主要分为两种形式：如果写实、描述工作的是任职者自己，则称为工作日志法；如果是主管人员对任职者的工作进行记录与分析，则称为主管人员分析法。

1. 工作日志法

工作日志法，又被称为现场工作日记法，是指任职者按事件顺序详细记录自己的工作过程，然后归纳、分析，达到工作分析的目的。工作日志法主要适用于收集原始工作信息，为其他工作分析方法提供信息支持。任职者将自己每天所从事的每一项活动按时间顺序以日志的形式记录下来，记录的信息一般包括所要进行的工作任务、工作程序、工作方法、工作职责、工作权限及各种工作所花费的时间等。

1) 工作日志法填写的内容

工作日志法主要填写以下内容（因职位工作性质不同而不同）。

① 每日的工作计划。
② 每日所处理的事项及跟进的事项。
③ 问题的投诉、解决、建议、处理及跟进情况。
④ 向上级请示、反映、汇报、申请的情况。
⑤ 其他事项。

工作日志法填写项目示例如表 3-7 所示。

表 3-7 工作日志法填写项目示例

1. 活动名称：工作活动概述（2~4 字）。
2. 编号：记录工作活动的顺序。
3. 活动方式：动词，准确描述如何完成该活动。
4. 活动对象：工作活动的客体，活动加工的对象。
5. 活动结果：工作活动带来的直接成果。
6. 频次：在此段时间内重复出现的次数。
7. 起止时间：工作活动发生的起止时间（原则上，每隔半小时填写一次工作日志；若有跨时间区间的工作活动，则在工作结束后填写）。
8. 活动地点：活动发生的地点及地点转移。
9. 工作联系：与部门其他人员、其余部门人员、外部人员发生的工作联系的内容，以及对方的身份（企业、部门、职位）。
10. 性质：常规或者临时，区分常规工作活动与临时性、偶尔发生的工作活动。
11. 重要性程度：采用 3 等级尺度，依次为很重要、重要、一般

2) 工作日志法的流程

工作日志法的流程如图 3-5 所示。

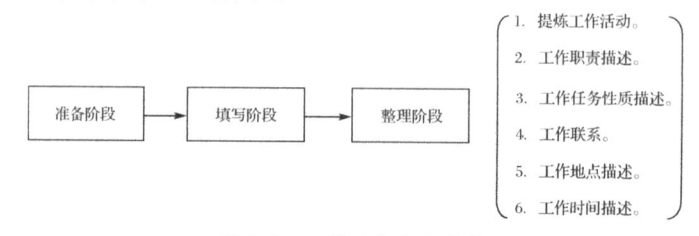

准备阶段 → 填写阶段 → 整理阶段

{
1. 提炼工作活动。
2. 工作职责描述。
3. 工作任务性质描述。
4. 工作联系。
5. 工作地点描述。
6. 工作时间描述。
}

图 3-5 工作日志法的流程

第一,准备阶段的主要工作内容有以下几点。

① 对现有的文献资料进行整理,确定收集信息的对象,包括职位和相应的任职者。

② 工作分析人员设计一份详细的工作日志表。

③ 辅导任职者填写工作日志。工作分析小组召集任职者进行填写辅导,告诉他们如何规范填写工作日志。确定填写的时间跨度和每日的时间间隔。设计填写的总时间跨度,一般选取一个月至一个半月,根据职位的特点和所需要的信息而定。确定填写工作日志的时间间隔的原则是,在尽可能不影响日常工作的前提下记录完整、准确的工作信息。时间间隔过长会使任职者因为遗忘而提供错误的信息,甚至"创造"信息;时间间隔过短会使任职者因为填写工作日志而打乱工作节奏,影响工作的正常开展,从而也会导致信息失真。一般说来,每日填写的时间间隔为半小时。

第二,工作日志的填写阶段。

在工作日志的填写过程中,应保证任职者按要求完成工作日志的填写工作,工作分析人员需要通过各种方法进行过程监控,如中期讲解、阶段成果分析、职位分析交流等。

第三,信息的整理阶段。通过工作日志法收集到的信息是相当多的,因此在整理阶段需要专业工作分析人员运用专业知识对所有信息进行统计、分类、提炼,以形成较为完整的工作框架。

① 提炼工作活动。

工作日志整理的首要任务是从日常工作描述中提炼目标职位工作活动的内容。一般说来,根据各项活动不同的完成方式,采用标准的动词形式,将其划分为大致的活动板块,如"文件起草""手续办理""编制报表"等,然后按照各板块内部工作客体的不同对工作任务加以细化归类,形成对各项活动的大致描述。

② 工作职责描述。

在确定工作活动后,根据日志内容尤其是工作活动中的"动词"确定目标职位在工作活动中扮演的角色,结合工作对象、工作结果、重要性评价形成任职者在各项工作活动中的职责。

③ 工作活动性质描述。

区分工作活动的常规性和临时性,对于临时性的工作活动,应在工作描述中加以说明。

④ 工作联系。

将相同的工作联系客体进行归类,按照联系频率和重要性加以区分,并在职位说明书相应项目下填写。

⑤ 工作地点描述。

对工作地点进行统计分类,按照出现频率进行排列,对于特殊工作地点应详细说明。

⑥ 工作时间描述。

可采用相应的统计制图软件,制作目标职位时间—任务序列图表,确定工作时间的性质。

3）工作日志法的优点和缺点

工作日志法的优点有很多：信息可靠性很高，适于确定有关工作职责、工作内容、工作联系、劳动强度等方面的信息；所需费用较低；对于高水平与复杂性工作的分析，比较经济、有效；信息的记录比较准确，可以提供的工作信息量较大；工作日志记录的内容不但可以进行职位分析，也可用于任职者的自我检查和总结。

工作日志法也有一些缺点：将注意力集中于活动过程，而不是结果；使用这种方法要求从事这项工作的人必须对此项工作的情况与要求了解得很清楚；使用范围较小，只适用于工作循环周期较短、工作状态稳定、无大起伏的职位；信息整理的工作量大，归纳工作烦琐；任职者在填写工作日志时，会因为不认真而遗漏很多工作内容，从而影响工作分析的结果，另外在一定程度上填写工作日志会影响正常工作；若由第三者进行填写，人力投入量就会很大，因此不适用于处理大量工作的职务；存在误差，需要对记录分析结果进行必要的检查。由于该方法会加重任职者的负担，得到的信息会比较凌乱，难以组织，且任职者的记录难免夸大，所以在企业管理中这种方法应用得较少。

4）采用工作日志法的注意事项

工作日志法获取的信息单向来源于任职者，容易造成信息缺失、理解误差等，因此在实际操作过程中，工作分析人员应采取措施，加强与任职者的沟通交流，以削弱信息交流的单向性。为减少后期工作分析的难度，应按照后期分析、整理信息的要求，设计结构化程度较高的表格，以控制任职者填写过程中可能出现的偏差和不规范。

某公司员工工作日志示例如表 3-8 所示。

表 3-8　某公司员工工作日志示例

（封面）
工作日志
姓　　名：
年　　龄：
岗位名称：
所属部门：
直接上级：
从事本职务工龄：
填写日期：自＿＿＿＿月＿＿＿＿日至＿＿＿＿月＿＿＿＿日
时间：<u>8:00 至 12:00</u>
（封二）
工作日志填写说明：
（1）请在每天工作前将工作日志放在手边，按工作活动发生的顺序及时填写，切忌在一天工作结束后一并填写。
（2）要严格按照表格要求进行填写，不要遗漏那些细小的工作活动，以保证信息的完整性。
（3）请提供真实的信息，以免损害您的利益。
（4）请注意保留，以防丢失。
感谢您的真诚合作！

续表

(正文)		工作日志填写表						
编号	工作名称	活动内容	对象	数量	活动时间	活动地点	工作联系	性质
1	借款	办理借出业务费手续	市场部××员工	1	8:00 至 8:15	办公室	市场部	常规
2	电话	洽谈××公司结算事宜	××公司	1	8:20 至 8:25	办公室	—	常规
3	报表	审阅合并会计报表	—	1页	8:30 至 9:10	办公室	本部门	常规
4	讨论	预算（工资、福利费、业绩奖）	部门内部人员	1	9:30 至 9:50	办公室	本部门	常规
...	...	...	...	...	...	...	...	...
14	讨论	讨论培训费用问题	人力资源部门培训专员	1	10:35 至 11:10	办公室	—	临时
15	传真	召开信用委员会会议通知	信用委员会成员	1	11:15 至 11:25	办公室	—	临时
16	撰文	驻外汽车驾驶员工资规定	—	1页	11:25 至 12:00	办公室	—	常规
填表人签字：								

2. 主管人员分析法

主管人员分析法是指由主管人员基于日常的管理权来记录与分析所管辖人员的工作任务、工作责任与工作要求等因素。

主管人员工作分析表示例如表 3-9 所示。

表 3-9　某公司食品加工厂主管人员工作分析表示例

一、职位名称
部门：　　　　　　工作地点：
任职者姓名：　　　日期：
主管姓名：　　　　签字：
二、基本职责
三、能够用于确定本职工作范围的各种指标，包括定性角度和定量数据
四、填写下面的内容，以表明各职位间的工作联系
监督职位名称：
直接主管职位名称：
同一直接主管之下的其他职位名称：
直接下级职位名称：
简要说明下属的主要功能：

续表

五、列举主要职责活动与有代表性的工作项目	
六、如果上述栏目无法说明,请在此列举几个典型的事例或任职时所遇到的事例	
七、说明本职位的工作权限与自主性	
八、完成本职位工作需要说明的其他情况与要求	

3.1.6 主题专家会议法

1. 主题专家会议法的含义

主题专家会议法（SMEC）就是将主题专家（Subject Matter Expert）召集起来,针对目标职位的相关信息展开讨论,以达到收集数据,验证、确认职位分析成果的目的的过程。主题专家会议法在组织的活动中有着广泛的应用,如传统的德尔菲法等,它也是一种重要的工作分析方法。主题专家会议的过程就是与职位相关的人员集思广益的过程,通过组织的内部—外部、流程的上游—下游、时间上的过去—当前—将来等多方面、多层次的交流达到高度的协调和统一。因此,除了有收集信息的用途,主题专家会议还担负着最终确认职位分析成果,并加以推广运用的重要职能。主题专家会议成员组成表如表 3-10 所示。

表 3-10 主题专家会议成员组成表

内部人	任职者
	直接主管
	曾经任职者
	内部客户
	其他熟悉目标职位的人
外部人	咨询专家
	外部客户
	其他组织标杆职位任职者

2. 主题专家会议法的必要准备

由于主题专家会议是一种规范化、制度化、高要求的会议,所以为保证它能取得良好的效果需要进行多方面的准备,其具体内容如下所述。

1）选择主持人

主题专家会议要求其主持人有较强的表达能力、协调能力及阅读并驾驭整个会议的能力。主持人的主要职责：召集会议、控制进程、提出议题、与与会者讨论并做出决议、准备并分发会议所需要的资料,对讨论过程中的分歧问题在会后进行调研复核并将结果反馈给相关人员。

2）选择与会专家

与会专家主要为直接主管、咨询专家、外部客户、其他组织标杆职位任职者等。人数控制为 5～8 人。

3）准备相关材料

主题专家会议的主持人应事先准备好相关书面材料或其他媒体材料，如需要确认的职位分析初稿、问卷、访谈提纲等。

4）组织与安排会议

提前通知与会者，准备好会议所需要的相关文件资料。安排布置会场，以及做好与会议相关的后勤准备工作。

3. 主题专家会议法的具体形式

1）专家会议调查法

专家会议调查法是根据市场预测的目的和要求，向一组经过挑选的有关专家提供一定的背景资料，通过会议的形式对预测对象及其前景进行评价。工作分析人员在综合专家分析判断的基础上，对市场趋势做出量的推断。进行市场预测时需要注意两点：一是选择的专家要合适，二是预测的组织工作要合理。

2）头脑风暴法

组织各类专家相互交流意见，无拘无束地畅谈自己的想法、发表自己的意见，在头脑中进行智力碰撞，产生新的思想火花，使预测观点不断集中和深化，从而提炼出符合实际的预测方案。

3）个人判断法

个人判断法是用规定程序对专家个人进行调查的方法。这种方法是依靠个别专家的专业知识和经验积累进行判断预测的。

4）集体判断法

集体判断法是在个人判断法的基础上，通过会议进行集体的分析判断，将专家个人的见解综合起来，寻求较为一致的结论的预测方法。这种方法参加的人数多，所拥有的信息量远远大于个人所拥有的信息量，因而能凝聚众多专家的智慧，避免个人判断法的不足，尤其是在一些重大问题的预测方面较为可行、可信。但是，参与集体判断的人员也可能受到感情、个性、时间及利益等因素的影响，不能充分或真实地表明自己的判断。

4. 主题专家会议法的特点

主题专家会议法的一个突出特点在于参加预测的人员必须是与预测问题有关的专家。所谓专家，一般是指具有专业知识、精通业务，并且在某些方面经验丰富，富有创造性和分析判断能力的人。

主题专家会议法的另一个突出特点在于可以把某些难以用数学模型定量化的因素

考虑在内，在缺乏足够统计数据和原始资料的情况下给出定量估计。

5. 采用主题专家会议法的注意事项

① 主题专家会议法的主要目的是征求各方面意见，会议组织者应该注意营造会场平等、互信、友好的气氛，与会人员应该抛弃层级观念，针对职位的所有方面进行面对面的、平等深入的探讨。

② 主题专家会议法的一个特点是外部专家参与。外部专家的参与可以起到"标杆"的作用，有效地弥补组织内部自我修正、完善能力的不足。

③ 主题专家会议是职位分析的重要阶段之一，往往承担着最终确认职位分析成果的重任。会议组织者应在会议之前进行周密的计划安排、提供职位信息、协调与会人员的时间、做好会议后勤保障工作。

④ 主题专家会议应有专人记录，以备查询。

⑤ 对于主题专家会议未形成决议的事项，应在会后由专人负责办理，然后将成果反馈给与会人员。

3.2 系统性方法

工作分析的系统性方法是指在完成组织战略的制定和修整，并明确了各个职能部门及职位的功能和目标之后，以工作分析的基本方法为基础，从实施过程、问卷与量表使用、结果表达运用等方面体现出高度的结构化特征，通过量化的方式刻画出工作性质、工作特征的工作分析方法。工作分析的系统性方法的结果是形成工作说明书和工作规范的基础。系统性方法包括职位分析问卷法、管理人员职务描述问卷法、职能工作分析法、工作要素法。

3.2.1 职位分析问卷法

1. 职位分析问卷法的含义

职位分析问卷法（PAQ）是一种基于计算机的、以人为基础的适用性很强的系统性工作分析方法，是 1972 年美国普度大学教授 E. J. 麦考密克等人用了 10 年时间开发出来的。此法主要用于定量分析，可以获取比较具体、详细、量化的职务信息。它的出现在当时有两种突破性的意义：此法开发出一种用以准确确定工作的任职资格的、一般性量化的方法；这种量化的方法可以用来为每个工作估计价值，进而为制定薪酬提供依据。在职位分析问卷法的运用过程中，研究者发现它提供的数据同样可以作为其他人力资源功能板块的信息基础，如工作分类、人岗匹配、工作设计、职业生涯规划、培训、绩效测评及职业咨询等。

2. 职位分析问卷的结构

一般的职位分析问卷包括 6 个部分，其中有 187 项工作元素（用来分析工作过程中任职者的活动特征），另外还有 7 项涉及薪资问题，共 194 项。职位分析问卷收集的六大类信息，分别为信息输入、体力活动、脑力处理、人际关系、工作情境和其他特征。其结构如表 3-11 所示。

表 3-11 职位分析问卷结构表

分类	维度	内容	说明
信息输入	知觉解释	解释感觉到的事物	从何处及如何获得工作所需要的信息
	信息使用	使用各种已有的信息资源	
	知觉判断	对感觉到的事物进行判断	
	环境感知	了解各种环境条件	
	视觉信息获取	通过对设备、材料的观察获取信息	
	知觉运用	使用各种感知	
体力活动	使用工具	使用各种机器、工具	工作中包含哪些体力活动、需要使用什么工具设备
	身体活动	工作过程中的身体活动	
	控制身体协调	操作控制机械、流程	
	技术性活动	从事技术性或技巧性活动	
	使用设备	使用大量的各种各样的装备、设备	
	手工活动	从事手工操作性的活动	
	身体协调性	身体一般性协调	
脑力处理	决策	进行决策	工作中有哪些推理、决策、计划、信息处理等脑力加工活动
	信息处理	加工信息处理	
人际关系	信息互换	相互交流相关信息	工作中需要与哪些人发生何种类型的工作联系
	一般私人接触	从事一般性私人联络和接触	
	监督/协调	从事监督等相关活动	
	工作交流	与工作相关的信息交流	
	公共接触	公共场合的相关接触	
工作情境	潜在压力环境	工作环境中是否存在压力和消极因素	工作发生的自然环境和社会环境
	自我要求环境	对自我严格要求的环境	
	工作潜在危险	工作中的危险因素	
其他特征	典型性	典型性工作时间和非典型性工作时间的比较	其他活动、条件和特征
	事务性工作	从事事务性工作	
	着装要求	自我选择着装与特定要求着装的比较	
	薪资浮动比率	浮动薪酬与固定薪酬的比率	
	规律性	有规律工作时间和无规律工作时间的比较	
	强制性	在某种环境下强制工作	
	结构性	从事结构性和非结构性工作活动	
	灵活性	迅速地适应工作活动、环境的变化	

职位分析问卷的工作要素描述的是包含在工作活动中的"人的行为",如工作中人的感觉、知觉、体力消耗、智力发挥和人际活动等。但是工作中的行为是相当丰富的,职位分析问卷旨在将工作中所有的要素概括出来,这也就带来了它在应用过程中的复杂性。

现行的职位分析问卷经过主成分分析,可将工作元素聚集为 30 多个维度。通过对这些工作元素的评价,可以反映目标职位在各纬度上的特征。表 3-12 所示为职位分析问卷的部分示例。

表 3-12 职位分析问卷的部分示例

1.1.1 工作信息视觉					使用的限度	
	内容	释义	尺度	等级	N	无运用
					1	少量
1	书面材料	书本、报告、文件、文档等	通用		2	偶尔
2	数量化材料	包含大量的数字信息的资料,如会计报表、账目、数字表等	通用		3	一般
					4	较重要
3	图形材料	图片或类似图片的信息材料	通用		5	一般重要
2.6 操作协调活动					重要性	
	内容	释义	尺度	等级	N	无运用
					1	微小
					2	低
93	手指操作	各种类型的细致的手指活动,包括使用精密仪器、写字、绘图等,没有显著的手臂运动	通用		3	平均
94	手臂操作	通过手臂运动操纵控制目标,如包装产品、修理机床等	通用		4	高
					5	极度
4.1.1 口头交流					重要性	
	内容	释义	尺度	等级	N	无运用
					1	微小
					2	低
99	劝导	对于有关财务、法律、技术、精神,以及各种专业方面的问题向他人提供咨询和指导	通用		3	平均
100	谈判	与他人就某项问题达成一致所进行的交流沟通,如劳动谈判、外交关系	通用		4	高
					5	极度
4.3 工作联系数量					专业尺度:联系时间	
	内容	释义	尺度	等级	1	几乎不
					2	偶尔
112	工作联系	与他人或组织发生工作联系的深度,如与客户、病人、学生、公众、雇员等;仅考虑与工作相关的联系			3	不经常
					4	经常
					5	非常频繁

资料改编来源:彭剑锋,张望军,朱兴东,等. 职位分析技术与方法[M]. 北京:中国人民大学出版社,2004.

在职位分析问卷法中工作分析人员要依据 6 个计分标准对每项工作要素进行衡量，对应的 6 种应用的等级量表如下所示。

① 使用的范围（U）——个人使用该项目的程度。

② 时间总量（T）——做事所需要的时间比例。

③ 对工作的重要性（I）——问题所细分出来的活动对执行工作的重要性。

④ 出现的可能性（P）——工作中身体遭受伤害的可能性程度。

⑤ 可应用性（A）——某个项目是否可应用于该职位。

⑥ 专用（S）——用于职位分析问卷中特别项目的专用等级量表。

每种等级量表包括 6 个级别。例如，"对工作重要性"的量表由下列评价点组成（见表 3-12）：

N=无运用或几乎不

1=少量或微小或几乎不

2=偶尔或低

3=一般或平均或不经常

4=较重要或高或经常

5=一般重要或极度或非常频繁

3. 职位分析问卷法的流程

职位分析问卷法的流程可划分为 7 个步骤：明确目的、获得支持、确定信息收集的方式、培训分析人员、沟通项目、收集信息和分析结果，如图 3-6 所示。

明确目的 → 获得支持 → 确定信息收集的方式 → 培训分析人员 → 沟通项目 → 收集信息 → 分析结果

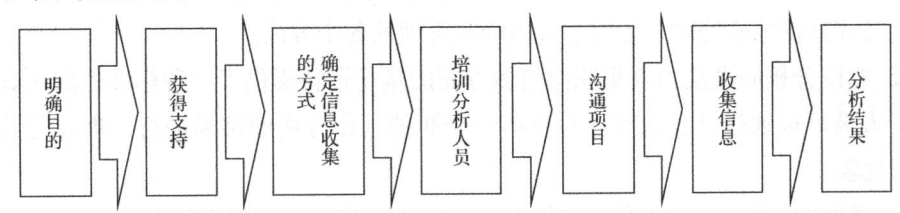

图 3-6 职位分析问卷法的操作流程图

1）明确目的

工作分析的目的不是问卷本身，而是实现某些人力资源职能。例如，划分工作族、建立甄选指标、确定培训需求、建立绩效评价的要素、开发人事评估系统、预测多样化的工作所带来的压力，以及为职业生涯服务等。

2）获得支持

获得任职者的支持甚至是管理层的支持，对于采用任何一种工作分析方法来说都很重要。首先，要明确组织的文化和环境，不同的组织文化适用的信息收集方法不同。其次，要确定工作分析是从高层开始的还是从基层开始的。最后，将具体方案交给组织的管理人员，获得他们的支持。

3）确定收集信息的方式

收集信息的方式一般有两种：一种是工作分析的专业人员填写职位分析问卷，任职者或者直接主管提供工作信息的方式；另一种是任职者直接填写职位分析问卷的方式。

4）培训工作分析人员

对工作分析人员进行培训的内容包括：职位分析问卷的内容与操作、收集信息的技巧（如何倾听任职者的描述等）、模拟训练、对实际工作过程中遇到的问题进行讨论等。

5）沟通项目

要获得任职者的支持首先要与任职者沟通，让任职者了解工作分析的目的和意义等。需要沟通的信息包括：工作分析的目的、时间规划，以及数据收集过程中的注意事项等。

6）收集信息

职位分析问卷信息收集的方法有很多，如访谈法、观察法、直接填写问卷法等。

7）分析结果

通过得到的问卷，不但可以明确各项工作对人员的任职要求，而且可以根据需要进行其他的分析，如可以利用一些维度对一项工作进行评价。经过评价后，工作内容的概况就可以建立起来并用于描述某个职位的特征了。当然这些分析可以利用计算机程序自动完成，也可以交给专门的工作分析服务机构去完成。

4．职位分析问卷法的优点和缺点

1）优点

① 通过职位分析问卷法收集的数据信息，在进行了完备性、信度与效度的检验后，就可以被计算机分析处理，运用于人力资源管理的各个方面。

② 职位分析问卷法为收集职位诸多方面的量化资料提供了一种标准化的工具，工作分析人员可以通过计算机程序对任何一个职位工作分析的结果进行处理并与其他职位进行比较。

③ 操作性较强，作为人员倾向性工具，职位分析问卷法使用范围广泛，可以对任职资格进行预估。

2）缺点

① 由于职位分析问卷的设计是针对所有职位的，项目很多，而且其评价的是基本的工作要素而不是具体的工作任务，因此不能精确区分不同的工作。

② 为满足收集数据的有效性、准确性和通用性的要求，在通常情况下需要很高的时间成本。同时，要求问卷填写人是受过专业训练的工作分析人员，由他们对任职者和直接主管进行工作内容的访谈，再填写职位分析问卷。

3.2.2 管理人员职务描述问卷法

1. 管理人员职务描述问卷法的含义

管理人员职务描述问卷法（MPDQ）是指利用工作清单专门针对管理职位分析而设计的一种工作分析方法。由于管理人员工作的复杂性、多变性，研究者认为传统的工作分析方法难以抓住管理工作的实质，为满足管理人员工作分析的需要，因此需要一种与管理工作特点相适应的方法来完成该项工作。美国著名的工作分析专家托纳和平托等人研究出了"管理人员职务描述问卷法"，其中包括 197 个用来描述管理人员工作的问题，涉及管理人员所关心的问题、所承担的责任、所受的限制及管理人员的工作所具备的各种特征。

2. 管理人员职务描述问卷的结构

管理人员职务描述问卷法主要由三大模块组成：信息收集、信息分析和信息输出。

1）信息收集

管理人员职务描述问卷中的问题从因素分析的角度将题目分为 15 个部分、274 项工作行为，由担任管理职务的任职者填写，主要用来收集与该职位相关的信息，如表 3-13 所示。

表 3-13 管理人员职务描述问卷结构表

管理人员职务描述问卷内容	题 目 数 量	
	描述工作行为的题目数	其他内容的题目数
1. 一般信息	0	16
2. 决策	22	5
3. 计划与组织	27	0
4. 行政	21	0
5. 控制	17	0
6. 督导	24	0
7. 咨询与创新	20	0
8. 联系	16	0
9. 协作	18	0
10. 表现力	21	0
11. 监控商业指标	19	0
12. 综合评定	10	0
13. 知识、经验和技能	0	31
14. 组织层级结构图	0	0
15. 评论	0	7
总计	215	59

2)信息分析

在这个模块中,主要根据人力资源管理的多种职能的需要对问卷收集来的工作描述信息进行转化,以满足不同的人力资源管理的需要,如绩效评估、岗位评价等。管理人员职务描述问卷主要从3个角度对工作进行分析:管理工作要素、管理绩效要素、管理评价要素。

(1)管理工作要素是用于描述工作内容的要素组合,根据不同职位的工作内容的异同性对管理职位进行描述,包含8项内容。管理工作要素通常被薪酬管理人员和招聘人员所使用。管理工作要素具体内容如下所述。

① 决策。评定各种信息和各种候选方案。

② 计划与组织。制订长期和短期计划,包括制订长期目标、长期战略规划、短期目标以及短期日程安排,如对产品服务的设计、发展、生产和销售进行计划等。

③ 行政。负责整理和保管文件和档案、监控规章制度的执行、获取和传递信息。

④ 控制。控制和调整人力、财力和物力的分配,调拨材料、机器和服务资源,建立成本控制体系。

⑤ 咨询与创新。应用高级技术解决疑难问题,为决策者提供关键信息和咨询,开发新产品和开拓新市场,密切关注技术前沿动态。

⑥ 协作。与其他团体合作实现组织目标,在不能实施直接控制的情况下,能团结、整合力量,协助组织资源的使用,必要时能有效处理矛盾与分歧。

⑦ 表现力。与个人或团体沟通交流(如客户、供应商、政府和社区代表、股东和求职者),推广组织的产品和服务,谈判并签订合同。

⑧ 监控商业指标。监控关键的商业指标,如净收入、销售额、国际商业和经济趋势、竞争者的产品和服务。

(2)管理绩效要素是指那些对管理人员的工作绩效有显著影响的工作要素,具体包含9项内容。这些要素必须能够很好地显示管理绩效优劣之间的差异。这些要素主要帮助上级主管对管理人员的工作进行指导及绩效考核,帮助上级主管和培训专家明确对管理人员的培训需求,具体内容如下所述。

① 工作管理。管理工作执行情况和资源使用情况,监控和处理各种信息,确保产品和服务按时完成。

② 商业计划。为达到目标,制订并实施商业计划与商业战略。

③ 沟通。高效、全面、准确地进行沟通,正确地分享和交换信息。

④ 客户公共关系。组织与客户、预期客户及其他公共群体打交道。

⑤ 人力资源开发。通过进行有效的工作分配、指导、培训和绩效评价等措施来开发下属员工的潜能。

⑥ 人力资源管理。监督和管理下属员工,提供指导和帮助。

⑦ 组织支持。有归属感，能得到其他管理人员的支持，以共同实现个人、团队和组织的目标。

⑧ 专业知识。具备实现既定绩效目标所需要的技术知识。

⑨ 解决问题。分析技术上或商业上的问题与需求，制定决策，选择适当的方案或进行创新。

（3）管理评价要素是用来评价管理类工作相对价值的维度，也就是区分不同的管理职位之间的相对价值的大小，或者说对组织贡献度的大小。管理评价要素包含6项内容，具体内容如下所述。

① 决策。决策权的等级，决策的重要性、复杂性，以及决策的自主性。

② 解决问题。分析性或创造性思维水平、对问题的洞察力，以及解决方法的创造性。

③ 组织影响。对组织影响的显著性程度，包括该职位对实现组织目标、开发产品和服务、制订战略或商业规划、获取收益利润及其他绩效目标的贡献。

④ 人力资源职责。人员督导职责，包括监督指导的下属人数、级别及复杂性程度。

⑤ 知识、技能和能力。职位所需要的用来解决关键性组织问题的知识、技能和能力，以及在多大程度上需要将这些知识、技能和能力应用于解决实际问题。

⑥ 联系。组织内部、外部联系的深度、广度、等级及频率。

3）信息输出

管理人员职务描述问卷作为一种成熟的管理人员的工作分析工具，主要通过8份工作分析报告为人力资源管理决策提供支持的信息。这8份报告有固定的格式。工作分析报告汇总表，如表3-14所示。

表3-14 工作分析报告汇总表

工作分析报告名称	说　明	信息来源	主要用途
管理人员职务描述问卷	对管理职位的细节性、描述性的总结归纳，具体包括：财务人事职责权限，工作活动重要性排序，工作联系，决策情景特征，知识、技能和能力要求	管理人员职务描述问卷中的"一般信息"部分	服务求职者的工作描述；上岗指引；面试基础信息；工作设计；薪酬结构
管理工作描述	类似于管理人员职务描述问卷报告，主要针对一组管理职位工作内容的综合性、平均水平进行描述，用于构建管理人员职务描述问卷常模		
群体比较报告	6组对照群体工作内容的主要异同点的对比分析表，区分共有活动和特有活动，按照出现频率进行排序，然后针对各种活动进行重要性评价	管理人员职务描述问卷中涉及的工作活动	工作分类；岗位评价，同工同酬；工作设计；培训开发设计
个体职位剖析	在管理工作要素的8项内容基础上将目标职位与所选同职等的职位进行比较、分析；该职位在管理评价要素上的得分及加权得分	管理工作要素；管理评价要素	确定工作价值；确定职位等级；设计薪酬；制订培训开发计划

续表

工作分析报告名称	说　明	信息来源	主要用途
群体职位剖析	类似于个体职位剖析，主要对相同的一组管理职位在管理工作要素和管理评价要素上的平均水平进行相关比较分析		
多维度群体绩效剖析	管理绩效要素各项内容对所选的一组管理人员的平均重要性程度的综合报告，由此确定各项评价要素的权重；管理人员职务描述问卷中的KSAs平均要求水平	管理绩效要素；管理人员职务描述问卷中的KSAs部分	确定绩效评价要素权重；KSAs用于人员甄选录用；通过与个体绩效进行对比，确定培训开发计划
多维度个体绩效剖析	类似于多维度群体绩效剖析，主要针对个人对管理绩效要素的重要性评价进行分析，以及个体的KSAs水平进行分析，通过与群体水平的对比，对绩效改进和培训开发提供指导		
职位绩效评价表	适用于特定管理职位的绩效评价体系和人员开发计划，对管理绩效的9项内容进行深度定义剖析，加以操作化，并附加若干代表性的绩效活动示例	管理绩效要素；多维度群体绩效剖析	绩效评价；人员开发

3. 管理人员职务描述问卷法的优点和缺点

1）优点

① 管理人员职务描述问卷法是用于评价管理工作的职位分析工具，适用于管理层的职位分析，有很好的针对性。

② 经过职位分析专家长期的、广泛深入的实证研究和修订，管理人员职务描述问卷法具有较高的区分度，并能将数据信息转化为人力资源管理人员可以使用的信息报告和表格。

③ 管理人员职务描述问卷法收集信息具有广泛性，因此可以使其在人力资源管理的其他职能领域得到综合应用。

④ 通过计算机程序，管理人员职务描述问卷法在某种程度上降低了主观因素的影响，同时其最终报告大量以图标形式出现，信息充足、简单易懂，提高了组织人力资源管理的效率。

2）缺点

① 管理人员职务描述问卷法的各个分析维度是在对国外管理人员的实证研究基础上形成的，缺乏根据我国管理人员自身特点的修正。

② 由于管理工作的复杂性，难以用管理人员职务描述问卷法分析所有类型的管理工作。

③ 管理人员职务描述问卷法成本比较高，投入比较大。

3.2.3 职能工作分析法

1. 职能工作分析法的含义

职能工作分析法（FJA）又被称为功能性职位分析法，它主要集中于对目标职位的功能性要素进行分析，是一种以工作为导向的工作分析方法。职能工作分析法以工作者应该发挥的职能为核心，详细分析每项工作的任务与要求，全面、具体地描述工作内容。

2. 职能工作分析法的框架结构

图 3-7 所示为一个简略的职能工作分析法的框架结构图，从图中可以看出各个板块和部分之间的关系，以及职能工作分析方法的基本流程和各个阶段的成果。

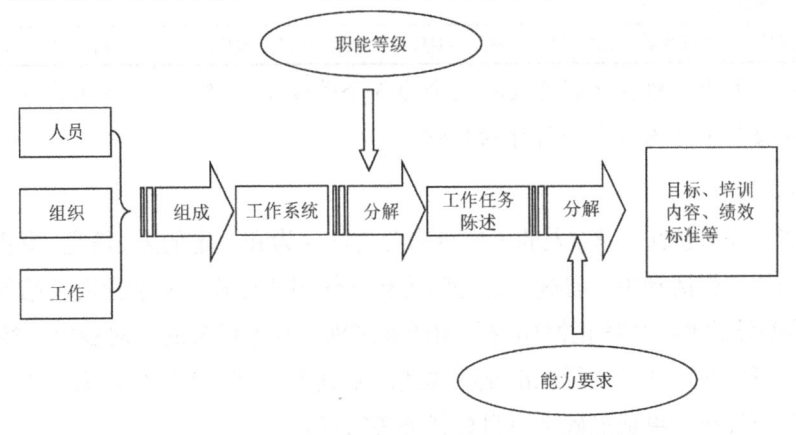

图 3-7 职能工作分析法的框架结构图

职能工作分析法是建立在对特定组织系统中的三要素之间的相互关系的假设基础之上的一种方法，工作系统中的三要素——人员、组织、工作之间相互影响，又同时作用于组织生产力和人员的发展。其中，职位分析作为工作系统分析的一部分，受到组织和人员的共同影响，组织战略目标决定职位分析的方向定位，而人员的任职资格与职位的匹配是工作系统正常运行的前提。因此，职位分析应包括：职位对于组织战略目标的阐释和支持，职位在工作系统运转过程中行使的具体功能，以及以人、岗匹配为目的确定任职者的绩效标准和获取绩效能力的途径——培训内容。以工作为基础的职能工作分析法的职位分析主要形成以下成果：工作任务陈述、职能等级、目标、培训内容、绩效标准。

1）工作任务陈述

在职能工作分析法中，职位分析的基本单位是工作任务而不是"工作"。每项工作由若干具有一定逻辑关系的工作任务组成，但"工作"本身在不同时期具有不同的任务组合，相对"工作"来说，工作任务则处于相对稳定的状态。随着组织的发展转型，"工作"本身处于不断的变化之中，而工作任务则相对稳定地存在于组织的日常运行之中。因此，职能工作分析法将工作任务作为职位分析的基本单位，针对各项工作任务的特征进行剖析。

和其他职位分析方法一样，职能工作分析法对于工作任务的描述有标准化的语言和结构。对于某项具体任务，在职能工作分析法初期（收集信息阶段）主要按照任务收集清单进行任务信息的收集，然后根据任务收集清单编写工作任务陈述，如表 3-15 所示。

表 3-15　某公司打字员职位的某项工作任务（信件编辑录入）的任务说明书示例

任 务 陈 述									
职 能 等 级			时 间 比 重			一般性教育开发			编　号
人	信息	事物	人	数据	事物	推理	数学	语言	
1A	3B	2B	5%	70%	25%	3	1	4	
目标：（由使用者填写）								
任务陈述：按照标准操作程序要求编辑标准信件格式，包括用于记录特殊信息的表格，并确保其整洁、清晰，以备邮寄。								

说明：表中一般性教育开发被划分为5个等级（1～5级），职能等级相关专业符号将在接下来的内容中进行详细介绍。

2）职能等级

在职能工作分析法看来，人的工作行为总是体现为和一定的人、信息、事物的关系，而且在不同的工作活动中，与这三者之间的相互作用的形式、复杂程度及结果有很大差异，对这些差异的准确描述正好构成某项任务区别于其他任务的相对稳定的特征。因此，职能工作分析法在对任务进行标准化的描述的基础上，通过界定任职者对人、信息、事物作用的职能等级，更加准确地对目标任务进行描述。

在大量分析研究的基础上，职能工作分析法选取部分具有代表意义的"动词"，形成了职能等级表。表3-16对这些职能进行了从复杂到简单的排列。如何有效地将实际工作信息同职能工作分析法职能等级表联系起来是职能工作分析方法中的关键一环。

表 3-16　职能等级表

	人	信　息	事　物
高级	7. 顾问 6. 谈判 5. 管理	6. 综合 5B. 协调 5A. 创新	4B. 装配 4A. 精确工作
中级	4C. 处理 4B. 指导 4A. 咨询 3C. 引导 3B. 劝导 3A. 教导	4. 分析 3B. 编辑 3A. 计划	3B. 运转—控制 3A. 操作—控制
低级	2. 信息转换 1B. 服务 1A. 指令协助	2. 复制 1. 比较	2B. 操纵 2A. 照管 1B. 位移 1A. 处理

下面给出每个职能等级的标准定义表。

① 人员职能等级表如表3-17所示。

表 3-17 人员职能等级表

号码	名称	职能
1A	指令协助	注意管理人员对工作的分配、指令或命令；除非需要指令明确化，一般不必与被管理人员进行直接的交谈
1B	服务	注意人的要求和需要，或注意人们明显表示出的或暗示出的希望，有时需要直接做出反应
2	信息转换	通过讲述、谈论和示意，使人们得到信息；在既定的程序范围内明确做出任务分配明细
3A	教导	在只有两人或小组的情况下，以同行或家庭式的关系关心个人、帮助和鼓励个人；关心个人的日常生活，在教育、鼓励和关心他人时要善于利用其他机构，接受团体与私人的建议和帮助
3B	劝导	用交谈和示范的方法引导别人，使别人喜欢某种产品和服务或赞成某种观点
3C	引导	通过逗趣等方法，使听众分心，使其精神放松，缓和某种气氛
4A	咨询	作为技术信息来源为别人提供服务，提供相关的信息来界定、扩展或完善既有的方法、能力或产品说明
4B	指导	通过解释、示范和试验的方法给其他人讲解或对他们进行培训
4C	处理	对需要帮助的人进行特定的治疗或调节；由于某些人对规定的反应可能会超出预想范围，所以要系统地观察在整个工作框架内个人行为的处理结果；必要时要激励、支持和命令个人，使他们对调节程序采取接受或合作的态度
5	管理	决定和解释每组工人的工作程序；要求他们承担相应的责任，赋予他们一定的权限；保证他们之间和谐的关系；评价他们的工作绩效并促使他们提高效率，在程序和技术的水平上进行决策
6	谈判	作为谈判某一方的正式代表与对手就相关事宜进行协商、讨论，以便充分利用资源和谈判权力，在上级给定的权限内或在具有完整程序的主要工作中"放弃和接受"某些条件
7	顾问	与产生问题的人们进行交谈、劝导、协商或指导他们按照法律、科学、卫生、精神等专业原则来调节他们的生活；通过问题的分析、论断和公开处理来劝导他们

② 信息职能等级表如表 3-18 所示。

表 3-18 信息职能等级表

号码	名称	职能
1	比较	选择、分类或排列相关数据，判断这些数据已具备的功能、结构或特性与已有的标准是类似还是不同
2	复制	按纲要和计划召集会议或处理事情，使用各种操作工具来抄写、编录和邮寄资料
3A	计划	进行算术运算；编写报告，进行有关的预订和筹划工作
3B	编辑	遵照某种方案或系统去收集、比较和划分数据；在该过程中有一定决定权
4	分析	按照准则、标准和特定原则，在把握艺术和技术技巧的基础上，检查和评价相关数据，以决定相关的影响或后果，并选择替代方案
5A	创新	在整体运行理论原则范围内，在保证有机条件下，修改、选择、调整现有的设计、程序或方法以满足特殊要求、特殊条件或特殊标准
5B	协调	在适当的目标和要求下，在资料分析的基础上决定时间、场所和一个过程的操作顺序、系统或组织，并修改目标、政策（限制条件）或程序，包括监督决策和事件报告

续表

号码	名称	职能
6	综合	基于人的直觉、感觉和意见（考虑或不考虑传统、经验和现存的情况），从新的角度出发，改变原有部分，以产生解决问题的新方法，开发操作系统；或脱离现存的理论模式，从美学角度提出解决问题的办法或方案

③ 事物职能等级表如表 3-19 所示。

表 3-19　事物职能等级表

号码	名称	职能
1A	处理	工作对象、材料和工具在数量上很少，而工人又经常使用；精确度要求一般比较低
1B	位移	为自动的或需要工人控制和操作的机器设备安插、扔掉、倒掉或移走物料；具有精确的要求，大部分要求来自工作本身所需要的控制
2A	照管	在帮助其他个人开、关和照看启动的机器和设备时，保证机器精确地运转，这需要工人在几个控制台按照说明去调节机器，并对自动机信号给予反应，包括所有不带有明显结构及结构变化的机器状态；在这里几乎不存在运转周期短、非标准化的工作；而且调节是预先指定好的
2B	操纵	当有一定数量的加工对象、工具及控制点需要处理时，加工、挖、运送、安排或放置物体或材料，具有比较精确的要求；包括工作台前的等待、用于调换部件的便携动力工具的使用，以及如厨房和花园工作中普通工具的使用等
3A	操作—控制	开动、控制和调节被用来设计产品结构和处理有关资料、人员和事物的机器设备；这样的工作包括打字员、转动木材等使用机器运转的工作或负责半自动机器的启动、熄火的工作；控制机器和设备包括在工作过程中对机器和设备进行准备和调整；需要控制的机器和设备包括计量仪、表盘、阀门开关及其他如温度、压力、液体流动、泵抽速度和材料反作用等方面的仪器，以及打印机、扫描仪和其他在准备和调节过程中需要证明和检查的办公机器（这一等级只用于一个单元里设备和机器的操作）
3B	运转—控制	（控制机器的操作）为了便于制造、加工和移动物体，操作过程必须被监视和引导；规范的控制行动需要持续的观察并迅速给予反应（在使用工具时，即使工作只涉及人或物，也应遵循这个原则）
4A	精确工作	按标准工作程序加工、移动、引导和放置工作对象或材料，在这里对工作对象、材料和工具处理的精确度应符合最终完成工作时的工艺要求（这个原则主要适用于依靠手工操作和使用手动工具的工作）
4B	装配	（安装机器设备）插入工具，选择工装、固定件和附件；修理机器或技工进行设计和蓝本说明，使机器恢复功能；精度要求很高；可以涉及其他工人操作或自己负责操作的一台或数台机器

3）目标

组织目标是由组织战略、计划推导出的对于目标任务的工作要求，一般由具体任职者填写。

4）培训内容和绩效标准

培训内容和绩效标准体现了任务本身对任职者全面能力的要求。在职能工作分析系统中，职位对于任职者能力的要求主要体现在 3 个方面，如表 3-20 所示。

表 3-20 职能工作分析系统中任职者的能力要求体系表

能 力 项 目	项 目 释 义	成 果 体 现
功能性能力	个人处理与人、信息、事物之间关系的能力,如推理、数学、语言、体力和人际能力等	培训内容
专业性能力	根据制度标准要求从事特定专业工作的能力	培训内容 绩效标准
适应性能力	个人与工作环境及组织安排等保持一致或随之变化的能力	培训内容 绩效标准

"培训内容"板块主要根据工作任务所需要的功能性和专业性能力,确定完成该项任务所需要的功能性培训、专业性和适应性的培训。

"绩效标准"板块包括定性绩效标准和定量绩效标准,主要界定一项工作任务所需要达到的效果、质量、数量、时间等方面的要求,同时在绩效标准的确定中往往会体现对任职者专业性能力和适应性能力的评价。

3. 职能工作分析法的流程

为了建立职能工作分析的任务库,需要按照一些基本的操作步骤覆盖任职者必须完成的 75%以上的工作内容。这些操作步骤如下所述。

1)回顾现有的工作信息

工作分析人员必须首先熟悉专家组的语言。现有的工作信息包括工作描述、培训材料、组织目标陈述等,这些信息可使工作分析人员深入了解工作语言、工作层次、固定的操作程序及组织的产出。工作分析人员应该尽可能准备一些在职能工作分析格式下可得到的信息,即使不能准备所有信息,也应达到两个目的:说明在哪些方面需要补充信息;以这些得到的部分信息向专家组进行演示。这个步骤通常会花费 1~3 天的时间,其主要取决于可得的信息量及时间的压力。

2)安排专家组同中小型企业(SMEs)的小组会谈

专家组同中小型企业的小组会谈通常会持续 1~2 天时间。选择的专家组从范围上要尽可能代表工作任职者。会议室要配备必要的设备:投影仪、活动挂图、涂改带。会议室的选址要远离工作地点,把对工作的影响降到最低。

3)分发欢迎信

自我介绍之后,工作分析人员应当向与会者分发一封欢迎信,以解释小组会谈的目的,尤其要点明参与者是会议的主体,要完成大部分工作,而工作分析人员只是作为获取信息的向导或是促进者的角色而存在的。

4)确定职能工作分析任务描述的方向

工作分析人员事先应该至少准备好 3 张演示图。演示图的目的实际上是给中小型企业提供任务陈述的格式和标准,这个过程大概需要花费 20~30 分钟。

5）列出工作产出表（产品或服务）

首先中小型企业能将工作的产出列出来，这时他们通常会向专家们提出一些问题："您认为被雇佣的工作任职者应该提供什么产品或服务？工作的主要结果是什么？"一般说来，经过 15 分钟，中小型企业小组就能用自己的语言将工作结果列出来。工作结果可能是物（各种类型的实物），数据（报告、建议书、信件、统计报表、决议等），服务（对人或者是动物）。通常情况下，工作结果很少超过 10 条，一般为 5~6 条，工作分析人员可将这些工作结果整理好列在活动挂图上，并将挂图挂在墙上。

6）列出任务

专家组可以从任何一个工作结果着手，描述通过完成哪些任务才能得到相应的工作结果。所列出的工作任务应能覆盖工作所包括的 95%以上的工作任务，并确信没有遗漏重要的任务。

7）推敲任务库

每一个工作产出对应的任务都被写出来之后，我们会发现一些任务会在几个工作产出中反复出现，如"沟通"。在某些情形下，同样的任务会在信息来源或是最终结果中有细微的差别。专家组应该说明有多少任务会以相同的行为开始。这些工作可以使中小型企业对任职者的工作有一个全面而深刻的认识，不仅可以让他们认识到不同工作之间的相似之处，还可以使他们看到哪些任务是琐碎的，应该作为其中一部分而存在，而哪些却可以拆散为多个部分。

8）产生绩效标准

中小型企业小组完成了任务库之后，下一个任务就是列出为了满意地完成任务任职者需要具备的素质。工作分析人员一般使用下面的问题来引导中小型企业进行分析："大家可能注意到我们只是整理和分析了工作行为、最终结果、信息来源、指导及工作设备，而没有谈及需要具备什么素质才能做好工作。我们可以设想自己是某项工作的管理人员。我们需要为这项工作安排一个合适的人员，我们将以什么标准来进行甄选？请大家考虑素质和特点的时候，尽量同任务尤其是任务对应的行为联系起来考虑。"

我们可能会得到很多通用的标准，此时有必要进一步进行分析，最好能让大家举出例子，以说明这些通用的标准以什么方式在何处体现出来。

在通常情况下，很多任务都需要相同的素质和特点。中小型企业应进一步说明其中哪些素质和特点是比较重要的，而哪些是最为关键的。同样，在分析这些素质和特点赖以成长的经验时亦是如此。完成这些工作后，小组会议就可以结束了。

9）编辑任务库

工作分析人员将活动挂图上的信息收集起来，在此基础上用前文所述的格式进行任务库的编辑。我们要对这些信息进行整理，疏通语句，斟酌用词，特别是动词的使用。数据库即将完成之时，应该抄录一份给中小型企业进行最后的修改。

4. 采用职能工作分析法的注意事项

使用职能工作分析法进行工作分析的时候，应注意以下几点。

① 定量化的、系统性的职位分析方法必须建立在先进的管理信息系统基础之上，需要对组织进行整个流程体系的分解、重组，以实现组织的标准化、信息化、电子化。

② 国外的定量职位分析方法所包含的项目维度是在对本国企业进行大量调查、统计验证的基础上得出的，具有本土化的特征，国内在引进这些职位分析方法时需要对其进行修订完善，以确保量表的效度与信度。另外，在定量职位分析方法中所用的常模，是以国外组织为样本得出的，不完全适用于国内组织，以此为基础得出的分析结果往往会出现偏差，甚至严重错误。

③ 国外诸多定量的职位分析方法致力于构建某个行业中某种职业的职责标准或任职资格标准，强调在不同组织中相似职位之间的可比性，忽略不同组织之间的内在差异。而在国内的管理实践中，我们更多关注职位对某个具体组织的适应程度，强调职位对组织战略的传递和落实，强调职位在整个管理、业务流程中的地位与作用，因此对于职位的职责、任职资格的描述更注重个性化。

5. 职能工作分析法的优点和缺点

1）优点

职能工作分析法的优点是其为工作内容提供了一种非常彻底的描述，对培训的效果评估非常有用。

2）缺点

职能工作分析法的撰写需要耗费大量的时间和精力，并要求对每项任务进行详细分析。职能工作分析不记录有关工作背景的信息。

3.2.4 工作要素法

1. 工作要素法的含义

工作要素法（JEM）是一种开放式的人员导向性工作分析系统，目的在于确定对成功完成特定领域的工作有显著作用的要素及此要素的依据，并由一组专家级的上级或任职者来对这些显著要素进行确定、描述和评估。工作要素法涉及的工作要素包括如下内容。

知识：专业知识的掌握程度、外语水平、知识面等。

技能：计算机的应用技术、驾驶技术、设备操作技术等。

能力：口头表达能力、判断能力、管理能力等。

工作习惯：爱岗敬业的程度、承担超负荷工作的意愿、工作时间不规律等。

个性特征：自信、主动性、独立性、外向、内向等。

值得注意的是，只有那些对完成工作研究有重要影响的要素才能被列入考虑之中。

2. 工作要素法的流程

1）收集影响目标工作实现的工作要素

一般由主题专家组成员采用头脑风暴法列举对目标工作的完成有显著影响的要素，并对这些工作要素进行反复推敲。工作要素的提出应该考虑完成目标工作所需要的知识、技能、能力和个人特征，每个被提及的要素都应和这项工作相关联。同时，应确保这些工作要素能够覆盖目标工作的要求。

2）对收集的工作要素进行整理

对主题专家组通过头脑风暴法收集来的工作要素资料进行归类和筛选。归类就是将具有相同或者相近含义的工作要素整合在一起的过程，将具有相同或者相近含义的工作要素归入同一个类别，为每一个类别赋予相应的名称，并根据该类别所包含的工作要素的内容和特点对该类别进行明确的界定和解释。通过对资料进行筛选，形成初步的工作分析维度与子维度，在下一个步骤中可以对资料进行进一步的归类。在这个步骤结束时，工作分析人员将得到一个工作要素类属清单，如表 3-21 所示。

表 3-21 工作要素类属清单

维度	心理调节能力	突出的智力能力	鲜明的个性特征	特定的工作习惯	熟练的知识和技能	身体素质
界定	有效完成工作所需要的心理素质和能力	有效完成工作所需要的智力方面的能力和天赋	有效完成工作所需要的性格特点	有效完成工作所需要的行为习惯或意愿	有效完成工作所需要的更多是依赖后天习得的知识和技能	有效完成工作所需要的身体特征
子维度	应付高压工作的能力、应对困难和挫折的能力、心理控制的能力、适应变化的能力、排遣孤独的能力、平抑不满的能力、忍耐力、勇气	抽象能力、判断能力、记忆能力、逻辑思维能力、推理能力、信息接受能力、快速思维能力、理解能力、想象力、创造力、敏感性	创新精神、独立性、团队合作性、自尊、毅力、成就动机高、自信、主动性、责任感、好奇、冒险意识、社交能力、亲和力、内向、外向、果断、谦虚	工作时间不规律、承担超负荷的工作、职业道德、学习愿望、同时处理多个问题的能力、注重工作细节、预先计划、多方面考虑、区分主次要、自律	口头表达能力、书面表达能力、高学历、专业知识、专业技术、时间管理能力、外语运用能力、计算机运用能力、调查研究能力、沟通能力、决策能力、组织协调能力	手工操作能力、体力、健康的体魄

3）划分工作分析维度及确定各类要求要素

通过对工作要素的初步归类和筛选，采用焦点小组的方法对工作分析的维度和子维度进行最终划分。在这一步，工作分析专家小组成员组成焦点小组。小组中的每个成员分别根据自己的标准，运用工作要素表对上一步所得出的工作分析要素进行独立的评估，并确定维度。在这个过程中，焦点小组成员评估的工作要素是被打乱的。小组成员独立评价后，运用焦点小组讨论的方法，将各个子维度分别归类到不同的工作分析维度下。

3．工作要素法的优点和缺点

1）优点

① 开放性程度较高，可以根据特定工作提取个性化的工作要素，能够比较准确、全面地提取影响某类工作绩效水平的工作要素。

② 与其他工作分析方法相比，工作要素法的操作方法有一定的客观性。

③ 工作要素在人员招聘过程中，尤其是在人员甄选及确定培训需求方面具有很高的应用价值：分析结果中的选拔性最低要求要素为人员甄选提供了可靠的依据，培训要素为企业确定员工培训需求提供了重要的依据。

2）缺点

① 在初步确定目标工作的工作要素时，过于依赖工作分析人员对工作要素的总结。有些工作要素对目标工作来说并不重要，反而会浪费时间和人力。

② 评分过程比较复杂，需要强有力的指导与控制。

③ 由于小组成员所进行的工作要素评价只是他们的一种主观臆断，没有以客观标准为基础，因此有时会缺乏可信度。焦点小组成员在工作要素评价时，容易偏向肯定回答，认为这些要素很重要，那些要素也很重要，难以取舍。这主要是由于他们进行的是主观判断，没有一定的客观标准。

3.3 工作分析方法的评价和选择

3.3.1 工作分析方法的评价

1．工作分析方法与人力资源管理活动的关系

工作分析作为人力资源管理的基础，它的目标是为人力资源管理中的规划、招聘与选拔、绩效评价、培训与开发、薪酬设计、职业生涯设计等提供服务。工作分析方法与各种人力资源管理活动之间的关系，如表 3-22 所示。

表 3-22 工作分析方法与人力资源管理活动的关系

目的 方法	工作说明	考核	面试	岗位评价	培训方案设计	绩效考核系统	职业生涯规划
访谈法	√	√	√		√		
问卷调查法	√	√	√	√	√	√	√
观察法		√	√				
写实分析法	√	√	√		√	√	

2．工作分析方法适用的工作类型的比较

工作分析方法适用的工作类型的比较如表 3-23 所示。

表 3-23 工作分析方法适用的工作类型的比较

方　　法	适用的工作类型
访谈法	各类工作
观察法	工作简单、标准化、重复性的操作类工人与基层文员
工作日志法	各类工作
职位分析问卷法	操作类工人与基层管理职位
管理人员职务描述问卷法	中高层管理职位
职能工作分析法	各类工作

3. 系统性工作分析方法的评价

系统性工作分析方法的评价如表 3-24 所示。

表 3-24 系统性工作分析方法的评价

方法	标准	职位分析问卷法	管理人员职务描述问卷法	职能工作分析法	附注：表中分值说明
服务目的	工作描述	4	4	5	服务目的栏说明：
	工作分类与评价	5	4	5	1．表示不能适用该目的。
	招聘与任用	4	4	4	2．表示不太适用该目的。
	绩效考核	3	3	3	3．表示适用该目的。
	培训与发展	3	3	4	4．表示很适用该目的。
	人力资源规划	4	4	4	5．表示十分适用该目的
实用性	变通性和适用性	4	4	5	
	标准化	5	5	5	
	使用者接受性	4	4	4	实用栏说明：
	使用者理解和参与性	4	4	4	1．表示很有限程度。
	必要的培训	3	3	3	2．表示有限程度。
	使用设备	5	5	5	3．表示一般程度。
	完成时间	4	4	4	4．表示一般以上程度。
	可靠性和有效性	4	4	4	5．表示很大程度
	效用	4	4	4	
	服务目的	4	3	4	

服务目的主要包括工作描述、工作分类与评价、招聘与任用、绩效考核、培训与发展、人力资源规划 6 项内容。这 6 项目的并不必然存在并列关系。在一般情况下，工作描述、工作分类与评价是工作分析的直接目的。最能服务这些服务目的的工作分析方法是访谈法、职位分析问卷法、职能工作分析法；后 4 项目的是工作分析的间接目的，但在某些情况下，它们也可能成为工作分析的直接目的。

实用性中各项标准及其含义如下所述。

① 变通性和适应性：分析各种不同工作的适用程度。

② 标准化：对不同时间和不同来源收集到的岗位分析数据进行比较时的规范化程度。

③ 使用者接受性：实际使用者对该方法及其收集信息效用的接受程度。

④ 使用者理解和参与性：该方法使用者或受该方法结果影响者对该方法的知晓程度和在收集工作信息中的参与程度。

⑤ 必要的培训：使用者在运用该方法时需要接受培训的程度。

⑥ 使用设备：该方法用于进行某种岗位分析时所需要的设备的程度。

⑦ 完成时间：完成岗位分析任务并获得岗位分析结果所花费的时间。

⑧ 可靠性和有效性：该方法所获得结果的一致性和描述工作特点及工作资格的准确性。

⑨ 效用：使用该方法在比较成本与收益之后得出的总的收益水平。

⑩ 服务目的：该方法能成为目的栏中的几种目的服务。

3.3.2 工作分析方法的选择

在选择工作分析方法时，关键是考虑方法和目的的匹配度、成本可行性及该方法对所研究情况的适用性，主要从组织整体的角度、所分析工作的角度、工作分析方法的角度和工作分析信息的角度进行选择。

1. 基于组织整体的角度

1）组织结构与技术

组织结构与技术对工作分析方法的选择有一定的影响。组织结构复杂的企业应采用综合多种方法的体系，因为简单的方法对分散在多个部门之中的职位难以进行切合实际的分析。例如，在企业中体力工作和非体力工作界限分明，就需要选择不同的工作分析方法。同时，技术因素也不容忽视。例如，研究实验部门和工厂采用的工作分析方法应有所不同，不仅要考虑目前的技术情况，还要考虑本产业技术进步的步伐和方向，因为不断更新的技术应用会快速改变工作职位的内容。

2）劳资关系

在企业的劳资关系中，首要的是经营者和员工代表的关系——是否存在正常、的相互信任的气氛。缺乏这种气氛，员工接受工作分析方法就会比较困难。如果全体员工对工作分析持怀疑态度，并把它视为一种管理游戏，那么工作分析就不能解决任何问题。因此，企业必须让员工支持工作分析并参与到工作分析的过程中。

3）管理方式

企业内部的管理方式也是影响选择及运用工作分析方法的因素之一。领导者的行为可以分为民主型和专制型两种。民主型的管理方式倾向于在整个企业中采用综合的工作分析方法，因为它鼓励员工关心企业的组织结构。专制型的管理方式主要以领导者的意志为主要考虑因素。管理方式对运用工作分析方法的主要影响体现为在多大程度上允许员工参与方案的设计和应用。

2. 基于所分析工作的角度

1）考虑所分析工作的特点

在进行工作分析时，企业要依据每项工作的特点，选择适合其自身的工作分析工具。观察法适用于大量标准化、工作内容和工作程序相对静止、周期较短、以体力活动为主的工作，不适用于工作周期长、脑力劳动较多的工作及处理紧急情况的间歇性工作等，它常用于分析对抽象思维和推理能力的要求低、行为影响十分显著的工作。访谈法、问卷调查法对于简单的体力劳动工作、脑力劳动工作、不确定因素较多的工作、复杂的管理工作比较适用。

2）结合企业的业务流程

20世纪90年代以来，企业流程再造逐渐成为一种潮流。基于流程的反思和优化使企业管理上了一个新台阶。在选择恰当的工作分析方法时，要求工作分析必须与企业流程相呼应，有效梳理企业流程，明确当前对职位的要求及每个职位在整个流程中的作用与定位，强调在企业关键流程中每个职位的意义与职责，以有效避免职责重叠与重新界定的问题。通过和企业业务流程相结合的工作分析，既可以帮助企业对组织的内在各要素（包括部门、流程和职位）进行全面系统的梳理，又可以帮助企业提高组织与流程设计及职位设置的合理性。

3. 基于工作分析方法的角度

工作分析的各种方法所要求的时间和费用不一样，所要求的工作分析人员的素质和参与的范围也不一样，由此产生了成本差异。简而言之，在选择一种工作分析方法时，必须明确以下几个方面的要求。第一，需要花多少时间。第二，如何请到能解决有关问题的资深专家。第三，如何证实专家的判断。第四，需要进行什么样的人事培训。第五，活动所需要的总成本。另外，还要考虑各种工作分析方法的特点、优点及缺点，根据企业的实际情况有针对性地选择合适的方法。

4. 基于工作分析信息的角度

1）考虑工作分析信息的角度

工作分析信息的最终用途不同，选择的工作分析方法也有所不同。例如，当工作分析信息用于招聘时，就应该选用以任职者为导向的工作分析方法，它适用于确定与工作有关的个人特点（如能力、品质等），而不是任职者实际所做工作的细节。而以工作为导向的工作分析不仅包含任职者所做工作的细节，还包括将工作做到什么程度，这种方法目前已运用于各种培训课程中。当工作分析关注薪酬体系的建立时，就应该选择结构化的工作分析方法，这样有利于对不同工作的价值进行比较。

2）确保收集的信息的客观性和动态性

国外的研究表明，以任职者为导向的工作分析方法和以工作为导向的工作分析方法，因其标准化、结构化的性质，已被用户证实其收集的信息是可靠的、可接受的，具有较好的客观性。随着科学技术的发展、社会经济环境的变化及组织结构的改变，工作包含的任务、流程、所采用的技术及对知识和技术的需求也会发生变化。工作分析必须反映出现实的种种变化，通过工作分析方法收集的信息应该由静态变为动态。

【本章小结】

本章介绍了访谈法、问卷调查法、资料分析法、观察法、写实分析法和主题专家会议法等工作分析的基础性方法，以及广泛和频繁使用的 4 种方法，即职位分析问卷法、管理人员职务描述问卷法、职能工作分析法和工作要素法。其中，职位分析问卷法适用于操作工人与基层管理职位；管理人员职务描述问卷法主要适用于中高层管理职位。

在使用问卷调查法时，应明确需要调查哪些内容，要获得何种信息，将信息转化为可操作的项目或问题，明确每个问题的目的，语言应简明扼要，必要时可附加说明。资料分析法是对现有资料进行改进，成本较低，方便灵活，可以随时改进，但要求工作分析人员对岗位的工作内容具备一定的熟悉度，且资料分析法减少了组织与任职者的直接交流，缺少第一手资料的反馈，容易流于表面化。资料分析法可结合其他工作分析方法进行，弥补自身的不足。主题专家会议法在组织的活动中有着广泛的应用，如传统的德尔菲法等，它也是一种重要的工作分析方法。职位分析问卷法是一种通过标准化、结构化的问卷形式来收集信息，以人为中心的定量化的工作分析方法。管理人员职务描述问卷法有很好的针对性，且有较高的区分度，可以在人力资源管理的其他职能领域进行综合应用。但是管理人员职务描述问卷法成本比较高，且缺乏根据我国管理人员自身特点的修正，难以用管理人员职务描述问卷分析所有类型的管理工作。职能工作分析法对培训的效果评估非常有用，其不足之处是需要耗费大量的时间和精力，以及对每项任务都要求进行详细分析。选择工作分析方法时，要考虑方法与目的的匹配度、成本可行性及该方法对所研究情况的适用性，要综合考虑和比较利弊。

【思考与练习】

1. 工作分析常用的分析方法有哪些？
2. 调研某家企业，运用问卷调查法设计一份调查问卷，以获取该企业的相关信息。
3. 职位分析问卷法是怎样操作的？其优点和缺点有哪些？
4. 管理人员职务描述问卷法的优点和缺点是什么？其与职位分析问卷法的区别在哪里？
5. 采用职能工作分析法的注意事项是什么？
6. 工作要素法的流程有哪些？
7. 如何进行工作分析方法的选择？

第 4 章
工作分析系统

―― 本章要点 ――

本章主要介绍 DOL 分析系统、HSMS、ARS 分析系统、弗莱希曼工作分析系统和 O*NET 系统的基础知识,并简要介绍团队工作分析、基于 T-MAP 系统的团队工作分析、整合性工作分析法及多元工作设计问卷的知识,以形成战略性和未来导向的工作分析的思维。

关键术语

工作分析系统评估;团队工作分析;整合性工作分析法;多元工作设计问卷。

学习目标

- ◆ 了解:工作分析系统评估,团队的构成要素,团队的类型。
- ◆ 熟悉:团队的 KSAs,整合性工作方法的应用,多元工作设计问卷的类型。

> **导入案例**

索尼团队建设的改进

一天晚上，索尼公司的董事长盛田昭夫按照惯例走进员工餐厅与员工一起就餐、聊天。多年来他一直保持着这个习惯，以培养员工的合作意识，以及与员工建立良好的关系。这天，盛田昭夫忽然发现一位年轻的员工满腹心事，闷头吃饭，谁也不理。于是，盛田昭夫主动坐在这名员工对面与他攀谈。几杯酒下肚之后，这个员工终于开口了："我毕业于东京大学，曾有一份待遇十分优厚的工作。进入索尼公司之前，我对索尼公司崇拜得发狂。当时，我认为进入索尼公司是我一生中的最佳选择。但是我现在才发现，我不是在为索尼公司工作，而是在为课长干活。坦率地说，我的课长是个无能之辈，更可悲的是，我所有的行动与建议都得课长批准。我自己的一些小发明与改进，课长不仅不支持、不理解，还挖苦我'癞蛤蟆想吃天鹅肉'。对我来说，这名课长就是索尼公司。我十分泄气，心灰意冷。这就是索尼公司？这就是我崇拜的索尼公司？我居然放弃了一份待遇优厚的工作来到这种地方！"这番话令盛田昭夫十分震惊，他想，类似的问题在公司内部员工中恐怕不少，管理者应该了解他们的处境，解除他们的苦恼，不能堵塞他们的上进之路，于是他产生了改革人事管理制度的想法。之后，索尼公司开始每周出版一次内部小报，刊登公司各部门的"求人广告"，员工可以自由而秘密地前去应聘，他们的上司无权阻止。另外，索尼公司原则上每隔两年就让员工调换一次工作，特别是对于那些精力旺盛、干劲十足的人才，不是让他们被动地等待工作，而是给他们主动施展才能的机会。索尼公司在实行内部招聘制度以后，有能力的人大多能找到自己较中意的岗位，而且人力资源部门可以发现那些"流出"人才的上司所存在的问题。

4.1 工作分析系统评估概述

4.1.1 DOL 分析系统

DOL 分析系统是美国劳工部开发和使用的职位定向分析系统，它把人员分析的内容以工作描述的形式表现出来。工作描述对各相关因素进行叙述性说明，并在此基础上提炼出 6 种个人特征：教育与培训、才能、气质、兴趣、身体要求和环境条件。这个职位分析系统是工作分析系统的基础，是一个易于理解和使用的、可扩展的系统。但其最大的缺陷是量表比较粗糙，量化不足。

1. 6种个人特征

1) 教育与培训

学历教育是指没有特定职业定向的一般教育（GED）。这种教育开发了工作者的推力水平和继续学习的能力，使工作者掌握基础性的知识（如语言、数学等）。GED量表包含3个变量：推理、数学、语言。每一变量又分成6个水平。职业培训是指在特定的工作情境下作业的资格（SVP）的平均数。职业培训包括职业教育、学徒训练、厂内培训、在职培训和从事其他相关工作的经验（不包括环境适应的学习）。SVP将测量结果分为9个水平，水平1表示1~30小时，水平9表示超过10年。揉面师的工作描述如表4-1所示。

表4-1 揉面师的工作描述

工作名称	揉面师		产业类别		面包制作		DOT码		520-782
工作概要	根据设定的程序操作机器搅拌面粉和酵母粉，指导其他工人进行面粉发酵和手工切块								
任职条件									
1. GED	1	2	3	4	5	6			
2. SVP	1	2	3	4	5	6	7	8	9
3. 才能	G3	V3	N3	S3	P3	Q4	K3	F3	M3	E4	C4
4. 气质	D	F	I	J	M	P	R	S	T	V
5. 兴趣	1a	1b	2a	2b	3a	3b	4a	4b	5a	5b
6. 身体要求	S	L	M	H	V	2	3	4	5	6

2) 才能

按照DOL分析系统，才能是指工作者具有的一定的从事或学习从事某项工作的能力，共分为11种，各种才能又分为5个等级水平。水平1级是指全部人员中排名前10%的人所具备的水平，水平5级表示排名后10%的人所具备的水平。例如，揉面师的工作所需要的才能水平为3级，属于中等。

3) 气质

气质是指与不同的工作环境和要求相适应的个体特征。对气质的描述是工作场所对行为要求的体现。DOL分析系统给出了10种对气质的描述。例如，揉面师的气质有两种：M和T。M是指与概括、评价和数量决策相适应的个性特征；T是指与限制、容忍与标准等严格要求相适应的个性特征等。

4) 兴趣

兴趣是指个体对某种类型的工作活动或经验选择的内在倾向，同时具有的排斥与之相反的活动或经验的倾向性。DOL分析系统列出了5对兴趣因素，在每对兴趣因素中，选择某一方面的同时就意味着对另一方面的排斥。例如，揉面师的工作兴趣分别为1a、4b和5b，分别为倾向于与事和物打交道的活动，倾向于与过程、机械、技术有关的活动，倾向于能预测结果和成效的工作等。

5）身体要求

身体要求是指工作对身体的要求及工作者必备的身体能力要求。DOL 分析系统包含 6 种身体要求，如对身体要求的繁重程度（轻、较轻、中等、重、很重），以及对体力、感官等的要求。

6）环境条件

在 DOL 分析系统中，环境条件与身体要求联系在一起。

2. DOL 分析系统的作用和局限性

1）DOL 分析系统的作用

DOL 分析系统的作用主要表现在以下 3 个方面。

① 作为工作分析的基础系统，DOL 分析系统被美国劳工部应用于指导美国地方各级政府的工作分析实践，产生了极大的影响。

② DOL 分析系统是易于理解和使用的可扩展系统，系统的开发者率先提出绝大多数与工作相关的信息结构要求，并证实了这些内容的有效性。

③ DOL 分析系统所提供的工作分析思路、方法与细节，对其他工作分析系统的理解和开发具有重大帮助。

2）DOL 分析系统的局限性

DOL 分析系统的局限性主要表现在以下两个方面。

① DOL 分析系统的量表相对比较粗糙，在具体评价时，容易造成术语的混淆。

② DOL 分析系统在量化方面的开发不足，因此使用该方法所得到的信息的客观性和真实性受到较大的影响，从而影响了该方法的普及和推广。

4.1.2 HSMS

1. HSMS 的概念

HSMS（医疗人员分析系统）通过一系列的规则、准则和确定任务所需技能水平的操作流程系统，并采用现成的量表来认定完成各项任务所需的技能。HSMS 对知识、技能进行了界定。HSMS 将知识定义为细节信息、事实、概念和理论。这些理论是特定学科或领域信息的一部分，阐述了事物的功能及如何运用这些功能。在 HSMS 的定义中，技能是指一种可传授的行为特征，个体为完成某项任务而进行智力或体力活动时会显露出这种特征。

2. HSMS 的一般规则

HSMS 的一般规则有以下几个。

① 任务中的所有要素，包括任务中各个阶段和其中的事务，都应作为量化工作的一部分。

② 在量化每个项目之前，分析者要充分考虑可能出现的最小量化值，使每个项目在零以上都能得到相应的量化。

③ 对一定的技能而言，任务的量化要确定任务和要素所要达到的最高值，这个量

化值要根据完成该任务可以达到的水平及可接受的标准来确定，而不是根据一般的、通用的或高水平的作业结果来确定。

3. HSMS 的评价系统

HSMS 借助其他方法所做的任务描述来提炼任务所需的技能，尤其界定了特定任务所要求的具体素质。甚至在技能的定义中，它所关注的对象也是工作者应具备的行为的类型与水准，而不是寻求抽象的人的特质。表 4-2 所示为 HSMS 针对"钡餐透视的结果：非小儿科类"任务的量化数据卡。

表 4-2 HSMS 针对"钡餐透视的结果：非小儿科类"任务的量化数据卡

任务名称：钡餐透视的结果：非小儿科类																任务号：3		
分析机构：									分析者：									
测量项目	固定恰当的量表值																	
	0	1	1.5	2	2.5	3	3.5	4	4.5	5	5.5	6	6.5	7	7.5	8	8.5	9
频率	0	1		2		3		4				6		7		8		9
活动量	0		1.5				3.5			5				7				9
对象把握	0		1.5							5					7.5			9
指导	0		1.5			3					5.5			7				9
交往	0	1				3				5				7				9
领导	0	1				3		4					6.5				8.5	
口头表述	0			2											7.5			9
阅读	0			2						5				7				9
书面表达	0			2						5			6.5	7				9
决策：方法	0		1.5			3			4.5					7			9	
决策：质量	0		1.5	2			3.5				5.5			7				9
图像的辨认	0	1					3.5				5.5			7				9
符号的辨认	0		1.5				3.5			5								9
分类	0			2							5.5							9
关联的	0	1		2				4		5						8		9
错误：与财务有关的错误例子	0	1						4				6			7.5			9
错误：与人交往有关的错误例子			0	1	2						5.5			7		8		9

4. HSMS 的局限性

HSMS 对工作者素质的描述，能更好地经受实际工作的考验，同时在平等就业机会方面也获得了好评。但其在人力资源管理的应用中仍然存在不足之处，主要表现在两个方面：一是在 HSMS 中，技能需求的界定完全依赖于对任务的描述过程，对那些机械性的 HSMS 人员分析者，必须首先按系统的要求来定义任务；二是 HSMS 中一半的技能在很大程度上是与医疗保健相关的，所以它对其他产业领域的分析缺乏普遍意义。

4.1.3 ARS 分析系统

1. ARS 分析系统的概念

ARS 分析系统的研究对象是比工作技能更为复杂的能力。ARS 分析系统将能力定义为与人们完成各式各样的任务所进行的活动直接相关的综合素质，能力是从个体在一定的持续反应中所推断出来的个体综合素质，能力的发展受学习和遗传因素的影响。个体在某一任务上的技能或专业水平的发展，在某种程度上可以根据其所具备的相关基本能力的高低进行预测。

2. ARS 分析系统的分析量表和分析方法

ARS 分析系统提出了一份人员能力表和一系列确定人员能力水平的方法。ARS 分析系统提出的能力包括 37 项，可分为四类：职能、体能、心理动能和对感知的处理能力。ARS 分析系统提出的分析方法有两种：一种是使用量表；另一种是使用流程图。表 4-3 列举了 ARS 分析系统的两种能力量表。

表 4-3 ARS 分析系统的两种能力量表

能力-任务项目	平 均 值	标 准 差
1. 语言理解		
理解导航图	6.28	0.75
理解某种游戏的说明	3.48	1.09
理解某个快餐的广告	1.17	0.6
2. 身体力量		
举起货箱盖	6.15	1.26
推开一扇柴门	3.3	1.1
举起餐厅的一把椅子	1.48	0.7

使用流程图的方法，职位分析者需要通过一系列是非问题来确定某种能力是否存在，然后使用评定量表来测定完成任务所需能力的等级或程度。流程图和量表的组合运用可以提高分析结果的效度，减少由于偏见造成的错误。图 4-1 为能力的分析流程图。

3. ARS 分析系统的评价

ARS 分析系统通过对能力的界定，以及对量表与流程图两种方法的应用，很好地为工作分析的开展提供了思路和技术。ARS 分析系统覆盖面大，设计先进，其对任务能力的分析研究已经得到了验证，从而成为比较流行的量化方法。同时，量表和流程图也大大简化了人员的分析工作。然而，能力分析量表虽然内涵丰富但并不完备，特别是忽略了管理者在复杂决策中的能力要素。

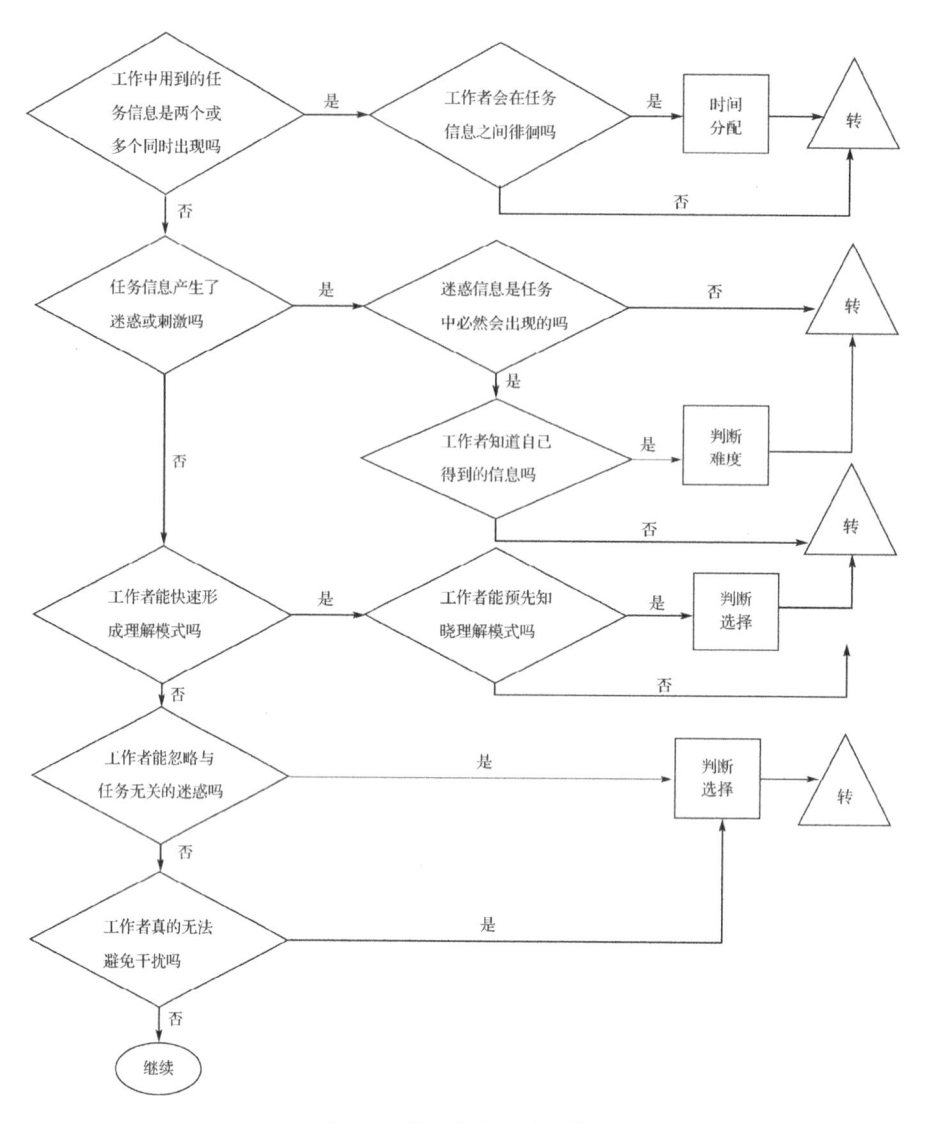

图 4-1　能力的分析流程图

4.1.4　弗莱希曼工作分析系统

弗莱希曼工作分析系统是弗莱希曼提出的,它专门分析工作对人的能力提出的要求。弗莱希曼工作分析系统是建立在能力分类法基础之上的。

弗莱希曼工作分析系统把能力定义为引起个体绩效差异的持久性的个人特性。它建立了 52 种能力分类,充分代表与工作有关的各种能力,包括认知能力、精神运动能力、身体能力和感觉能力,如表 4-4 所示。弗莱希曼工作分析系统能为工作的能力要求提供一个量化的全景描述,具有很强的实用性。

表 4-4　弗莱希曼工作分析系统的 52 种能力

1. 口头理解能力	10. 数字熟练性	19. 知觉速度	28. 手工技巧	37. 动态灵活性	46. 景深视觉	
2. 书面理解能力	11. 演绎推理能力	20. 选择性注意力	29. 手指灵活性	38. 总体身体协调性	47. 闪光敏感性	
3. 口头表达能力	12. 归纳推理能力	21. 分时能力	30. 手腕-手指速度	39. 总体身体均衡性	48. 听觉敏感性	
4. 书面表达能力	13. 信息处理能力	22. 控制精度	31. 四肢运动速度	40. 耐力	49. 听觉注意力	
5. 思维敏捷性	14. 范畴灵活性	23. 多方面协调能力	32. 静态力量	41. 近距视觉	50. 声音定位能力	
6. 创新性	15. 终止速度	24. 反应调整能力	33. 爆发力	42. 远距视觉	51. 语音识别能力	
7. 记忆力	16. 终止灵活性	25. 速率控制	34. 动态力量	43. 视觉色彩区分力	52. 语音清晰性	
8. 问题敏感度	17. 空间定位能力	26. 反应时间	35. 躯干力量	44. 夜间视觉		
9. 数学推理能力	18. 目测能力	27. 手-臂稳定性	36. 伸展灵活性	45. 外围视觉		

4.1.5　O*NET 系统

O*NET（Occupational Information Network）系统是一项由美国劳工部组织开发的职位分析系统。O*NET 系统吸收了多种职位分析问卷（如 PAQ、CMQ 等）的优点，目前已经取代了职业名称词典（Dictionary of Occupational Titles，DOT），成为在美国广泛应用的职位分析工具。

O*NET 系统能够将工作信息和任职者的特征统合在一起，它不仅是工作导向的职位分析和任职者导向的职位分析的结合，考虑到组织情境、工作情境的要求，还能够体现职业的特定要求。在经济和市场急剧变化的现代社会，O*NET 系统是职位分析领域应对新挑战的一大进步。

1．O*NET 系统的设计原则

O*NET 系统的设计遵循 3 个原则：多重描述（Multiple Windows）、共同语言（Common Language）和职业描述的层级分类（Taxonomies and Hierarchies of Occupational Description）。O*NET 系统设计了多重指标系统（如工作行为、能力、技能、知识和工作情境等），不仅考虑了职业需求和职业特征，还考虑到任职者的要求和特征。更重要的是，它还考虑到整个社会情境和组织情境的影响作用。同时 O*NET 系统还具有跨职位的指标描述系统，为描述不同的职位提供了共同语言，从而使得不同职业之间的比较成为可能。O*NET 系统运用了分类学的方法对职位信息进行分类，使职业信息能够广泛地被概括，使用者可以根据自己的需要选择适合自己的从一般到具体不同层次的工作描述指标。

2．O*NET 系统在研究和实践中的应用

虽然霍兰德和哈维曾对 O*NET 系统的数据收集方法提出一定的置疑，但让纳雷和斯特朗根据 Job Component Validity（工作成分效度）的模型，采用 249 个职业的工作分析数据和能力倾向测验数据对其进行了验证，发现效度很好，这证明采用 O*NET 系统作为确定人员选拔的工具是可靠的。国内也有学者已经运用 O*NET 系统对人力资源管理等职位进行了工作分析，并发现该工具具有较好的信效度指标。目前，美国劳工部正在应用 O*NET 系统建立美国国家职位分析信息数据库，并且定期进行更新，以适应不断变化的工作性质和内容的需要。O*NET 系统收集到的信息有两个主要用途：一是将工作信息和任职者的特征进行比较，得到人职匹配的资料；二是比较任职者和组织特征信息，得到员工-组织匹配的资料。因此，O*NET 系统不仅可以帮助求职者寻找工作，还能为组织选拔称职的员工提供有效的资料。

4.2 工作分析系统评估方法

4.2.1 团队工作分析

1. 工作团队介绍

工作团队是指由一小群技能互补的人员组成的人群结构，团队的成员采用共同的方法致力于实现共同的目标，并且共同承担责任。工作团队是为了实现某一目标而由相互协作的个体组成的正式群体。现实中，高效的工作团队在提高企业绩效和员工满意度等方面有重要的作用，是企业的生力军。下面分别从团队的概念、团队的构成要素及团队的类型方面来对工作团队进行进一步的学习。

1) 团队的概念

团队的定义目前在国际上还没有一致的说法，但是一个团队至少应该具有 3 个属性：由多人组成、工作相互关联、共同的目标。因此可以看到，一个团队至少由两个人组成，通过相互关联的工作，实现团队共同的目标。表 4-5 所示为对团队概念的理解。

表 4-5 对团队概念的理解

少量成员	• 2~15 人 • 8~12 人为宜
互补技能	• 技术和功能方面的特长 • 解决问题和决策的能力 • 人际技能
对一个共同的目标做出承诺	• 绩效的分离单元 • 管理层通过在公司绩效需求之内定义权限的范围来指明方向，一个共同的目标使团队凝聚成一个整体，使总体力量大于单个个体力量之和 • 团队将各种指标转换为具体而可衡量的目标 • 具体的目标有助于团队进步
共同的方法	• 成员间的社会契约与团队相关联并指导团队成员如何一起工作 • 参照目标不断调整
彼此负责	• 在采用共同的方法实现共同的目标的过程中，团队成员逐步形成默契的配合 • 彼此承诺和信任

2）团队的构成要素

团队通过合理利用每个成员的知识和技能并使团队成员协同工作来解决问题，以实现共同的目标。团队的构成要素总结为5P，分别为目标、人、定位、权限、计划。

① 目标（Purpose）。

团队应该有一个既定的目标，为团队成员导航，让团队成员知道要向何处去。没有目标，这个团队就没有存在的价值。

② 人（People）。

人是构成团队最核心的力量，两个（包含两个）以上的人就可以构成团队。目标是由人员实现的，所以人员的选择是团队中一个非常重要的部分。在一个团队中可能需要有人订计划，有人实施计划，有人协调不同的人一起去工作，有人监督团队工作的进展和评价团队最终的贡献。不同的人通过分工来共同完成团队的目标，在人员选择方面要考虑人员的能力如何、人员的技能是否互补、人员的经验如何。

③ 定位（Place）。

团队的定位包含两层意思：团队的定位，即团队在企业中处于什么位置，由谁选择和决定团队的成员，团队最终应对谁负责，团队采取什么方式激励下属；个体的定位，即作为成员在团队中扮演什么角色，是制订计划、实施计划还是评估团队最终的贡献。

④ 权限（Power）。

团队当中领导者的权限大小与团队的发展阶段相关，一般来说，团队越成熟，领导者所拥有的权限越小，在团队发展的初期阶段领导权相对比较集中。团队权限关系着两个方面：第一，整个团队在企业中拥有什么样的决定权，如财务决定权、人事决定权、信息决定权；第二，企业的基本特征，如企业的规模有多大、团队的数量是否足够多、企业对于团队的授权有多大、企业的业务类型是什么。

⑤ 计划（Plan）。

计划有两层含义：第一，目标最终的实现，需要一系列具体的行动方案，可以把计划理解成目标的具体工作的程序；第二，提前按计划进行可以保证团队的顺利进度。只有在计划的指导下团队才会一步一步地接近目标，从而最终实现目标。

3）团队的类型

团队的类型是多种多样的，按标准的不同可以将团队划分成不同的类型，如表4-6所示。

表4-6 团队的类型

划分标准	团队类型	团队特征
团队存在的目的和拥有自主权的大小	问题解决型团队	问题导向，团队成员每隔一段时间就交流方案，但无权采取行动
	自我管理型团队	真正独立自主，实现了自我管理，责任范围广泛

续表

划分标准	团队类型	团队特征
团队存在的目的和拥有自主权的大小	跨部门团队	团队超越了部门职能的限制，团队成员具有很高的合作意识和个人素质，合作期限较长
团队的工作内容和性质	推荐事情的团队	预定任务完成的时间，需要管理者的支持
	做事情的团队	团队成员一般是业务部门的一线员工，不要混淆企业的目标和自己团队的特定目标
	管事情的团队	团队成员一般是公司管理层，团队的合作模式是其成功的保证
任务的复杂性和团队成员的结构	工作或服务的团队	从事例行性工作任务且比较固定，对团队成员的工作技能的要求大致相同
	项目团队	由不同功能领域的专家组成，团队成员的专业领域各不相同，团队成员的技能和知识的依赖程度非常高
	网络团队	团队成员在地理位置上是分散的，通过电子媒介保持联系，完成的工作是常规化程度较低的

① 根据团队存在的目的和拥有自主权的大小，可以将团队分为问题解决型团队、自我管理型团队和跨部门团队。

问题解决型团队：团队成员就如何改进工作程序、方法等问题交换看法，对如何提高生产效率和产品质量等问题提出建议。问题解决型团队的工作核心是提高生产产量、提高生产效率、改善企业的工作环境等。在这样的团队中，成员就如何改变工作程序和工作方法相互交流，提出一些建议。团队一般由来自同一部门的 5~12 名成员组成，他们每周用几个小时的时间会面，讨论如何提高产品质量、提高生产效率等问题。但是，这种团队没有权力来单方面改变工作计划或流程。

自我管理型团队：通常由 10~15 人组成，团队成员多从事关联性、依赖性很强的工作。自我管理型团队多承担管理方面的工作和责任。例如，计划和安排工作工程、给各成员分配工作任务、总体把握工作的步调、做出操作层面的决策、对出现的问题采取措施，以及与供货商和顾客打交道。他们承担着以前自己的上司所承担的一些责任。一般来说，他们的责任范围包括控制工作节奏、决定工作任务的分配、安排工间休息。彻底的自我管理型团队甚至可以挑选自己的成员，并让成员相互进行绩效评估。世界上许多知名的公司都是推行自我管理型团队的典范。但对自我管理型团队效果的总体研究表明，采用这种团队形式并不一定能取得积极的效果。

跨部门团队：由不同部门的员工组成的团队，团队成员在一起相互合作以实现某个目标。跨部门产品开发团队运作不良，在很大程度上是由沟通不畅造成的。由于完成任务过程中需要大量的沟通，团队要顺畅运行，就必须建立有效的沟通平台。建立沟通平台有多种方法，其中集中办公和建立项目 IT 环境是两个非常有效但企业往往用得不够好的方法。集中办公是最有效的做法，能从距离上消除沟通障碍。建立项目团队共同的 IT 环境也是一个非常有效的做法。团队合作过程中有大量的文件需要发放、传递，很多企业通过书面文件、电子邮件或者文档管理信息系统来进行传递，并没有按项目来设置 IT 环境，从而导致文件漏发、时间延误、版本错乱等问题出现，企业需要加以重视和解决。

② 根据团队的工作内容和性质，可将团队分为推荐事情的团队、做事情的团队、管事情的团队。

推荐事情的团队：预定任务完成的时间，需要管理者的支持。

做事情的团队：团队成员一般是业务部门的一线员工，不要混淆企业的目标和自己团队的特定目标。

管事情的团队：团队成员一般是企业的管理层，团队的合作模式是其成功的保证。

③ 根据任务的复杂性和团队成员的结构，可将团队分为工作或服务的团队、项目团队和网络团队。

工作或服务的团队：从事例行性工作任务且比较固定，对团队成员的工作技能的要求大致相同。

项目团队：不同于一般的群体或组织，项目团队是为实现项目目标而建设的，是一种按照团队模式开展项目工作的组织，是项目人力资源的聚集体，由不同功能领域的专家组成，团队成员的专业领域各不相同，团队成员的技能和知识的依赖程度非常高。

项目团队具有以下特征。

- 项目团队具有一定的目标。
- 项目团队是临时组织的。
- 项目经理是项目团队的领导。
- 项目团队强调合作精神。
- 项目团队成员的增减具有灵活性。
- 项目团队建设是项目成功的组织保障。

网络团队：利用计算机技术把实际上分散的成员联系起来，以实现一个共同目标的工作团队。网络团队的建立，有利于充分发挥资源优势，降低运营成本，提高企业的工作效率，增强企业的竞争力。这种团队模式不仅能完成常规性工作，还具有较强的灵活性，它完成的工作是常规化程度极低的。

2. 团队工作的关键要素

在开发基于团队的工作分析技术之前，首先要对团队工作进行深入研究，剖析团队工作的内涵。一般来说，团队工作主要涉及 3 个关键要素：团队的作用、团队的工作设计和团队的 KSAs。团队的作用描述了团队需要做什么，即团队的任务和目标；团队的工作设计从工作的角度探索出一些有助于提高团队效能的基本工作元素，即如何实现团队的工作效能最大化；团队的 KSAs 研究什么样的人适合成为团队成员，即团队成员需要具备什么样的知识、技能和能力。这3个要素相互关联、相互补充，共同为团队工作分析所需的描述因素提供依据和来源。

1）团队的作用

研究团队工作的第一个关键要素是团队的作用，它主要描述团队需要做什么。利用团队作用的描述可以研究团队工作需要考虑的具体任务内容，明确团队的工作描述。一般而言，团队具有以下几个作用。

① 提升组织的运行效率（改进程序和方法）。

② 增强组织的民主气氛，促进员工参与决策的过程，使决策更科学、更准确。

③ 团队成员互补的技能和经验可以应对多方面的挑战。

④ 在多变的环境中，团队比传统的组织更灵活，反应更迅速。

2）团队的工作设计

团队的工作设计主要是通过创造团队的工作方式、个体在工作时的灵活程度和组织的支持系统等来提升团队的效能。目前，关于团队效能开发的部分理论遵循"投入—过程—产出"模型。其中，投入因素包括组织资源及其他情景因素；过程因素主要关注团队实际做了什么，采取了哪些行动和措施，如何处理员工的关系等；产出因素主要包括效能和团队满意度，即团队结果与员工的关系如何。团队的设计因素及其对应的解释如下。

① 工作设计。工作设计主要包括自我管理、参与、任务多样性、任务重要性和任务完整性。自我管理是指团队成员在工作中的子属性，在高度自我管理的团队中，领导的角色被弱化为教练；在完全自我管理的团队中，没有正式的领导，各种管理职能都由团队来行使。参与是指允许团队成员参与决策的制定，它与自我管理密切相关。自我管理和参与有助于提高团队成员的责任感。任务完整性是指团队成员的工作是一个完整的整体。任务重要性是指成员的工作对其他成员有多大的影响。任务多样性是指工作团队对不同类型活动的需求程度，以及由此决定的对员工所应具备技艺和才干要求的多样化程度。

② 相互关联。相互关联包括任务相互关联、目标相互关联、反馈和奖励的相互关联3个方面。任务的相互关联和目标的相互关联是指团队成员的任务和目标的实现是相互关联的。反馈和奖励的相互关联是指成员的反馈和奖励要依赖于团队的整体产出。相互关联性越强，成员认为自己是团队一部分的意识就越强。

③ 结构。结构包括异质性、灵活性、团队规模和团队偏爱。异质性是指团队成员背景的多样化程度，如民族、性别、认知等。灵活性是指团队成员在多大程度上能更换自己的工作安排，灵活性降低了团队对任何单一个体的依赖性。团队规模是指根据相应的工作量确定合适的团队人数，随着团队规模的扩大，协调要求也相应增加。团队偏爱是指成员喜欢以团队的形式进行工作。

④ 环境。环境因素比较固定，因为其来自团队的外部，所以其对团队成员的培训主要由企业提供，目的是通过提高团队技能和决策效能来提高团队的效能。管理支持主要

是其他的支持，如物质和信息的提供。团队之间的合作与交流与组织中团队之间的关系密切相关。

⑤ 过程。过程因素包括潜能、社会支持、工作分担，以及团队内部的相互协作与沟通。潜能是指团队成员相信其能完成任务的能力。社会支持是指团队成员在工作中能够相互帮助、相互扶持，共同完成团队任务。工作分担是指团队成员共同分担团队的工作，明确各自的责任和权限。团队内部的相互协作与沟通是指团队内部成员之间共享信息、相互合作，以完成任务。

3）团队的 KSAs

针对团队的特征，研究者开发了团队的一系列 KSAs。这些 KSAs 被认为非常重要而且易于测量，通过纸笔测验就能分清哪些人更适合团队合作。团队的 KSAs 不仅可以为团队成员的招聘甄选提供依据，还可以为团队的工作分析提供更多的分析因素。团队的通用技能主要包括以下几类。

① 沟通的 KSAs：理解沟通网络，并利用分散的网络提高沟通的可能性；开放性的和支持性的沟通；无评价性倾听和积极倾听的技巧；最大限度使语言和非语言信息一致协调，并能认识和解释他人的非语言性信息；参与小型的谈话，礼貌性地问候他人并认识到他人的重要性。

② 合作解决问题的 KSAs：确认需要团队参与问题解决的情况，并选择合适的参与方式和参与程度；认识到合作团队问题解决的障碍，并进行合适的纠正活动。

③ 解决冲突的 KSAs：认识和鼓励积极的冲突，消除不积极的冲突；认识破坏团队的冲突的类型和来源，并实施合适的解决策略；使用综合的解决方案，避免传统的解决方案。

④ 目标设定与绩效管理 KSAs：帮助建立具体的、有挑战性的、可接受的团队目标；对整个团队的绩效和团队成员的绩效进行监督、考评和提供反馈。

⑤ 计划和任务协调 KSAs：协同团队成员之间的活动、信息和任务；帮助团队成员建立工作任务、安排工作角色，确保工作量由团队成员合适地平衡分担。

以上介绍了分析团队工作的 3 个关键要素：团队的作用；团队的工作设计；团队的 KSAs。研究这 3 个关键要素之后发现，团队工作与一般群体的工作有着很大的不同，团队工作更强调共同绩效、相互协作、沟通交流、自我管理等。对团队工作有了深入了解之后，接下来介绍一种培训导向的团队工作分析技术——基于 T-MAP 系统的团队工作分析技术。

4.2.2　基于 T-MAP 系统的团队工作分析

T-MAP（The Team Multiphase Analysis of Performance，多阶团队绩效分析）系统是一种基于团队培训而设计的团队工作分析方法。其基本思想是从团队的使命或目标出发，确定人们为了实现目标所需完成的职能，再确定为了完成职能所需完成的任务，最后根据任务决定培训的内容。T-MAP 系统的分析模块是基于传统的工作分析模块建立起来的，然后根据不同的团队类型及其培训类型、培训目的重新构建分析模块。

1. 传统的工作分析

传统的工作分析是按照以下步骤进行的：第一步，确定组织结构和部门职责；第二步，建立工作小组，并制订工作分析计划；第三步，设计岗位说明书模板，并进行工作分析和岗位说明书编写的培训；第四步，编写岗位说明书；第五步，进行工作分析访谈。以上是传统的工作分析模块，T-MAP 系统就是基于以上模块建立起来的。

2. T-MAP 系统的工作分析模块

T-MAP 系统具有 4 个工作分析模块，即描述因素、信息源、数据收集方法和分析单位，如表 4-7 所示。这 4 个模块的构成因素主要来自对以往的工作分析模块的提炼和总结。

表 4-7　T-MAP 系统的工作分析模块

描述因素（D）	数据收集方法（C）
1. 组织哲学和结构	
2. 许可证和其他政府制定的要求	1. 观察
3. 责任	2. 个体访谈
4. 职业标准	3. 小组访谈
5. 工作环境	4. 技术性会议
6. 产品和服务	5. 问卷
7. 机器、工具、辅助设备和器材	6. 日志
8. 工作绩效指标	7. 基于设备的方法
9. 个人工作要求	8. 记录回顾
10. 工作者的活动	9. 文献回顾
11. 工作活动	10. 研究设备的设计说明
12. 工作者特征要求	11. 参与工作
13. 未来变化	
14. 关键事件	
信息源（S）	分析单位（A）
1. 工作分析者	
2. 任职者的上级	1. 职责
3. 高级执行官	2. 任务
4. 任职者	3. 活动
5. 技术专家	4. 基本动作
6. 组织层的培训专家	5. 工作纬度
7. 客户	6. 工作者特征要求
8. 其他组织单位	7. 适用于工作单位的量表
9. 书写的文件（如记录、设备说明、档案）	8. 定量的和定性的
10. 以前的工作分析	

T-MAP 系统的工作分析模块只是为团队的工作分析提供了通用的分析模块，具体的团队工作分析还需要建立在一系列的可行要素上，这些可行要素的设计是依据培训类型而确定的。通常情况下，设计这些可行要素要依据 3 个因素：第一个因素是培训是应用于个体还是整个团队；第二个因素是培训主要是为了改善人际关系还是产出产品或服务，也就是工作的技术层面；第三个因素是团队是否成熟，即团队是否具有完成特定任务的经验。

3. 描述因素

我们选择的描述因素是表 4-7 中的描述因素 3、5、9、11 和 12。

第一项（描述因素 3）是责任。工作分析的首要目标就是确定团队的责任。该团队的责任是完成服务的推广指标。责任确定后，团队成员的功能应该被解释并以一种普通的方式描述出来，这是他们对团队完成使命的贡献。

第二项（描述因素 5）是工作环境。该团队的工作环境是户外，即社区或学校，团队成员除了特殊的天气情况外，都要在户外进行服务的推广——发传单、张贴宣传海报、进行户外咨询等。

第三项（描述因素 9）是个人工作要求。这里的工作要求是指工作对个人的身体条件和心理条件的要求。例如，工作也许需要攀登，这就需要成员具有比较好的身体素质。该团队工作对个人的身体条件没有特殊要求，但是要求成员有耐心和恒心。

第四项（描述因素 11）是工作活动。工作活动不同于个体工作者的活动，但又以个体工作者的活动为基础，它比较概括，是对团队整体工作活动的描述。该团队的工作活动是发传单、张贴海报、咨询、带客户去公司、开宣讲会等。

第五项（描述因素 12）是工作者特征要求，包括知识、技能、能力、态度、个性等。团队工作要求成员不仅要具有相关业务方面的知识技能，还要具有良好的沟通协调能力，即具备较好的人际关系技能。该团队对成员的特征要求是具备营销知识、了解服务项目、熟悉公司业务、具备人际沟通能力和协作能力等。

以上介绍了分析团队工作所需的描述因素，接下来要确定信息的收集来源和收集方法。这些方法主要是访谈法、问卷调查法等，已经在第 3 章做过详细介绍，这里不再赘述。

4. 分析单位

每项任务都要按照学习的难度和关键程度这两个因素进行分级。这些分级可以为培训提供重要性指标。KSAOs［知识、技能、能力和其他性格特点（Other Characteristics）］也应该按两个因素进行分级：第一个因素是这项特征是否要求团队的新成员必须具备；第二个因素是该 KSAOs 能否把团队中优秀的成员同普通成员区分开来。

1）数据分析（评价）

确定每个任务和 KSAOs 的等级后，每项任务和 KSAOs 的概要统计就可以被计算出来，这些概要统计可以用来开发真实的培训活动。在实际情况中，可以利用难以学习且关键的任务和 KSAOs 作为团队成员的培训内容。

2）储存和检索信息

在工作分析结束时，要写出一份记录工作分析过程和结果的报告。同时需要让工作分析专家评论这份报告的准确性和完整性，如果报告存在问题，就应该对其进行必要的修正。很多工作的工作分析非常有用，但是很难公布，因此也很难检索。为了解决这些问题，可以把这份报告放到万维网上使之更容易被找到；也可以把数据放到数据库中，这样就可以检索到个体岗位或者整个团队的信息。

4.2.3 整合性工作分析法

整合性工作分析法（Combination Job Analysis Method，C-JAM）同时从工作和人员两个方面入手分析，得出任务清单和胜任人员的特征，为工作分析提供相对完整的信息。作为一种新兴的工作分析方法，整合性工作分析法不仅把任务描述得更加准确，还对任务的重要性进行了评定，对完成工作所需要的 KASOs 也进行了定义和评价，主要适用于人员选拔与培训。整合性工作分析按照如图 4-2 所示的流程来实施，本节将详细介绍其流程。

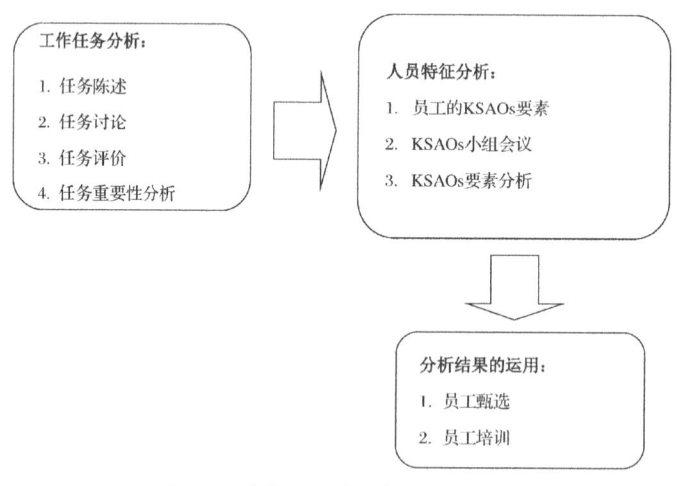

图 4-2 整合性工作分析方法的流程

1. 工作任务分析

1）任务陈述

任务陈述必须含有主语（或隐含的主语），即员工们、工作者们，注意必须是复数而非单数。除此之外，还应含有表达员工执行任务的动词（谓语），动词的宾语可以是数据。给出任务的目的或员工做出此行动的原因（如果目的非常明确，此条往往可以省略）。总体来说，任务是为了达到某种目的而进行的一系列工作要素，是工作分析的基本单位。

任务陈述应包含以下内容。

① 任务主体，即完成任务的人。明确任务主体是工人、一般员工还是管理者。

② 任务活动。任务活动包括两部分内容：与任务有关的活动信息；任务主体应如何完成、为什么完成，以及何时完成每一项任务。

③ 任务对象，主要是人、机器、设备、工具等。

④ 任务目的。

有时任务陈述可以很简短。例如，对工作分析成果文件的使用者来说，如果某项任务的目的显而易见或者众所周知，那么此项任务的目的可以省略。又如，我们从描述任务活动的动词中很容易就能明确使用的工具，那么任务对象也可略去不写。下面给出一些任务陈述的示例，如表 4-8 所示。

表 4-8　任务陈述示例

人员测评专家	• 针对具体工作，设计多选试卷来评价应聘者
	• 回答应聘者的问题，为应聘者提供信息
绩效主管	• 制定、修改绩效考核制度
	• 监督、执行绩效考核制度
会计部经理	• 制定并监督会计制度的实施
	• 审核公司主要的经济指标、月报表

总体来说，每一项工作最终的任务清单里至少应有 30 项任务要素。多于 100 项时，合并相似的任务要素，将总量控制在 100 项以内。

2）任务讨论

在明确了任务的定义之后，要召开任务讨论会，通过任务讨论会得出任务清单。

参加任务讨论会的人员除工作分析专家之外，还应包括 5~7 个工人和两三个直线管理者。会议地点应该远离工作场所且方便会面，如果条件允许，也可以借助计算机召开网络会议。会议地点和媒介可以有多种选择，但是一定要有利于与会人员全心投入。参加任务讨论会的专家不仅应该有很强的分析能力，还要有很好的口头交流和书面表达能力。如果条件允许，应尽量包括不同背景的工作分析专家，并且兼顾一定的男女比例，不同专家的意见能够提供更加全面的工作相关信息。召开任务讨论会的目的就是要通过分析和讨论得出任务清单。

在会议的第一阶段中要完成对工作环境的评价。工作环境的信息包括工作的物理环境（如高温、嘈杂、严寒等）、工作时间表，以及组织和社会的环境（如员工通常需要接触的人员数量）。

完成对工作环境的评价后，进入会议的第二阶段。首先，主持人分发给所有与会成员一份有关任务陈述的指导性文件，文件内容包括对任务的定义及任务陈述示例。之后，每个与会成员都要在一个小时之内独立得出一个至少含有 50 项任务的清单，并在各自的任务清单上署名。个人分析结束后，主持人复印全部任务清单分发给所有的与会成员。

在会议的第三阶段中，每个与会成员都要根据所有的任务清单对自己所列的任务清单进行增添、删减和修改，独立得出一份相对全面的任务清单。在这个过程中，对于某些不确定的任务，可以展开小组讨论，直至意见统一。这一部分结束后，主持人收回所有任务清单，至此，会议部分告一段落。

下一步的工作由主持人负责。他需要仔细阅读收回的所有任务清单，进行增添、删减或修改，最后得出一个包含30~100个任务的工作清单草稿，并按照职责将任务分成5~12类。这个分类过程可以借助表格或计算机来完成。对于不确定的任务要素，可以与直线管理者或者任职者讨论决定。

如果不能有效地组织任务讨论会，还可以通过一系列的单独访谈来得出任务清单。访谈对象包括员工代表和直线管理者。员工代表最好来自不同的工作地点且具有不同的背景。有些员工的工作任务可能与之前的任务分类不同，这些员工也应该被纳入访谈范围。

访谈对象的数量受到很多因素的影响，如任职者的数量、工作场所的数量等。通常情况下，访谈对象至少应该包括6名员工和2名直线管理者。如果不同员工间的新增任务不多，就不需要增加访谈对象的数量。

访谈开始时，要向访谈对象简要介绍访谈的目的，如果访谈对象是任职者，在访谈过程中就应该让任职者回忆他最近的完整工作日，描述那天从上班到下班他做了什么。在描述过程中，如果任务不是很清晰，访谈者应该再多问些问题以便获得更多的任务信息。这一段描述结束后，再让访谈对象回忆还有哪些任务，虽然在近期的工作日中他没有做过，但是在一年内某个特定的时间段里他会做。相比之下，对于直线管理者，要让他们对其直接下属典型的一天的工作进行描述，并对特定时间内的工作任务进行补充。

所有访谈结束后，访谈者要复查所有笔录，列出一个任务清单，任务清单中要包含30~100个任务，并按照职责分成5~12类。同样，这个分类过程可以借助表格或计算机来完成。小组会议及访谈的成果就是这张按职责分类的任务清单。

3）任务评价

在这一步骤中，5~7个工作分析专家组成工作小组（这些专家基本上与上一次会议中的专家相同）进行人物评价。会议地点同样应选择远离工作场所且方便会面的地方。若条件允许，也可以召开网络会议。

会议开始时，主持人要阐明会议目标，并分发任务清单，由每位工作分析专家独立阅读，以确定任务是否需要合并或分解。对于任务清单中的每一项任务都要依次进行讨论。讨论完现有任务后，再讨论有无必要添加新的任务。最后，要回顾整张任务清单，确定分类职责是否合适。

任务清单确定后，专家组要对所有任务进行排序。排序工作既可以借助电子表格，也可以使用纸张，在纸张上写明每项任务的编号。整合性工作分析法从"任务难关"和"关键度"两个维度对任务进行评价，其定义和等级如下。

① 任务难度：与完成其他任务相比，完成某项任务的难度。其等级如下。

1=最简单的任务之一；

2=比大多数任务简单；

3=任务难度适中；

4=比大多数任务难；

5=最难的任务之一。

② 关键或不良工作产出带来的影响：错误的工作行为可能导致的负面影响的严重程度。其等级如下。

1=几乎没有影响；

2=有一定的负面影响；

3=后果比较严重；

4=后果严重；

5=后果很严重。

对任务的评价要着眼于整个工作，而不是某个人或某个职位。与会成员要从以上两个维度对任务进行评价。

4）任务重要性分析

主持人接下来要评估每一项任务的重要性。任务的重要性是任务难度和关键程度的简单相加，任务重要性系数的计算公式为

$$任务重要性系数=任务难度系数+任务关键度系数$$

与会成员要依次评价每一项任务的重要性，某项任务重要性的平均值要根据所有与会成员的评价得出。任务重要性系数的可能范围是 2~10。此时任务清单同样要按照职责进行分类。此时的任务清单是此阶段分析工作的最终成果。为了保证任务清单的完整性，任务清单中还应包含有关分析者的任职资格信息，如其种族、性别、教育程度、工作经验等。

2. 人员特征分析

1）员工的 KSAOs 要素

员工的 KSAOs 要素是指一个人为了完成某项特定的任务所必须具备的知识、技能、能力和其他性格特点。知识是指完成某项任务所需要对具体信息、专业知识和岗位知识的掌握程度。技能是指完成任务所需要对机器、工具、设备的熟练程度，包括实际的工作技巧和经验。能力是指在工具、设备和机器不是完成工作的主体时，完成工作对员工身体和心理素质的要求，如空间感、反应速度、耐久力、逻辑思维能力、学习能力、观

察能力等。其他性格特点是指出色地完成某一工作所需要的其他个性特征，如兴趣、价值观、气质和个性特点等，这些特征表明员工适合做什么。表4-9所示为员工的KSAOs要素示例。

表4-9 员工的KSAOs要素示例

人员评测专家	• 掌握有关试卷结构的相关原则的知识 • 熟练使用各种素质测评工具 • 通过沟通化解应试者的困惑和愤怒的能力
绩效主管	• 掌握人力资源管理、劳动经济学、劳动心理学的相关知识 • 熟悉国家人力资源的法律法规 • 熟悉各种绩效评价方法，熟练使用绩效考核工具 • 人际沟通能力、协调能力、团队合作意识
会计部经理	• 掌握会计、财务、审计的相关知识 • 精通国家财税法律规范，财务核算、分析、预测和管理等财务制度 • 熟练运用财务软件 • 良好的口头和书面表达能力

2）KSAOs小组会议

KSAOs小组会议的与会成员应包括主持人、5～7个在职工作人员和两个该岗位的直属管理者。除主持人外，其他与会成员都必须对该工作极富经验，且具有良好的口头与书面表达能力。会议工具应至少包括计算机。

会议流程如下：一是解释会议目的，会议开场；二是解释任务陈述如何定义，给出任务陈述的标准；三是以个人为单位，不进行任何讨论，请每个与会成员列出任务陈述清单（每个人至少列出50个任务）；四是收集、复印每个与会成员的任务清单，并发放给所有与会成员，请每个与会成员检视所有清单，不进行讨论，只能进行少数的提问，删除重复的，添加遗漏的；五是收集所有清单，分析、编辑所有清单，选出30～100个任务陈述。

所有的人员特征都要由专家组召开KSAOs小组会议来拟定并进行评价。KSAOs会议的与会成员与任务讨论会的成员可以是同一组人，也可以是有相同资历的另一组人。在这个会议中，培训成员和直线管理者的数量要多一些，因为他们比任职者更了解成功完成工作需要具备怎样的特征。KSAOs小组会议需要一整天的时间，分为两个阶段：第一阶段讨论得出KSAOs要素；第二阶段从多个维度对KSAOs要素进行评价。

① 第一阶段会议。

主持人要向大家阐明会议的目的，并将任务讨论会的工作成果——任务清单分发给所有与会成员，每个与会成员都要详细阅读任务清单。与会成员阅读完后，主持人要向所有与会成员确认清单中的任务是否完整和准确、分类是否合理、任务重要性系数与他们的预期是否有出入。如有不妥，则进行讨论并修订，然后主持人分发给每位与会成员一份指导性文件，内容包括 KSAOs 要素的定义及示例。主持人要确定每个与会成员都掌握了要素的定义，并且能够独立对人员特征进行分类。此外，值得注意的是，对于某些特征要根据具体情况决定其分类，如"弹性"可以归入"其他"要素，但"弹性"又可以被改写成"改变个人行为以应对不可预见的问题的能力"，那么"弹性"又可以归入"能力"要素。

接下来，与会成员要从整个工作着眼，明确完成某项工作所需的基本的身体要求。例如，与会成员不仅要考虑完成工作所需的视觉、听觉、嗅觉、触觉（如果可以，味觉也应该纳入考虑范围），还要考虑工作对力量的要求，如托举、搬运等需要的力量，以及工作内容对工作的要求，如工作是否需要攀登、步行等。这里需要注意的是，考虑员工要素时不要想当然，不必要的条件就不要考虑，尤其是对感官和运动能力的要求。例如，在对彩照精加工这一工作进行工作分析时，我们会想当然地认为对任职者的视觉要求是必需的。然而，研究表明，色觉障碍者也可以出色地完成工作。实际上应要求的是员工校准机器的能力。只要在精加工之前和过程中能校准机器，色彩就是正确的，对任职者的视觉并没有要求。

考虑完工作对感官和身体的要求，下面要依次考虑每个职责，并确定完成该职责下的任务所需要的全部 KSAOs 要素。若任务的总量不多，可以依次考虑完成每个任务所需要的 KSAOs 要素。KSAOs 小组会议的目标是要明确 30~100 个 KSAOs 要素。主持人要把讨论所得的所有要素按照任务和职责分类列明。所有与会成员都要共同参与这个过程，这是非常重要的。例如，主持人可以把每一个 KSAOs 要素都列在白板上，这样可以帮助大家回忆起每个要素。整个会议过程的关键在于每个与会成员都能够兼顾所有的 KSAOs 要素。讨论完所有任务后，如果没有新任务出现，这个阶段的会议就可以结束了。会议结束后，主持人要复印会议得出的 KSAOs 要素清单，在下阶段会议开始时分发给所有与会成员。

② 第二阶段会议。

会议开始时主持人为每位与会成员分发 KSAOs 要素清单，清单上要包括所有评价维度的名称及定义。每位与会成员都要审核清单的措辞并讨论所有需要修改的地方。修正确定后，主持人向与会成员解释说明各评价维度。

评价维度如下。

- 必要性——对新员工来说 KSAOs 要素是否是非常必要的（是或不是）。
- 实际性——在劳动力市场上，KSAOs 要素是否可获得（是或不是）。
- 关键度——如果在甄选中忽视 KSAOs 要素，后果的严重程度怎样（与其他 KSAOs 要素相比）。

1=非常小或没有影响；

2=有一定影响；
3=有很大影响；
4=有非常大的影响；
5=有极大的影响。
- 区分度——不同水平的 KSAOs 要素能在多大程度上区分优秀员工和普通员工（与其他 KSAOs 要素相比）。
1=非常小或不能区分；
2=有一定程度的区分度；
3=能在很大程度上区分；
4=能明显地区分；
5=有极其明显的区分度。

主持人要从 KSAOs 要素清单中挑出两个要素来演示整个过程。首先，对每个 KSAOs 要素在所有维度下的等级进行讨论并达成共识。然后，按照以上 4 个维度评价每个 KSAOs 要素。如有可能，在一个时间段只评价一个维度。在这一阶段的会议中，每位与会成员都要独立评价每一要素，对存在争议的问题要共同讨论。讨论结束后，形成如表 4-10 所示的 KSAOs 评价表。同样，KSAOs 评价表中应附有所有与会成员的教育经历和经验信息。

表 4-10　KSAOs 评价表

KSAOs	必 要 性	实 际 性	关 键 度	区 分 度
1.（要素名）	是 否	是 否	1 2 3 4 5	1 2 3 4 5
2.	是 否	是 否	1 2 3 4 5	1 2 3 4 5
3.	是 否	是 否	1 2 3 4 5	1 2 3 4 5
4.	是 否	是 否	1 2 3 4 5	1 2 3 4 5

3）KSAOs 要素分析

KSAOs 要素的分析并不复杂，就是要将上一部分各与会成员的分析结果进行整合。对于每一个用"是　否"回答的问题，清点回答"是"或"否"的专家人数。对于"关键度"和"区分度"两个维度，则计算所有专家评价的平均值。KSAOs 小组会议的最终成果是一个完整的要素清单，既包括 KSAOs 要素，又包括各要素的评价等级。得出 KSAOs 要素清单后，与会成员要再次确认清单内容完整并且要素的评价结果大体合理。

3. 分析结果的运用

至此，分析工作已经完成，下面更重要的是对分析结果的运用。整合性工作分析法的成果文件主要运用于人员甄选和培训。下面简单地概括整合性工作分析法在这两个方面的应用。KSAOs 的分析结果为员工甄选和培训提供了关键信息，并说明某个 KSAOs 要素是否将会用于员工甄选和培训，以及怎样运用。

1）员工甄选

每项用于员工甄选的要素都要符合以下 3 个标准。

① 绝大多数与会成员认同此项要素对新员工来说是必要的。

② 绝大多数与会成员认同符合该要素的人在劳动力市场上能够获得。

③ "关键度"维度的平均评分大于或等于 1.5。

只要任何一个标准不符合，该项 KSAOs 要素就不能用于员工甄选。

如果某项要素在"是 否"项上"是"和"否"的比例是 3∶3，实际上，这样的结果就说明不是绝大多数与会成员认同，即不符合"绝大多数与会成员认同"这一标准，因此这一 KSAOs 要素不能用于员工甄选。如果某项 KSAOs 要素符合以上 3 个标准，此要素就可以用于员工甄选。再看该要素在"区分度"维度上的得分，如果大于或等于 1.5，该要素就可用于对员工进行分级，从最不熟练到最熟练；如果该要素在"区分度"维度上的得分低于 1.5，该要素就只能作为判断员工是否合格的标准。

2）员工培训

要决定某项 KSAOs 要素能否用于员工培训，就要看该要素在"必要性"和"区分度"两个维度上的评价结果。如果绝大多数与会成员认为该要素对新员工来说并非必要的，且"区分度"得分高于 1.5，那么该项要素就可以用于培训，其对员工培训的重要性可以由"区分度"的等级来决定。另外值得一提的是，如果计划用于培训的 KSAOs 要素在劳动力市场可以获得，那么只需对未达到理想工作绩效的员工进行该要素的培训。反之，如果该要素不能在劳动力市场获得，那么所有的员工都要接受该要素的培训。

在这里，我们没有讨论另一个用于员工甄选和培训的工作分析结果——任务清单。这是因为人员特征在员工甄选和培训中是最重要的，任务则相对次要。当然这并不是说任务清单没有用处。在员工甄选方面，任务清单对工作样板设计非常重要；在员工培训方面，与用于培训的 KSAOs 要素相关的任务条目可作为培训的基本内容，或者直接根据这些任务的重要性来设计培训内容。

4.2.4　多元工作设计问卷

一般情况下，工作分析是为达到人岗匹配而对职位进行的信息收集及任职资格描述。我们所强调的是了解工作是怎样做的、是以一种什么样的方式做的，以及为了做这些工作需要达到怎样的技能要求，但有时候工作单位还不存在，需要从头开始设计；有时候，某个已有工作单位的工作的负担增加，或者说工作的负担没有变化但是工作人员减少，在这些情况下，管理者都会决定改变工作方式，从而使该工作能够被更加有效且效率更高地完成，而这就要求对现有的工作进行设计。

坎皮恩和塞耶通过对工作设计相关文献的回顾，开发出一套多元工作设计问卷（Multimethod Job Design Questionnaire，MJDQ）。该问卷包含 4 个类型的工作特征：激励、机械、生物和知觉运动。每一类工作特征都会有不同的工作产出，都有自己的成本收益，没有哪一个方面是最好的，大多数情况下，我们需要平衡这些特征。

1. 多元工作设计问卷的 4 个类型

多元工作设计问卷的 4 个类型分别为激励型、机械型、生物型、知觉运动型。每个类型都要考虑不同的要素。下面依次介绍各种类型的具体内容和优缺点。

1）激励型工作特征

① 激励型工作特征的内容。

激励型工作特征的理论基础是组织心理学。激励要素的基本含义是人们想要做有意义的工作。当人们觉得他们的工作很重要，工作可以给他们发展空间和锻炼机会时，他们就会觉得工作是有意义的。因此，工作应该包括多元化的技能，要让任职者有责任感，要让他们对工作结果负责。激励型工作特征的描述如下。

- 自主性：在工作计划、顺序、方法、流程、质量控制或者其他决定中，员工是否自由、独立，或者有酌情决定权。
- 内部工作反馈：工作活动本身是否能够提供有关工作绩效的有效性（用质量和数量说明）的直接而清晰的信息。
- 外部工作反馈：组织中的其他人（如管理者和同事）能否提供有关工作绩效的有效性（用质量和数量来衡量）方面的信息。
- 社会互动：这项工作是否提供了积极的社会互动（如团队工作或者同事协助）。
- 任务/目标清晰度：工作的责任、要求、目标是否清晰明确。
- 任务多样性：工作的责任、任务和活动是否具有多样性。
- 任务一致性：工作是否要求完成一项具有整体性和具有可辨识性的工作；任职者是否有机会从头到尾完成整个工作。
- 能力/技术多样性：工作是否需要不同的知识、技能和能力。
- 任务重要性：与组织内的其他工作相比该项工作是否重要且有意义。
- 成长/学习：工作是否提供了学习，以及在能力和熟练程度方面成长的机会。
- 晋升：有无晋升的机会。
- 成就：工作能否给员工完成任务的成就感。
- 参与：工作能否给员工参与工作决策的机会。
- 沟通：工作能否提供相关的沟通渠道和信息获得渠道。
- 报酬合理性：综合考虑工作要求和相似工作的报酬，该项工作的报酬是否合理。
- 认可：做这项工作能否获得其他人的认可。
- 工作安全性：这项工作的任职者有无很高的安全保障。

② 激励型工作特征的优缺点。

激励型工作特征的优点是可以获得更高的工作满意度，使工作更具激励性，员工的参与度更高、工作缺席率更低、工作绩效更好。激励型工作特征的缺点是，胜任激励性高的工作需要更长的培训时间，激励性高的工作对任职者的心理要求也更高；另外，在一个激励性高的环境中，员工还要承受更大的心理压力，由于心理负担过重，犯错率也会随之升高。

许多管理工作和专业性强的工作都具有明显的激励特征，这些工作报酬丰厚、激励性强、工作满意度高。因为需要很高的专业技能，所以许多工艺性和技术性的工作激励特征也非常明显。另外，要胜任这些工作还需要大量的培训和经验。激励特征不明显的工作，如低水平的工厂工作、体力劳动，其培训时间都很短，任职者很容易胜任。

从时间角度来看，管理者可以通过提高工作的激励性来提高工作满意度，从而提高工作绩效。与此同时，管理者也必须为任职者承受的心理压力支付成本。

2）机械型工作特征

① 机械型工作特征的内容。

工作的机械型起源于科学管理思想，包括时间和动作研究，以及工作简单化、专门化，其理论基础是古典工业经济学。引入机械型工作特征的主要目的是找到最有效的工作方法并普及该方法，从而满足对工作效率的要求。机械型工作特征的描述如下。

- 工作专门化：从工作目的或者工作活动角度来说，工作是否高度专门化。
- 工具和程序的特定性：在工作目的方面，工作用到的工具、流程、原材料等是否是特定的。
- 任务简单化：任务是否比较简单、不太复杂。
- 单一动作：这项工作是否需要只在一个时间只做一个动作，或者是否需要任职者在一个时间或者一个非常短的时间段里做多个动作。
- 工作简单化：这项工作需要的技能和培训时间是否很少。
- 重复性：这项工作是否需要任职者重复相同的动作。
- 空闲时间：在工作的各种活动之间是否只有很少的空闲时间。
- 自动化：这项工作中是否很多动作都是自动的或者由自动化设备辅助完成的。
- 运动经济性：包括物理处理、物料预定位、工具、眼部和头部的运动、肌肉运动的节奏和方式等。

② 机械型工作特征的优缺点。

机械型工作有很多优点：几乎任何人都能做，培训时间也相当短，因为这些工作的压力和心理负担都很小，犯错率也相当低。

机械型工作也有很多缺点：工作满意度低、员工缺勤率高等；机械高度重复的动作还会带来机器的有形损耗，并且容易造成员工疏忽，给员工的健康带来损害。

工厂的大多数工作是机械型的。流水线上的工作是典型的机械型工作，这些工作都被流程化、标准化了，而许多工作的机械性很低，如销售和谈判的工作，以及只有在紧急情况下才需要的工作（如消防员的工作）。

3）生物型工作特征

① 生物型工作特征的内容。

对生物型工作特征的关注起源于生物力学、工作生物学、职业医学和人体测量学。关注生物型工作特征的目的就是把工作的有形成本和生物风险最小化，确定工作设计没有超过人的生物承受能力。生物型工作特征的描述如下。

- 力量：这项工作需要的肌肉力量是否相当小。
- 托举：这项工作要做的托举工作是否相当少，或者托举的东西是否很轻。
- 耐力：这项工作需要的肌肉耐力是否相当小。
- 座位设置：工作中安排的座位是否充足（包括充足的座椅数、舒适的座椅、良好的坐姿等）。
- 体形差异：从间隙距离、伸手距离、眼的高度及腿脚的放置空间等方面来看，工作场所能否容纳各种不同体形的人。
- 手腕运动：工作运输中人的手腕除伸直外是否还有过多的运动。
- 噪声：工作场所是否有过多的噪声。
- 气候：从湿度和温度的角度来看，工作场所中的气候是否舒适，工作场所中是否有过量的粉尘和烟雾。
- 工作间隔：根据工作要求，任职者是否有充分的工作时间间隔。
- 轮班工作：工作是否要求任职者从事轮班工作或者过多地加班工作。

② 生物型工作特征的优缺点。

显然，生物型工作对体力的要求很低，对员工的健康损害较小，正因为如此，生物型工作特征使得工作满意度提高、员工缺勤率降低。因为工作的生物型特征似乎与工作设计的其他方面都没有关系，所以生物型工作特征似乎没有缺点，但是为了达到生物要素的要求，企业需要花费很高的成本来对设备和工作环境进行改进。

4）知觉运动型工作特征

① 知觉运动型工作特征的内容。

知觉运动型工作主要考虑人的因素，其理论基础是工效学和实验心理学。与生理型工作特征相比，满足知觉运动型要求的工作要确保工作没有超出人的心理承受能力。这两种工作特征具有相似性，它们都把工作内容扩展到设备和工作环境。

知觉运动型工作设计的基本含义是要根据员工感知和处理信息的方法来设计工作和工作辅助方式。例如，在一个可视范围内，人们能够很好地感知色彩，但是，在一个周边是黑、白色彩主导的地方，人们可能对色彩就没有这么敏感了。因此，如果一个工作地点要用颜色来传递信息，就应该把这些色彩信息放在员工的可视范围内。知觉运动型工作特征的描述如下。

- 照明：工作地的照明是否充足并且不刺眼。
- 显示：工作中所使用的显示器、量器、仪表及计算机化的设备是否容易阅读和理解。
- 程序：工作中使用的计算机设备的程序是否简单、易学、易用。
- 其他设备：工作中所使用的其他设备是否易学、易用。
- 打印式工作材料：工作中要用到的打印材料是否易读、易懂。
- 工作场所布局：工作场所的布置能否使任职者在完成工作的过程中很好地看见和听见。
- 信息投入要求：任职者要完成工作所要关注的信息量是否相当小。
- 信息产出要求：从活动和沟通两方面来说，任职者必须从工作中获得的信息产出是否非常少。
- 信息加工要求：从思考问题和解决问题的角度来说，在工作中必须加工的信息数量是否非常少。
- 记忆力要求：任职者要完成工作必须记住的信息量是否相当小。
- 压力：任职者完成工作的压力是否相对较小。
- 厌烦：任职者对工作产生厌烦的可能性是否非常小。
- 乏味：工作带来无聊的可能性是否很小。

② 知觉运动型工作特征的优缺点。

考虑到工作的知觉性可以降低员工犯错的可能性，同时，由于工作对员工的心理承受能力的要求降低，员工的精神负担和压力过大的可能性也随之降低，培训时间减少，员工利用率从而得到提高。

但是，知觉运动型工作会降低员工的工作满意度，以及工作对员工的激励性。

一些知觉运动型工作特征几乎与所有工作有关，如信息处理、记忆力等。然而，无论什么工作，管理者都要了解任职者所必须关注、思考、记忆、沟通的信息量，同时也要清楚，潜力最低的任职者能否达到这些要求。

2. 多元工作设计问卷的应用

多元工作设计问卷方法的使用者是专业的工作分析员。在完成多元工作设计问卷前，工作分析员要观察工作、访谈任职者。随后，由任职者对问卷进行修订以保证其完整性。多元工作设计问卷采用任职者自我陈述的形式，这种形式的优点在于其数据收集的简易性。同时，采用这种形式还可以降低成本。当然，这种形式也存在一些弊端，因为在评价目标工作时，任职者并没有工作分析员的视野开阔，换句话说，工作分析员和任职者在评价目标工作时所采用的评价标准不同。

多元工作设计问卷包括的4个方面都有相应的工作设计问卷，可以对现有的工作进行评价或者帮助管理者设计新的工作。问卷可以通过4个方面的内容来快速评价工作设计的质量。每一个方面得到的肯定回答越多，该项工作在这个方面设计得就越好，这类工作特征所能带来的产出就越有可能最大化。

例如，如果某项工作对员工的激励性不够，员工工作满意度低，员工缺勤率高，就要考虑这项工作的激励型工作特征。如果为一个工作配备人手有困难，培训所需时间过长，或者工作中常常出现错误，又或者任职者承担的压力很大，就要考虑这个工作的机械型或者知觉运动型工作特征。类似地，如果工作的体力消耗太大，就要关注工作在生物型特征方面的内容，寻找解决方法。

多元工作设计问卷至少有以下 3 个用途。

① 可以用于组织诊断。正如前面所说，通常人们会认为有问题的是人，很少有人会认为工作是问题的来源。将多元工作设计问卷和其他环境研究的方法结合起来，可以判断工作设计是否存在重大问题。

② 可以用于工作设计。多元工作设计问卷方法可以帮助工作设计人员识别需要重新设计的工作，明确哪些地方需要重新设计，并在改进之后对工作进行评价。

③ 可以用来开发新的技能或者工作组织。在工作设计阶段，多元工作设计问卷中的问题为工作设计提出了建议，这些问题对组织发展有非常大的推动力。因为从一开始，这些问题就可以把工作设计引导到正确的道路上，可以帮助管理者规避可能出现的问题。

至此，我们始终没有明确任职者在整个工作设计中的角色，这是因为以前往往都是先有工作再安排做工作的人，但是，随着时间的推移，一个工作可能不止一个人做。最初的工作设计基于这样一种假设：此项工作必须普通人都可以胜任。然而，任职者对工作设计的结果的影响是显而易见的。例如，他们可能会发现一些额外的工作，会忽视一些工作，或者只关注有趣的工作，以降低物理环境带来的不舒适感。

【本章小结】

团队已经逐渐成为组织活动的重要工作方式。工作分析系统是未来导向和战略导向的，分析的主要思想是将环境变化因素、企业战略及特定工作的未来发展趋势纳入传统的工作分析中，可以对团队进行分析评估，利用整合性工作分析法，辅以多元工作设计问卷开展工作。工作分析系统主要有 3 个导向：岗位导向，即以岗位为核心，从工作任务调查入手进行工作分析；人员导向，即以员工为核心，从人员工作行为调查入手进行工作分析；流程导向，即从产品或服务的生产流程调查入手进行工作分析。

【思考与练习】

1. 团队的概念是什么？团队分为哪些类型？

2. 团队的构成要素是什么?
3. T-MAP 系统包括哪 4 个模块?这 4 个模块分别具有什么意义?
4. 整合性工作分析方法的定义是什么?
5. 整合性工作分析方法是按照怎样的流程实施的?
6. 多元工作设计问卷包括哪几个类型?每个类型都要考虑哪些要素?
7. 试运用 T-MAP 系统对当地一家企业进行工作分析,并形成分析报告。

第 5 章
工作分析成果

本章要点

工作说明书是人力资源管理的基础性文件,是明确岗位目的、岗位职责、工作关系、基本任职要求等的说明性文件。在工作分析的基础上,形成岗位规范和工作说明书。工作说明书的编制,是对工作设计和工作分析的结果加以整合,以形成具有组织或企业法规效果的正式文本的过程。

关键术语

工作说明书;工作描述;任职资格。

学习目标

- ◆ 了解:工作说明书的整体编写流程。
- ◆ 熟悉:工作说明书的编写要求。
- ◆ 掌握:工作说明书的含义、结构、内容及意义。

> **导入案例**
>
> **工作职责分歧**
>
> 一个机床操作工把大量的机油洒在了机床周围的地面上。车间主任令操作工把洒落的机油清扫干净，操作工拒绝执行，他的理由是他的工作说明书里并没有包括清扫的条文。车间主任顾不上去查工作说明书上的原文，就找来一名服务工来清扫机油。但服务工同样拒绝，他的理由是他的工作说明书里也没有包括这一类工作。车间主任威胁说要把服务工解雇，服务工才勉强同意清扫机油，但是清扫完机油之后服务工立即向公司投诉了。
>
> 有关人员看了投诉后，审阅了两类人员的工作说明书。机床操作工的工作说明书规定，操作工有责任保持机床的清洁，使之处于可操作状态，但并未提及清扫地面的事项。服务工的工作说明书规定，服务工有责任以各种方式协助操作工工作，如领取原材料和工具、随叫随到、即时服务等，但也没有明确写明包括清扫地面的工作。
>
> 每位员工都按照工作说明书来完成工作，却使得洒在机床周围的机油成了无人负责的工作内容。可见，工作说明书的科学制定在日常工作中起着重要的作用。

5.1 工作说明书概述

5.1.1 工作说明书的含义

工作说明书是一种对特定岗位的工作及其任职者的资格以一定格式描述的陈述性文件。它是对企业各类岗位的工作性质、任务、责任、权限、工作内容、工作方法、工作环境和工作条件，以及本岗位人员的资格等所做的统一要求，是工作分析的成果文件之一。它具有明确工作职责与工作权限、工作目标、工作特点、任职资格等作用，并能为岗位评价、招聘、绩效管理、培训与开发、薪酬管理等提供依据。

工作说明书主要作用于人力资源管理的工作分析阶段，工作分析主要是指在收集、分析和研究各种相关工作信息的基础上，识别特定工作的内容或任务（岗位特征），并确定完成它所需的知识和技能（胜任特征）的过程。工作分析通过对信息进行提取、分析和综合整理，形成最终结果，最终结果包括工作说明书和工作分析报告。工作分析报告的内容比较宽泛，包括组织结构、管理方面存在的问题，以及相应的解决方案等。

5.1.2 工作说明书的结构

工作说明书主要由工作描述和任职资格两部分构成。

1. 工作描述

工作描述是对岗位本身的内涵和外延加以规范的描述性文件,它不同于工作规范的地方在于,它是对工作职责、工作活动、关键考核指标、工作条件及工作环境等工作特性方面的信息所进行的书面描述。它应该说明任职者必须做什么、怎么去做和在什么条件下履行职责。一般情况下,它还包括该工作区别于其他工作的信息,提供有关工作是什么、为什么做、怎么做、在哪儿做的清晰描述。工作描述的主要功能是让任职者了解工作概要,建立工作程序与工作标准,阐明工作任务、责任和职权,帮助企业对任职者进行聘用、考核和培训。

2. 任职资格

任职资格界定了工作对任职者的受教育程度、工作经验、培训、知识、技能、能力、心理特征等方面的要求。任职资格关注的是任职者完成任务所需要的特质。当它作为招聘甄选的依据时,也可以被视为任职要求或者雇佣标准。

工作说明书范例如表 5-1 所示。

表 5-1 工作说明书范例

一、工作标志					
岗位编号		岗位名称		所属部门	
岗位类型		上级岗位		编写日期	
二、岗位概要					
履行的职责及考核要点					
履行的职责		占用的时间		绩效标准	
三、工作关系					
工作关系	直接下属人数		间接下属人数		
	内部主要关系				
	外部主要关系				
岗位关系	可转换的岗位	部门:		岗位:	
		部门:		岗位:	
	可晋升的岗位	部门:		岗位:	
		部门:		岗位:	
	岗位关系图				
四、任职资格					
一般条件	年龄要求		性别要求		
	最佳学历		最低学历		
	专业要求				
	资格证书				

续表

必要的知识和工作经验	必要的知识	
	外语要求	
	计算机要求	
	工作经验	
必要的业务培训		
必要的能力和工作态度	能力	
	态度	
其他事项		

5.1.3 工作说明书的主要内容

工作说明书的主要内容包括工作标志、工作概要、工作活动与工作程序、工作权限、工作绩效标准、工作环境、聘用条件及任职资格8个方面。

① 工作标志：包括工作的名称、工作的编号、工作所属的部门、工作地位、工作说明书的编写日期等。

② 工作概要：列出主要工作特征及主要工作范围。

③ 工作活动与工作程序：包括所要完成的工作任务、工作职责、所使用的材料及机器设备、工作流程、与其他人的联系、所接受的监督及所实施的监督等。

④ 工作权限：包括工作人员决策的权限、对其他人员实施监督的权限，以及经费预算的权限等。

⑤ 工作绩效标准：完成工作任务绩效所要达到的标准。

⑥ 工作环境：经常性工作场所的自然环境、安全环境和社会环境。工作环境的分析维度如表5-2所示。

表5-2 工作环境的分析维度

工作环境	自然环境	环境中的温度、湿度、照明度、噪声、震动、异味、粉尘、辐射等
		任职者与上述环境因素接触的时间
	安全环境	工作的危险性
		可能发生的事故、事故的发生率及发生的原因
		对身体的哪些部分易造成危害及危害程度
		易患的职业病、患病率及职业病的危害程度等
	社会环境	工作地点的生活方便程度
		环境变化程度
		环境孤独程度
		与他人交往的程度等

⑦ 聘用条件：包括工作时数、工资结构、支付工资的方法、福利待遇、该工作在组织中的正式位置、晋升机会、工作的季节性、进修的机会等。

⑧ 任职资格：包括年龄、性别、学历、工作经验、生理要求（健康状况、体力、感

觉器官的灵敏度等）、心理要求（性格、气质、观察能力、学习能力、语言表达能力、兴趣爱好等）。

5.1.4 工作说明书的编写要求

1. 清晰

在工作说明书中，对工作的描述必须清晰透彻，让任职者读过之后，可以准确地明白其工作内容、工作程序与工作要求等，无须再询问他人或查看他人的说明资料。应避免使用原则性的评价，同时对专业且难懂的词汇必须解释清楚，以免使相关人员在理解上产生误差。这样做的目的是让使用工作说明书的人能够清楚地理解这些职责。

2. 全面

工作说明书在说明工作的种类和复杂程度、任职者须具备的技能、任职者对工作各方面应负责任的程度这些问题时，应尽量选用一些具体的动词，尽量使用能够准确地表达意思的语言。例如，运用"安装""加工""设计"等词汇，避免使用笼统含糊的语言。又如，在一个岗位的职责描述上，使用"处理文件"这样的文句，显然有含混不清的成分，因为"处理"很容易让人在理解上产生分歧，所以在具体编写工作说明书时，需要仔细区分到底是对文件进行分类，还是对文件进行分发。

3. 简单

工作说明书必须简短扼要，在描述一个岗位的职责时，应该选取主要的职责进行描述，一般以不超过 10 页为宜，以免由于对职责的描述过于复杂、庞大，不便于记忆。对兼顾的职责可做出必要的补充和说明。

4. 文件格式统一

工作说明书可参照工作描述样本，但其形式和用语应符合本组织的习惯。

5. 共同参与

为了保证分析工作的严肃性和科学性，工作说明书的编写应由担任该职务的工作人员、上级主管、人力资源专家共同分析协商。

5.1.5 工作说明书的编写注意事项

1. 以符合逻辑的顺序来编写

在工作说明书的编写过程中，应该以符合逻辑的顺序来编写。一般来说，一个岗位通常有多项工作职责，在工作说明书中罗列这些工作职责并不是杂乱无章的、随机的，一定的逻辑顺序有助于理解和使用工作说明书。

2. 尽量使用通俗易懂的语言

在工作说明书的编写过程中，应该尽量避免过于强调技术性的文字或概念，工说明书的描述不仅要让上级管理者能够理解工作相关内容，更重要的是让任职者能实实在在地领会自己的工作职责。因此，当遇到技术性问题时，应尽量将其转化成较为通俗的解释。

3．标明各项职责的重要性

在工作说明书的编写过程中，应该标明各项职责的重要性。许多具体工作出现的频率和各项职责所占的时间比例有所不同。因此，可考虑按工作的重要程度自上而下地进行排列，或者结合各项职责出现的频率高低，在对应的备注栏中说明各项职责在总的职责中所占的比例。在编写工作说明书的过程中，不仅要写明岗位的主要工作内容，还要明确其职责大小与次序的划分。在实际编写时，可按照各项职责的重要程度、难易程度和任职者花费的时间等内容进行具体分析，关键是要客观、如实和具有可操作性（即说明做什么、如何做、怎么做好）。一般来说，由于基层或生产线上的员工的工作更为具体，其工作说明书中的描述也应更为详细。实际上，许多企业是使用作业指导书和岗位操作规程来替代工作说明书的。

5.1.6 工作说明书编写中可能遇到的问题

1．审批人签字的程序效率低

工作说明书在编写过程中需要审批人进行层层签字。在工作说明书审批人签字的过程中有严格的程序。一般先是岗位主管部门审批签字，然后是人力资源经理审批签字，最后是企业更高层领导审批签字。在实际工作中，工作说明书审批人签字的程序效率低，导致大批工作需要重新做，降低了工作的效率。

2．签字人与起草人的姓名不同，或者出现错别字

工作说明书在一定程度上是具有法律效应的，要严格按照规定进行书写。工作说明书中的签字人与起草人的姓名不同，或者出现错别字，都会给未来的工作带来不必要的纠纷。

3．工作说明书的内容不够完善和标准

在对工作说明书进行审核时，有的部门的工作说明书存在漏项、少项的问题，造成工作说明书内容上的缺失。这是在编制工作说明书时较为严重的疏忽。在工作说明书编写的过程中应该尽量避免这样的错误。

4．个别部门工作说明书的岗位职责和任职资格重叠

在进行工作说明书审核时，我们发现许多部门不同岗位的岗位职责出现雷同，甚至任职资格也完全相同。这是严重违反工作说明书编写要求的，从这点上可以看出编写工作说明书的人员的工作态度存在一定的问题，还可以看出有些部门并没有认识到工作说明书的重要性。在编写工作说明书的过程中，必须纠正此类问题并避免以后类似问题的发生。

5. 各级管理者和员工的投入不够

各级管理者和员工的投入不够会导致岗位描述效果打折扣甚至完全没有效果；使得很多企业由于缺乏标准的工作说明书而付出很大的代价；使得人力资源工作缺乏针对性而难以开展。

6. 岗位描述中的很多技术问题难以解决

岗位描述中的技术问题包括以下几个方面。

① 概括每一个岗位的职责要点或描述岗位设置的目的，使得岗位相关人员能够快速了解岗位的概况。

② 岗位职责要描述到什么程度，是每一个小的任务都写进工作说明书，还是仅列出岗位职责的条目。

③ 各个岗位的权限如何进行界定。

④ 如何确保权责匹配，同时又能与企业文化、不同任职者的能力素质等相匹配。

⑤ 任职要求如何界定。

⑥ 岗位描述要为今后的招聘、培训等工作提供基础信息，如果目前任职者的能力不是很理想，怎样描述才能够平衡现有任职者的能力、理想的任职能力和可以获取的人才的能力三方面的关系。

⑦ 是否要把每一个岗位的工作条件都描述出来。

5.1.7　工作说明书的意义

工作说明书的意义主要有以下几个方面。

① 便于员工理解组织机构。

② 便于员工厘清工作关系。

③ 使员工各司其职、明确分工。

④ 使责任到岗，避免员工扯皮。

⑤ 激励员工提高工作责任心。

⑥ 是进行岗位评估进而评定各岗位薪酬、级别，进行薪酬调查的基本依据。

⑦ 便于各级主管有效地管理下属的工作。

⑧ 便于各级主管和岗位之间的监督和协助。

⑨ 为招聘选才提供客观依据。

⑩ 便于制订个人工作计划和部门工作计划。

5.1.8　工作说明书的发展趋势

随着外部竞争日趋激烈，很多企业都在改变传统的工作方式，进行以客户为导向的工作流程的改造和重组。在这一浪潮的冲击下，传统的以"命令—执行"为特征的工作方式正转变为以"服务"为特征的工作方式。在这种工作方式中，企业内部的每一个岗位都以服务者和被服务者的双重身份出现，既需要接受上游岗位的工作输入，又要对下游岗位进行工作输入，工作的链条关系越来越重要。为了反映这种关系，结合工作流程编写"履行的职责"已成为一个趋势。

结合工作流程编写"履行的职责"就是在搞清楚工作链相互关系的基础上，在描述职责的任务时加入对象状语，也就是说要加入工作输入和工作输出。结合工作流程的描述，可以将"履行的职责"提炼成下面的格式："输入的对象和内容+动词+宾语+输出的对象和内容+目的状语"。例如，招聘主管拟定招聘计划的职责时，结合工作流程可以这样描述："接受各部门的招聘需求信息，拟订招聘计划，提交给经理审批，以保证招聘工作的顺利进行。"

另外，企业也越来越重视任职资格，尤其是其中的能力和素质要求，以"素质模型"为主要标志的新的招聘标准正在逐步形成。这是因为在新的经济条件下，人的因素已经变得越来越重要，拥有优秀的员工已成为企业成功的关键，为了招聘到合格的人员，必须对任职资格做出详细的规定，因此任职资格变得越来越重要。

5.1.9 工作说明书范例

1. 高层管理人员工作说明书范例

1）董事长工作说明书范例

董事长工作说明书范例如表 5-3 所示。

表 5-3 董事长工作说明书范例

一、基本资料						
岗位名称	董事长	岗位编号	A001	填写日期	2012.04	
所属部门	董事会	工资级别		工资形式	年薪制	
岗位类别	高层管理	直属上级	股东大会	岗位等级		
批准人			审核人			
二、岗位概要						
代表董事会对企业的重大事项进行决策；审批企业的总体战略与年度经营计划；建立和健全企业的营运、管理体系；监督企业的经营管理工作，确保经营生产管理目标和发展目标的实施						
三、工作目标						
1	一期工程实施的总目标： ① 实施"双五"工程计划。即安装调试确保五一投产，全年生产 A 级箱板纸 5 万吨。 ② 经济技术指标。工程总投资控制在 2.8 亿元人民币以内。实现年产量 5 万吨，销售收入 1.75 亿元。其中，每吨纸需消耗木浆 200kg、废纸 1000kg、外购电 430 度、煤 550kg、外供水 20m³、汽 1500kg、工资 60 元，综合成本为 3000 元。全年利税为 2000 万元，其中税为 500 万元，每吨纸为 300 元。全年利润为 1500 万元，每吨纸为 300 元。员工人均收入全年为 2.0 万元。重大伤亡和重大设备事故率为 0。创建一个清洁文明车间，绿化式园林企业、创新型企业						

续表

三、工作目标	
2	二期工程年内要完成的工作目标： ① 环评、立项的审批；征地、土地的平整；全部工程的设计；原料参数的试验。 ② 10 万亩试验竹林基地的建设；募集股金 1.5 亿元，对外融资 4.5 亿元。 ③ 优化产品方案、工艺方案、建设工程方案；完成土建施工单位、主机设备的招标

四、岗位职责

① 对企业的发展方向、经营方针进行决策。
② 定期或不定期听取中高级管理人员的工作汇报，并保持对他们工作的监察。
③ 对一期工程实施的工作项目进行监督与执行；对二期工程建设的工作内容进行规划。
④ 对部门的合并、分解等结构方面的调整做最终决定。
⑤ 负责领导财务、行政人力资源工作；对质量技术、生产、供应、营销、储运、热电、维修等工作进行监督。
⑥ 负责企业的重大外交事务。
⑦ 监督各部门的运作关系。
⑧ 处理企业内外的重大突发性事件。
⑨ 调配全企业的资金、资源运作。
⑩ 定期或不定期召开董事会办公会议。
⑪ 处理一些特殊订单（低价单、大客户、特殊行业用户、特殊行业的贸易）。
⑫ 领导和监督大客户部运作，处理其他重大事务

五、组织关系

① 向上：股东大会。
② 平行关系：董事会成员。
③ 向下：对监事长、总经理、副总经理及其总监进行管理

六、任职资格

1. 学历及专业背景要求（含资格证书要求）
① 本科以上学历，行政、经济、人力资源、企业管理等相关管理类专业。
② 具备现代企业管理理念和管理能力。
③ 具有造纸厂管理等相关专业技能资格证或中级以上职称。
2. 经验要求
① 具有 5 年以上大型企业同等岗位管理工作经验，3 年以上同行企业工作经验。
② 具有企业管理体系建设和组织目标实施、团队建设、行政管理、企业战略策划的成功操作经验。
③ 良好的财务会计知识、法律知识。
3. 技能要求
① 基本技能：具有很强的领导能力、沟通能力、协调能力、组织能力、指挥能力。
② 业务技能：熟悉造纸生产技术、流程、质量标准等。
③ 管理技能：具有优秀的分析、判断能力、组织协调和处理问题的能力，以及很强的沟通能力和谈判技巧。
④ 外语技能：具有良好的英语听、说、读、写能力。
⑤ 计算机技能：熟练掌握 Word、Excel 办公软件的操作方法，以及办公室自动化管理的方法。
⑥ 其他技能。
4. 其他要求
① 年龄区间：35～45 岁。
② 性别要求：不限。
③ 态度：敬业爱岗、团结协作、率先垂范、以人为本、知人善任、坚持原则、实事求是、探索创新

续表

七、工作环境
1. 工作场所及环境 　办公室内工作，环境舒适。
2. 工作时间 　……
3. 危险性 　无危险，无职业病危害
八、工资结构
……
九、绩效考核
绩效考核详见《绩效考核管理制度》
十、岗位发展规划
可相互轮换的岗位：……
可晋升的岗位：……

2）总经理工作说明书范例

总经理工作说明书范例如表5-4所示。

表5-4　总经理工作说明书范例

单位名称			
岗位名称	总经理	直接上级	
直接下级	人力资源部门经理、财务部门经理、质量部门经理、生产副总、商务副总等	下级人数	
工作职责	组织分析企业的战略环境，在企业战略的指导下制订经营计划并组织计划的实施，对经营活动的过程和结果负责		
工作内容	1. 战略规划及制度管理 　① 遵守国家法律法规的有关规定，主持企业的经营管理工作。 　② 组织分析、研究企业所处的外部环境和内部条件，监督、指导行政人事部制定企业的战略规划和战略目标。 　③ 审批、完善企业的各项管理制度，保证企业的管理体系科学、有效、高速地运行。 2. 组织结构及业务流程 　① 组织拟订企业内部管理机构设置方案，并组织实施。 　② 组织拟定企业各项业务开展所应遵循的标准业务流程，并监督执行。 　③ 对各职能部门的设立、合并、撤销、变更提出建议。 3. 年度经营计划 　① 组织拟订企业的年度经营计划，并组织实施。 　② 分解和下达企业的年度经营计划。 　③ 督导各项经营目标的完成进展，并随时给予下属方向性、指导性意见。 4. 财务管理 　① 组织进行企业重大投资项目的可行性论证，以及组织制订企业的重大投资项目计划和融资方案，并督导计划及方案的实施。 　② 监控企业资金的筹集、调配及使用，督导对企业新开发项目进行投资风险、资金保障等方面的分		

续表

工作内容	析，掌握企业的经济运行状况、财务状况。 ③ 审批各项财务支出。 5. 人力资源管理 ① 拟订企业高层人员配置方案，批准下属部门中层管理人员聘任方案。 ② 审批企业年度人员编制计划及薪酬方案。 ③ 定期听取直接下级的工作述职，并对其工作业绩进行考核评定。 6. 质量管理 ① 负责组织建立、健全企业的质量管理体系，并领导企业产品的全面质量管理工作。 ② 负责组织制订企业的年度质量计划，建立、健全质量指标考核体系，并监督检查质量成本统计、分析与控制及质量管理制度的执行情况。 7. 技术管理 ① 负责组织建立、健全企业的技术管理体系，审批新产品开发申请。 ② 组织重大技术改造项目的论证，并就质量难题进行技术攻关。 ③ 审批企业的模具设计、采购及验收方案。 8. 生产及采购管理 审批企业的年度生产、采购计划及采购资金预算，并对计划的实施情况进行监督和考核。 9. 商务管理 ① 负责组织制定企业的营销策略及发展规划，审批企业的年度销售目标及销售计划，并对计划的实施情况进行监督和考核。 ② 监控商务部应收账款的回收工作，审批各项销售费用，控制销售费用开支。 ③ 定期听取商务副总的工作述职，并对其工作业绩进行考核评定。 10. 企业文化与公共关系 ① 培育和发展品牌，依据企业的经营方针、战略决定企业文化及形象宣传的基调与主题，塑造良好的企业形象。 ② 代表企业对外开展商务活动，与政府有关部门和社会团体、机构建立和保持良好的合作关系。 11. 事务管理 ① 代表企业签署各种合同、协议，签发企业的日常行政、业务文件。 ② 主持总经理办公例会，召集下属参加企业的重要专题会议。 ③ 巡视、监督、检查和推动企业各部门的工作。 ④ 在必要的情况下对下级进行授权。 ⑤ 指导、协调企业各职能部门的工作，及时对直接下级的工作争议做出裁决。 12. 其他职责 履行企业章程规定的其他职责
权限	① 企业中层管理人员的聘任及解聘权。 ② 下属部门及负责人业绩的考核权。 ③ 直接下级奖惩的决定权。 ④ 财务规定的资金使用及审批权。 ⑤ 董事会规定的其他权限
责任	① 对企业经营计划的完成负责。 ② 对企业内部管理的有效性负责。 ③ 对企业的品牌塑造负责。 ④ 对企业中层管理人员的人事决策风险负责。 ⑤ 企业章程中规定的其他责任

续表

任职资格	性别	不限	年龄	35岁以上
	学历	本科及以上	专业	企业管理、市场营销、财务管理等
	经验	8年以上企业管理工作经验,在生产制造企业中从事管理工作并担任高层管理者5年以上,具备现代企业管理的先进理念		
	知识	熟悉:生产管理、人力资源管理、财务管理相关的专业知识; 了解:行业动态、国家相关政策		
	技能	具有较强的领导能力、谈判能力、判断能力、协调沟通能力、应变能力、创新开拓能力,熟悉工业企业管理及管理现代化方法等知识		
	职业道德	诚信、廉洁、敬业、严谨、执着坚韧、事业心强、严守企业的秘密		

2. 中层人员工作说明书范例

总经理办公室主任工作说明书范例如表5-5所示。

表5-5 总经理办公室主任工作说明书范例

单位:		岗位名称:总经理办公室		编制日期: 20××/×月/×日	
部门:总经理办公室		任职人:		任职人签字:	
		直接主管:总经理		直接主管签字:	
		直接下属:( )人		间接下属:( )人	
岗位编号:		说明书编号:		批准日期:	
岗位概要 　　协助总经理工作,与各总监、各职能部门及政府有关部门进行沟通,把各部门的工作紧密结合起来,确保企业的正常工作秩序和年度经营目标的实现					
责任范围	汇报责任	直接上报___人		间接上报___人	
	督导责任	直接督导___人		间接督导___人	
	培训责任	培训下属		现场指导下属的文案管理、会务安排等行政工作	
		专业培训		定期举行行政管理、文秘管理等相关培训,提高下属的工作能力和水平	
	成本责任	通信费、接待费		根据企业相关的管理规定审批	
		计算机安全		维护办公计算机安全,保证文件的安全	
		办公用品设备		对办公用品的采购和使用负有责任	
	奖惩责任	对下属成员的工作情况、表现情况负有奖惩责任			
	预算责任	对部门费用使用情况负有预算责任			
	档案管理责任	对部门文件、公文档案负有管理责任			
	参会责任	对总经理安排参加的相关会议负有参与责任			
权利范围	权利项目	主要内容			
	审核权	对总经理办公室通过的决议具有审核权			
	解释权	对本部门相关管理规定和文件管理要求具有解释权			
	财务权	对总经理办公室相关费用的使用具有财务权			
	考核权	对部门成员的业绩具有考核权			

续表

权利范围	联络权	对完成总经理交办的相应事宜具有对内和对外的联络权		
	接待权	对来访的客户、相关社会团体具有接待权		

工作范围	工作依据	负责程度	建议考核标准
1. 对内关系协调 全面协调总经理与各总监之间的工作事务，协调总经理和各职能部门、各下属企业进行联络与沟通；协助其他部门组织企业的重大活动	部门之间沟通企业内部管理的有关规定	全责	企业内领导和员工的满意度
2. 对外关系协调 协调企业与政府有关主管部门的关系，协调企业与行业有关管理机构的关系，协调企业与其他相关各企业的关系，经总经理授权代表企业出席各种外部会议	企业对外关系管理的相关规定	全责	外部单位的满意度
3. 对外接待 妥善安排相关单位的来访接待工作	企业对外接待的相关管理规定	全责	外部单位领导的满意度
4. 会议组织管理 组织安排总经理办公室及其他日常会议，安排会议记录、纪要工作；对企业总部的会议和会议设备进行管理	企业关于会议管理的相关制度和领导要求	全责	会议的开展情况及会务管理结果评价
5. 文书档案管理 组织制定企业的文件制度，根据管理制度制定年度文件编码；对企业的各种文件进行登记、归档管理；安排企业内外各种来往文件的核稿、颁布和下发工作	企业的具体管理要求和质量体系所要求的文件管理规定	全责	文件编码、发放及时，文书档案管理完整无损，企业领导和各部门领导的满意度

工作关系	内部关系	所受监督	受总经理的管理和监督
		所施监督	对总经理办公室成员的工作进行管理和监督
		合作关系	为完成总经理办公室的工作目标与相关部门合作
	外部关系	接待和协调外部来访客户、政府部门代表、行业组织	

任职条件	学历专业	本科以上，企业管理、行政管理专业
	工作经验	专业知识：行政管理、公共关系管理、文案管理、公文管理等
		外语要求：四级以上
		计算机要求：全国计算机等级考试二级以上，熟练操作各种办公软件
		3 年以上大、中型企业办公室或者行政工作经验
	业务了解范围	熟悉企业行政管理和公共关系管理知识，全面了解企业内部工作和业务流程

能力素质要求	能力项目	能力标准
	组织能力	召集、组织和安排企业各种重要会议的能力
	沟通协调能力	沟通和协调相关部门和人员完成总经理交办事宜的能力
	监控能力	监督、管理下属完成部门内部事务的能力
	联络能力	对外接待能力

岗位晋升	可直接晋升的岗位	副总经理
	可相互轮换的岗位	总经理助理
	可晋升至此的岗位	总经理办公室文员、部门经理助理

3. 基层人员工作说明书范例

实验车间技术员工说明书范例如表 5-6 所示。

表 5-6 实验车间技术员工作说明书范例

职务	实验车间技术员	职务编号	15038
部门	技术开发部	职务等级	8
日期	2012 年 5 月 4 日		
工作范围	从事实验工作，包括零部件的设计、加工、装配和改造		

1. 工作职责
   ① 根据图纸或工程师的口头指示，运用各种机械工具或安装设备，加工、改造产品。
   ② 与工程师及车间主任一起改进生产工艺。
   ③ 操作机床，使用焊枪并从事钳工的工作。
   ④ 阅读有关图纸及说明。
   ⑤ 指导本车间的工人操作机器。
2. 仪器、设备及工具
   普通机床、成型机、钻孔机、电锯、冲压机、测量仪等。
3. 任职条件
   高中毕业或者具有同等学力，具备 3~4 年操作各种机械设备的经验，有较高的理解、判断能力，会看图纸，能熟练完成实验操作并且身体健康

资料来源：http://www.docin.com/p-21379936.html。

5.2 工作分析价值评估

5.2.1 工作分析价值评估概述

工作分析价值评估，主要是针对工作分析的质量、效益和效力进行有效的评估，评估要客观、准确、公正。从本质上看，工作分析价值评估是一个价值评判过程，即对开展工作分析和制定工作说明书的正确程度做出客观的判断，如工作范围的界定是否清晰、工作设计是否合理、是否把合适的人配备在合适的岗位上等。所以，工作分析价值评估通常要完成以下环节：选择工作分析价值评估的主体，确定工作分析价值评估的主要内容，明确工作分析价值评估标准的制定原则，制定工作分析价值评估标准，确认工作分析价值评估标准的影响因素及工作分析价值评估的方法。

1. 工作分析价值评估主体

工作分析价值评估主体是指对工作分析质量做出评价的人。在进行工作分析价值评估工作时，评估主体要与评估内容相匹配，如果评估主体的选择不准确，将影响评估的质量。在工作分析价值评估体系中，评估主体大体包括任职者本人、上级、同级和下级等相关人员。工作分析价值评估主体必须坚持客观、公正、全面的评估原则。另外，通

过对工作分析价值评估主体的深入调研，还可以对工作分析在提升企业管理水平中所产生的影响力进行客观分析。

1）任职者与工作分析价值评估

任职者是工作分析价值评估的直接参与者，也是工作说明书最直接的体现主体。工作说明书是任职者工作的导向和行为标准，客观规范的工作说明书可以在工作中体现其良好的激励和约束作用，对企业人力资源管理中的其他方面也能起到很好的促进作用，从而使企业的经济效益得以提高，使企业管理的影响力得以加强。任职者对工作分析价值的评估结果，可以直接反映任职资格要求的合理程度，以及任职者对完成工作职责的意见和意愿。

2）上级、同级和下级与工作分析价值评估

工作分析价值评估主体还包括上级、同级和下级。由于任职者本身就是工作职责的履行，如果单纯考虑任职者对工作分析价值的评估，容易使评估带有主观意愿，难以使评估结果比较客观。任职者的上级通常最熟悉下级岗位的工作情况，而且对评估的内容掌握得比较全面，同时他们又通常是从其所在系统整体的角度通盘思考问题的，因此，在进行工作分析价值评估时，任职者的上级是评估中的重要角色。任职者与同级之间一般存在工作中的协作关系，采用同级评估能够很好地从横向的角度研究岗位设置的合理性，从而判断工作分析价值的高低。此外，由于任职者的下级往往从不同于上级或者本人的视角对任职者的工作情况进行评判，因此，在进行工作分析价值评估中，也不要忽视相关下级的评估意见。综合上述人员对工作分析价值的评估结果，才能更加客观地反映岗位设置的合理状况，以及任职者的工作程度、知识管理水平、与上下级之间的协作关系等具体内容，从而发现潜在问题及实施工作说明书的现实情况，以评估工作说明书质量的高低。

将多方评价主体的评估结果进行汇总，如果意见较为集中，评估主体均认为工作说明书确实与实际相差很远，评估委员会就要及时行动，重新按照步骤对工作说明书进行修正；如果只是评估主体的个人偏差，评估委员会应该主动与其谈话，了解情况，并及时有效地予以解决。

2. 工作分析价值评估的主要内容

在现实中，企业应该将工作分析价值进行评估与细分。从不同的评估角度，可将工作分析价值评估分为3个方面的内容。

1）工作分析的质量鉴定

工作分析的质量直接影响企业人力资源管理各项活动的开展及实施效果，所以对工作分析的质量进行鉴定必不可少。通常从工作描述与任职资格等主要方面对整个工作分析的质量进行鉴定。

工作分析的质量鉴定是指利用各种工作分析实施后的反馈信息的效度和信度进行

工作分析质量的鉴定，从而找出影响工作分析质量的关键环节，并以此为依据对相关信息重新进行分类、整理及组织，为进一步完善工作分析系统提供更有效的依据与支持。

工作描述与任职资格是构成工作说明书的主要内容，对其进行评估关乎整个工作分析价值评估的结果，并直接影响所有后续管理工作的效率与质量。主要从信度、效度和精确度三大视角对其进行评估。

一般影响工作说明书信度的主要因素有工作分析调查所用的工具、工作分析人员的素质、信息处理方法及环境因素等。信度的高低可以用信度系数来衡量，评估时可通过选择相关分析法来计算信度系数。利用由概念化理论计算的信度系数，可以帮助工作分析人员找出影响工作说明书信度的各个因素及其之间的关系，帮助有关决策者找出原因并确立更有效果的工作信息收集与整理方法。

效度用来评估某工作分析系统能真实反映分析工作的内容及任职者要求的程度。效度常用的测量方法有内容效度、概念效度和效标关联效度。内容效度用来衡量某工作说明书所列举的工作内容和任职资格要项全面地反映该工作岗位的程度；概念效度用来测量工作说明书（特别是任职资格）中的一些抽象概念的有效性程度，如任职资格中任职者的智力、动力、社会化程度等；效标关联效度通过从招聘者、培训者、直接主管和其他工作说明书最终使用者那里获取对工作说明书有效性的评价，或者考察人力资源管理的产出，从而提取与效度有关的指标，效标关联效度可以评价工作说明书在多大程度上对人力资源管理实践做出了积极的贡献。

精确度是指对其所描述的工作信息和特征真实性的反映程度。对精确度的评估应根据工作特征和任职资格的主、客观描述而有所区别。对客观工作描述的评估主要是将现实的操作与工作描述相比较，二者的一致性越大，其精确度也就越高。对主观工作描述的难度比较大，目前多采用内部相关性来进行评估，即多个评估人员在评价工作描述对象时的高度相关性。

2）工作分析的效益评估

工作分析的效益评估是指依据"少投入多产出"的原则对工作分析的结果进行评估，通过对工作分析过程投入和工作分析产出的综合评估，掌握工作分析所产生的经济效益情况。工作分析的效益评估是针对工作分析所带来的效益与工作分析投入之间的关系所做的评估，但是企业在进行财务预算时常常会忽略工作分析可产生的效益，使其失去了一部分潜在的价值。其实，工作分析的效益评估的真正目的在于经过企业和各任职者之间的沟通，让彼此找到目前存在的问题或障碍，帮助每个人取得尽可能大的成就，以便让员工与企业都受益。但是，工作分析是一个复杂的管理过程，需要企业和员工投入各种资源，这就需要科学规范的工作说明书将员工的投入与企业的发展相联系，以保障企业管理各个领域的协调和相互促进，提高企业的管理效益和经济效益。

目前，许多研究者试图对工作分析结果在人力资源管理中所有可能的应用领域进行归纳总结并做出明确的分类。例如，艾斯和利维整理分析了所有这方面的文献，他们在力求确保简洁的同时涵盖所有以前的研究结果，最后得出 11 个应用领域。由此可见，工作分析结果在企业管理中的应用是非常广的，其对企业的影响是关键的，其给企业带来的效益也是巨大的。工作说明书不仅为员工的任职标准提供了依据，还为员工的发展提供了标准。企业在进行员工培训时，需要较大的成本作为支撑，盲目的培训只会使企业支付大量的费用却收效甚微。而依据工作分析的结果确定培训需求，不但可以减少不必要的浪费，节约成本，而且可以使企业及时获得稀缺人才，提高企业的竞争力。所以，企业管理者可以通过工作分析给企业所带来的效益，衡量其投入与产出，来评估工作分析的质量。

3）工作分析的效力评估

工作分析的效力评估是对工作分析产生影响的综合评估。将工作分析结果应用于实践，产生了对企业及个人的综合影响力，包括长期效应和短期效应，以及直接效应和间接效应。在进行工作分析的效力评估时，既有取得成绩的正面评估，又有存在问题的负面评估，企业应该保证正面与负面评估的比例协调。同时，工作分析的综合评估是一项很复杂的工作，在评估中不可能对所有内容逐一进行评估，所以评估的切入点也很重要，要使评估重点突出且有说服力。

综上所述，工作分析价值评估是一个全方位地收集用于判断工作分析活动是否有效的信息的过程。工作分析价值评估示意图如图 5-1 所示。

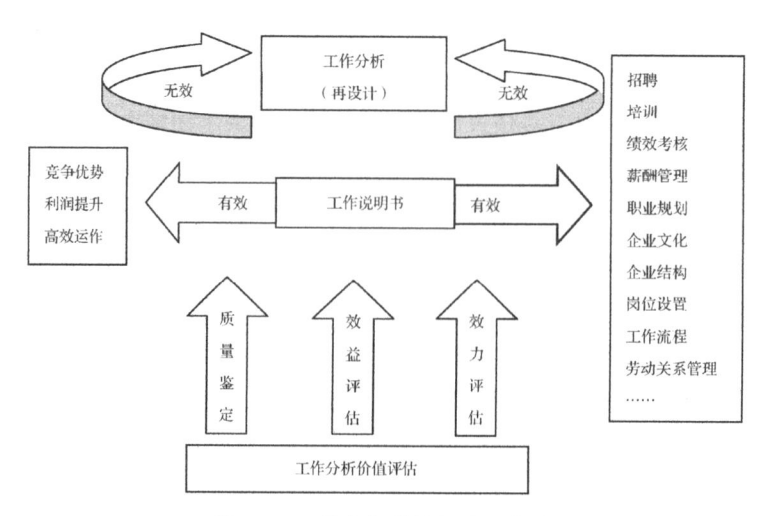

图 5-1　工作分析价值评估示意图

3. 工作分析价值评估标准的制定原则

工作分析价值评估是对工作分析做出准确判断的过程，如果评估的结果不能保证其准确性，则工作分析活动的开展将会影响人力资源管理的其他环节，甚至导致整个企业的管理活动无法正常进行，造成不必要的损失。因此，在制定工作分析价值评估标准时，参与主体必须遵循以下几个原则。

1）目标一致性原则

制定工作分析价值评估标准时，应考虑企业的总体发展战略，应使工作分析价值评估标准与企业目标、质量目标、工作分析目的保持一致。这是制定评估标准时应该遵循的重要原则之一。

2）明确性原则

工作分析价值评估标准的明确性是指不同评估主体对工作分析质量的认定能在多大程度上保持一致性，也就是说，工作分析价值评估标准要清楚明了，能够让评估人员明确其含义，达成一致理解，实现不同评估人员者根据相同的评估标准对工作分析质量做出基本一致的认定结果。

3）可接受性原则

可接受性原则是指评估主体接受该评估标准的程度，这就要求工作分析价值评估标准经过工作分析小组反复沟通、协调并取得认可后再被制定出来，在工作分析价值评估标准不能被认同的情况下，任何评估活动都可能引发争执与矛盾，从而使工作分析价值评估活动无法正常进行。

4）可测性原则

评估标准应该真实而科学地反映事物的客观规律，考虑到工作分析价值评估客体的特殊性，必须注意工作分析价值评估标准的规范性。工作分析价值评估标准应尽量采用量化的方式表示，但并不是要绝对排斥主观判断标准，所以，选用的工作分析价值评估标准要切合实际，不能过高也不能过低，坚持原则性与灵活性相结合、定量标准与定性标准相结合。

5）高效度原则

效度是指测量的正确性，即根据评估标准能在多大程度上确保评估结果的准确性。评估的目的在于判断工作分析活动是否对企业有效，为企业决策提供参考依据，以便更好地利用工作分析结果促进企业发展。因此，工作分析价值评估标准应该体现企业的战略和发展方向，企业应该选择具有可操作性且易于工作分析人员接受的评估方法进行工作分析价值评估，企业收集的评估信息应明确易懂。

6）时效性原则

企业的发展必须适应瞬息万变的外部环境，所以工作分析活动不会是一劳永逸的，整个评估体系要根据评估目标的变化而及时进行调整。同时由于信息的时间效用有期限的限制，其价值的大小与提供信息的时间密切相关，因此工作分析价值评估应该根据及时而准确的反馈信息进行，以保证评估工作的有效性。

7）实事求是原则

工作分析价值评估标准应该根据实际情况而定，评估人员一定要认真调查分析，真实地反映工作分析的客观效果和工作说明书的质量，切忌主观臆测。

4．工作分析价值评估标准

对工作分析价值的评估即工作分析的质量鉴定、工作分析的效益评估和工作分析的效力评估，主要通过对工作分析的结果，即工作说明书的质量鉴定来反映工作分析在企业中的实施效果，以及在企业发展过程中的影响力。工作说明书质量的高低可以从定性和定量两个方面进行分析。定性分析主要利用描述性指标对工作说明书中的工作描述和任职资格两方面进行有效的分析，从而对工作说明书的可操作性和应用效果进行评估；而定量分析可以从工作说明书给企业带来的经济效益、成本支出等方面展开评估，用数量化指标及其标准来评估工作说明书在多大程度上为其他人力资源管理职能提供了帮助。因此，在进行工作分析价值评估时，工作说明书的质量鉴定决定着工作分析是否可以有效地在企业内实施。鉴定工作说明书质量的前提是要明确一个合格、规范的工作说明书应具有的标准。这些标准大致有以下几个。

1）完整性

工作说明书是员工行为的指南，也是主管对下属的绩效状况进行评估与反馈的依据。因此，工作说明书应对每项工作的基本概要、工作职责及任职资格等做一个相对完整的描述，正确指导员工的行为和自我发展规划，并帮助员工减少不合理的行为方式，提高员工的劳动效率。同时，一份制作精细的工作说明书也是主管制定绩效指标考核体系和鉴定员工行为表现的参照依据。

2）准确性

工作说明书不仅要涵盖某一工作的所有具体要求和主要特征，还要准确地说明这一工作的具体要求和任职资格。这就需要在撰写工作说明书时确定所说明的工作要求及任职资格真实地反映了所有的工作情况；确定将定义的所有内容用最清楚、最完善的文字语言表达了出来。

3）可行性

由于工作说明书是企业进行人力资源管理活动的基础，因此，工作说明书必须具备可行性，才能保证人力资源管理活动的有效进行。

4）层次性和差异性

工作说明书的编写要符合逻辑顺序，在一定程度上体现层次性和差异性，尤其是对工作职责的描述。因为工作说明书的目的是确保将合适的人放在合适的岗位上，不同岗位的工作职责要有所差异，为避免工作冗余或空白，编写工作说明书时要将每一项工作的职责按照顺序进行层次描述，这样不但有助于员工对工作说明书的理解与使用，而且可以根据有差异的职责进行工作评估的标准界定，从而区分工作的相对价值。

5）统一性

编写工作说明书时要注意工作分析内容的标准化，确保措辞的统一，并且应该确保格式统一，这样既可使其书面美观，又可使其不论在工作职责、上下级关系还是任职资格上都具有对比度。

5．工作分析价值评估标准的影响因素

工作分析价值评估标准的影响因素有以下几个。

1）评估主体的不一致性

在企业中处于不同地位的评估主体对工作分析价值的评估不同。评估主体在工作分析的价值观念上的不一致，使得企业对工作分析价值的评估出现一定的偏差，直接影响评估的质量，首先体现在工作分析评估标准的确定问题上。客观、适度、全面的评估标准，需要通过岗位工作人员之间协商、平衡利益关系来产生。

2）评估资源的有效性

工作分析价值评估要投入大量的人力及物力资源。分析的岗位层次越高，所需要的资源就越多。企业及工作分析价值评估有关部门是否愿意提供相应资源以保证评估工作的完成，对于企业来说是非常重要的。在资源不能保证或不充裕的条件下确定的工作分析价值评估标准会存在较大的偏差，从而影响工作分析价值评估。

3）数据资料的不全面性

工作分析价值评估标准的建立必须有客观的基础，其中很重要的一方面是来自工作分析活动开展过程中的那些真实的第一手数据。工作分析及工作说明书的制定对企业的多方面影响，决定了这些数据都是数量庞大并且相互影响的。评估中所获得的资料往往是抽样统计数据，如果这些数据的代表性、相关性与准确性较差，就会影响工作分析的评估标准。

以上是影响工作分析价值评估标准的主要因素，企业在制定工作分析价值评估标准时，要明确工作分析的目标，保证充足的评估资源，全面收集真实的工作分析数据信息，为工作分析价值评估顺利进行提供保障。

6．工作分析价值评估的方法

如前所述，工作分析价值评估分为3个方面：工作分析的质量鉴定、工作分析的效益评估及工作分析的效力评估。企业要想使评估更具有实效性、全面性，就要选择合适的评估方法。下面从上述3个具体的评估内容入手，选用相应的评估方法。

1）工作分析的质量鉴定方法

工作分析的质量鉴定用来评估工作说明书中的职责、规范等内容在实施中能否被任职者所反映，可从态度和行为两方面来评估。

① 态度评估。

任职者的态度是对工作说明书职责要求合理性的直接反映，它反映出任职者在履行岗位职责时的满意程度及工作和学习状态。因此，对任职者的态度进行评估可以采取问卷调查法和访谈法进行。但要注意以下几点：评估主体不同时，需要收集的信息有所不同；尽量设计一些定量分析的评估内容；鼓励相关人员填写评估建议。

② 行为评估。

行为实际上是任职者对工作说明书学习理解、技能要求和态度的迁移。行为评估比态度评估更复杂、更难操作。对于行为评估可以采取一些准实验设计的方法，通过问卷等手段进行评估。同样要注意几点：针对任职者的行为进行评估，主要采取对比问卷方式，让员工将实际工作情况与工作说明书的规范要求进行对比；与其他评估主体的问卷内容应该有所不同；鼓励员工评述实际情况。

2）工作分析的效益评估方法

企业进行工作分析，规范岗位职责，监控任职者的行为，不仅是因为企业国际化的趋势要求，还是因为企业越来越注意到工作分析的有效性对企业正常运转、最终实现既定战略目标所起到的关键作用。但是在实际中，任何企业最关注的都是效益，不论是经济效益还是社会效益，都要考虑成本问题。因此，工作分析的效益评估依据"少投入多产出"的原则对工作分析的结果进行评估。而工作分析的"投入"与"产出"如何体现和衡量呢？所谓工作分析的"投入"，主要就是对工作特性进行调查、分析、评估等一系列活动花费的资金；"产出"是任职者根据确定的工作说明书的职责要求进行工作所带来的绩效提高。因此，在进行效益分析时要结合综合财务指标，进行数学运算。运算公式为

$$效益率=（实际收入-投入收入）/投入成本$$

3）工作分析的效力评估方法

工作分析效力评估师对工作分析在企业管理中的影响力进行评价，即对工作说明书的功能进行评价。相对于工作分析的效益评估，工作分析的效力评估更能反映工作分析的本质和企业发展的需要。在进行评估时，企业可以通过建立工作分析的效力评估的综合评价体系，选取效力评估指标来进行评价。可以用来评估工作分析效力的指标有工作分析辐射力（即工作说明书的应用范围）、工作说明书的使用次数、工作分析对企业的影响程度等。

5.2.2 工作分析价值评估的基本程序

评估是对人或事物做出观念性判断的一种过程，任何评估活动都包括多个环节，因此，工作分析价值评估是由一个或多个环节组成的连续过程。一般而言，工作分析价值评估的基本程序有以下3个：工作分析价值评估方案的制订、工作分析价值评估方案的实施和工作分析价值评估结果的总结，如图5-2所示。

```
┌─────────────────┐      ┌─────────────────┐      ┌─────────────────┐
│ 工作分析价值评   │      │ 工作分析价值评估 │      │ 工作分析价值评估 │
│ 估方案的制订    │      │ 方案的实施      │      │ 结果的总结      │
└────────┬────────┘      └────────┬────────┘      └────────┬────────┘
         │                        │                        │
         ▼                        ▼                        ▼
┌─────────────────┐      ┌─────────────────┐      ┌─────────────────┐
│ 确定评估对象    │      │ 收集工作分析价值 │      │ 撰写工作分析价值结果总结│
│ 明确评估目标    │      │ 评估的相关信息  │      │ 报告，包括对评估的简要概│
│ 构建评估模型    │      │ 统计分析所收集的│      │ 述，评估方案、过程、结果，│
│ 选择评估标准    │      │ 评估信息        │      │ 以及相关成本和收益介绍，│
│ 确定评估方法    │      │                 │      │ 最后给出结论和修改意见  │
└─────────────────┘      └─────────────────┘      └─────────────────┘
```

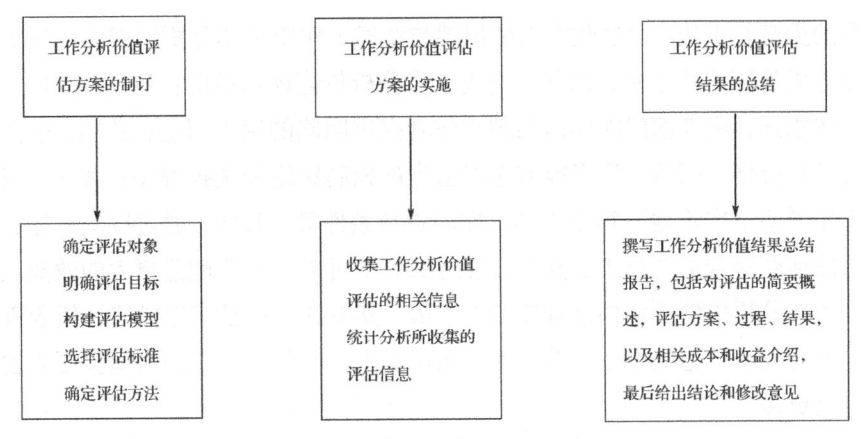

图 5-2　工作分析价值评估的基本程序

1. 工作分析价值评估方案的制订

在制订工作分析价值评估方案的过程中，评估人员与相关人员要经常进行沟通，这既有助于避免评估人员的主观偏见，使研究方案更合理可行，也有利于方案在实施时得到相关人员的支持。

制订工作分析价值评估方案是工作分析价值评估工作中的重要环节，包括如下内容。

1）确定评估对象

评估对象就是工作分析价值评估的客体。正如前面所提到的，工作分析价值评估的内容包括工作信息、工作描述和任职资格等主要方面，同时也包括每一项内容的评估方法、标准等，以确保工作分析价值评估的针对性和准确性。

2）明确评估目标

评估目标决定了工作分析价值评估的基本方向，解决了为什么要进行评估的问题。评估人员要明确评估目标，以便在评估的过程中明确方向，有的放矢，这也是确定工作分析价值评估指标的前提。工作分析价值评估的最终目标在于通过判断工作分析结果的质量及其给企业带来的效益和效力情况，来评价工作分析活动开展的有效性。

明确评估目标时要注意两个问题：其一，评估目标不能描述得过于笼统，要具体化、有针对性，不能混淆所有工作分析价值评估活动的总目标与特定企业特定时期内具体工作分析价值评估的目标；其二，评估目标的界定要清晰、具有可衡量性。在设定工作分析价值评估目标时，要密切联系评估指标，将定性指标与定量指标相结合。

3）构建评估模型

当评估人员计划通过工作分析的实施来达到所期望的结果时，实际上是把工作分析结果作为一个自变量。工作分析结果依据一定的机理发生作用，推动其他变量（企业管理的其他活动）发生改变，最终产生所期望的结果。所谓的工作分析价值评估模型，是指通过收集工作分析所涉及的主要变量及其相互作用关系的简化描述等相关信息，来判断工作分析是否有效、工作说明书质量好坏的过程。例如，工作分析结果的应用领域之一是人员的招聘与选拔,通过收集人员招聘与选拔工作中工作分析应用的情况等信息来设计工作分析价值评估指标,以此来构成工作分析价值评估模型:其一,依据工作说明书中的工作描述,用人部门能够向招聘工作者提供明确的用人信息;其二,根据工作说明书中的任职资格,招聘工作者能够选择适当的招聘渠道和选拔程序;其三,应聘者能够根据工作说明书准确地了解未来的工作职责与条件等;其四,通过以上程序,企业能够有针对性地获得合适的员工;其五,合适的员工可以为企业创造更大的效益。在这个例子中,工作分析价值评估模型如图 5-3 所示。其中的变量是工作描述、任职资格、用人信息、招聘渠道、选拔程序、效益等。在现实中工作分析价值评估模型更为复杂,包括的变量也更多。

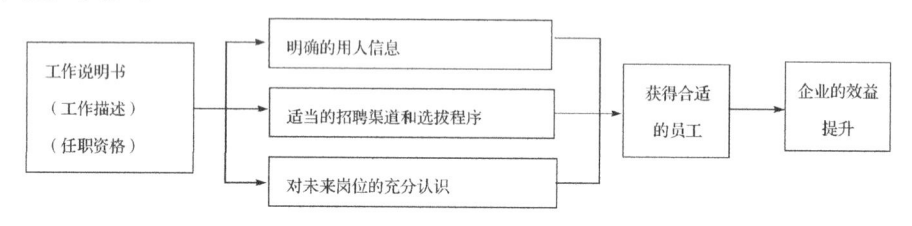

图 5-3 工作分析价值评估模型

工作分析价值评估的主要目的是了解工作说明书运用到企业管理中实现预期目标的程度及其对有关方面可能产生的影响。因此,在构建评估模型、确定评估指标的过程中,评估人员应该根据评估目标,确定工作分析价值评估指标;确定工作分析结果运用并产生作用的过程所包括的变量,描述各变量之间的关系;确定工作分析结果运用并产生作用的原理;说明工作说明书结果运用的时间和范围。工作分析价值评估模型的构建要符合评估目标,具有准确性和可控性等特征,其过程复杂,因此,在这个过程中评估人员需要与企业各部门和高层领导反复沟通,以保证工作分析价值评估工作的顺利进行。

4)选择评估标准

任何评估都应该有它的依据。评估标准是工作分析价值评估的依据,一般分为绝对标准和相对标准两类。绝对标准体现在工作分析结果在企业管理中的应用及其带来的效益等方面,是直接判断工作分析活动价值的客观标准;相对标准就是原有的工作说明书与新编的工作说明书的对比评估。在确定评估标准的过程中,要确保评估标准具有科学性、客观性和严密性,否则将对评估人员产生误导,使工作分析价值评估产生偏差,影响对整个企业工作分析活动价值的判断。

5)确定评估方法

解决好如何评估的问题是制订工作分析价值评估方案的中心任务,首先要明确所采用的工作分析价值评估的工具。评估人员必须根据评估目标、指标标准的选择及评估对象采取适当的评估方法,如可选择百分比和百分比分布、集中趋势分析等描述性统计方法,一元统计方法和多元统计等定量的方法,或者访谈、问卷调查等定性的方法。同时还要对所采用的评估方法进行信度、效度测评，以提高工作分析价值评估的准确性。

2. 工作分析价值评估方案的实施

根据评估标准和已确定的评估方法实施工作分析价值评估方案，要严格遵守客观性和可信性原则。工作分析价值评估方案实施的主要工作是收集工作分析价值评估的相关信息与统计分析所收集的评估信息。

1）收集工作分析价值评估的相关信息

收集工作分析价值评估的相关信息是评估中的基础性工作。其主要任务是利用各种信息收集手段全面收集有关工作分析结果制定、形成和应用的第一手资料，主要包括工作说明书在企业管理活动中的应用情况、员工使用的反馈信息，以及工作说明书的应用给企业带来的积极效益和效力等。

以上相关评估信息可以从任职者本身、管理监督者、工作分析人员、工作说明书的应用、工作说明书本身及其相关分析资料，以及以往的工作说明书及其分析资料等处获得。但工作分析价值评估切不可只根据工作说明书和相关资料进行"室内"分析。因为，一方面，经过这样分析的工作分析质量判断不是在事实基础上形成的，易受评估人员主观想法的影响。另一方面，对此进行评估的结果有可能不被企业和员工所接受，当评估结果不好时，他们会辩解说工作说明书的内容不符合实际情况或在现实中难以实行，以致影响了本部门的绩效；当评估结果好时，他们可能会说是其他政策的实施提高了本部门的工作绩效。在没有确切的事实为依据的情况下，工作分析价值评估的结果往往是无效的。因此，评估人员需要进行广泛的调查，与相关领导及任职者进行有效的沟通，以获得最新、最真实的评估信息。

收集资料的技术与方法很多，各有特点，评估人员需结合使用，以最大限度地保证所得的信息具有广泛性、系统性、准确性。工作分析价值评估资料的收集方法可分为4种，即历史资料研究法、观察法、调查法和实验法。历史资料研究法是指通过查阅企业各种已有的相关数据资料来获取研究所需的信息资料；观察法是指评估人员通过亲自观察来考察研究对象，从而获取有关信息并记录下来，为评估提供第一手研究资料；调查法是指评估人员通过使用某种工具从随机选出的或非随机认定的对象那里获取评估所需的资料，调查法包括访问调查和问卷调查两种；实验法是指将研究客体置于一种人为控制的情境中，通过测试或了解研究客体在特定情境中的有关情况，为评估提供所需的信息资料。在具体的评估中，评估人员需要根据评估的目的，所需资料的规模、类型、信息源等要素的不同，选择不同的资料收集方法。资料的收集本身是一个复杂的过程，一般包括以下几个步骤。

① 通过参阅有关历史资料、征询专家的意见，进一步熟悉所要研究的问题，以确定信息源的范围及特征。

② 通过随机抽样或主观认定确定信息提供者。

③ 进入将在其中收集资料的部门或团队，进一步熟悉信息提供者及其所处的环境。
④ 系统地设计恰当、有效的问题。
⑤ 在小范围内预试，并根据预试结果修改、完善资料收集方案。
⑥ 按有关方案全面收集资料，对信息进行记录，如果是问卷调查，还需对信息进行编码。
⑦ 对收集的资料进行核实复查，测试其信度。
⑧ 对收集的资料进行整理和重新编码。

2）统计分析所收集的评估信息

在收集完与工作分析价值评估相关的信息之后，要对其进行系统的分析整理。主要包括以下几个方面的工作。

① 整理资料。将收集到的信息按照工作分析价值评估的评价内容进行分类整理，看是否有遗漏的项目。若有，再继续进行调查收集，确保信息全面。

② 审查资料。对评估信息进行分类整理后，评估人员还要对所获得的信息进行反复审查并编码，如有疑问，需要找到相关人员进行核实，或者进行重新调查，以保证所收集到的信息具有较强的准确性。

③ 分析资料。如果收集到的资料既没有遗漏又没有错误，接下来就需要对其进行深入分析，总结工作分析价值评估的必需材料和要素，提炼影响工作分析资料的主要成分和关键因素，并根据已有的信息对其加以评价。对资料的分析，可以依据评估方案中所制定的方法进行定性或定量分析，并总结分析结果。在分析结果出来之后，评估人员还需根据前面构建的工作分析价值模型和效果分析的目标，对分析结果进行全面审查，保证分析结果的有效性，从而为工作分析实现目标的程度、产生的影响等进行系统的评估提供保障。

评估信息的分析不能仅仅满足于得到一个定性或定量的评估结果，还应对有关数据资料进行细致的分析，发现被评估对象的优劣得失，对其工作做出系统的评价，并帮助其发现存在的问题并找出问题的症结，促进其改进工作和提高质量。同时，还应对评估工作的得失进行总结，为以后避免类似错误的发生提供依据。

3. 工作分析价值评估结果的总结

工作分析价值评估结果的总结阶段的主要工作是撰写工作分析价值评估结果总结报告，为工作分析活动的改进提供参考依据。工作分析价值评估结果总结报告除要包括对工作分析结果本身的质量鉴定外，还要包括对工作分析活动和工作分析结果应用的修改建议，以及对整个评估工作的说明。一个完整的工作分析价值评估报告一般由以下几个部分组成。

1）封面

封面应提供下列鉴别性信息：①工作分析价值评估方案的名称和实施地点；②工作

分析价值评估委员会的组成人员；③工作分析价值评估总结报告的读者姓名；④呈送报告的日期。

2）概要

概要是对工作分析价值评估结果报告的简要综述，指出评估对象、解释为什么要进行评估并列举主要的结论和建议。特别是提交给高层决策者的报告，要尽可能以简洁、客观的方式在概要中表达主要意图，篇幅不应超过两页。它的典型内容包括：①评估什么；②为何做评估；③参与评估的人员有哪些；④评估的主要结论和建议是什么。如果篇幅允许，还可加入在评估的基础上做出的决定、评估报告的信息来源，以及相关的分析方法等。

3）方案介绍

方案介绍主要向报告的读者介绍整个工作分析价值评估方案，内容包括：①工作分析价值评估的动机和必要性；②工作分析价值评估方案的目的；③工作分析价值评估方案所涉及的部门和人员；④工作分析价值评估活动所需的材料、活动和行政安排；⑤工作分析价值评估所选用的指标和标准；⑥工作分析价值评估的方法。

4）评估实施

评估实施用于介绍数据收集和数据分析的程序。主要内容包括：①收集、分析工作分析价值信息的进度表；②信息收集和分析的主体；③对信息收集和分析的主体提供了哪些培训，以保证信息收集和分析工作的科学性；④所选用的评估工具的信度、效度的核查结果；⑤评估工具的局限性和不足，以及在实施中怎样克服。

5）评估结果

评估结果主要介绍实施评估后的各种测量结果，这些结果构成工作分析价值评估方案的"硬数据"。另外，本部分也包括一些"软数据"，即与工作分析价值评估有关的日常记录等。此部分的各种数据最好以图或表的形式给出。一张附有解释的图表，将帮助报告的读者有效地理解工作分析价值评估方案中较复杂的技术细节。

6）成本与效益分析

企业对每项活动的投入都期望可以实现预期的收益，因此，成本与效益分析是高层决策者较为关注的部分。一般来说，在成本与效益分析部分列出一张成本效益表可以比较直观地体现工作分析价值评估活动的价值。主要内容包括：①报告中成本和效益的含义与计算方法；②与方案有关的货币成本和非货币成本；③与方案有关的经济效益与非经济效益。这里的非货币成本是指工作分析价值评估所涉及员工的超时工作和付出的精力等；非经济效益是指对企业的有序管理产生了积极的效果或引起了高层决策者对工作分析工作的重视等。

7）结论与建议

结论与建议的内容最好用列表的形式来体现，而不要用记叙的形式。要强调哪些结论是重要的、哪些结论是暂时的、哪些结论是长期的等。这一部分包括工作分析价值评估结论、对工作分析活动的修改建议和工作分析价值评估活动的新要求三大主要内容。

① 工作分析价值评估结论。包括工作分析活动过程中信息的准确程度，工作分析方法的信度与效度，工作说明书是否符合企业发展要求、在企业管理活动中的运用情况如何，工作分析活动是否有效等。

② 对于工作分析活动的修改建议。包括工作分析活动的优缺点、如何改进工作分析、对未来工作分析活动的进行提出的相关建议等。

③ 对工作分析价值评估活动的新要求。这一部分要总结此次工作分析价值评估活动的成功与失败之处，提出相应的解决方案，为改善工作分析价值评估奠定基础；总结信息分析处理工具使用的优缺点，并界定其在什么情况下使用为最佳。这部分还应该包括：对评估方案的评价；在未来类似的评估中，是否应当调整或摒弃某些工具和评估程序；如果这个评估不能就方案提出的一些问题提供确定的回答，那么应当怎样调整评估方案的设计等。

另外，无论报告的读者是高层决策者还是普通员工，他们大多不具备工作分析所涉及的专门知识，因此，在撰写工作分析价值评估结果报告时，要注意以他们易于理解的语言和方式表达工作分析价值评估的结果。

5.2.3 工作分析价值评估的作用及意义

1. 工作分析价值评估的作用

工作分析价值评估是指企业对工作分析为企业战略发展、管理水平提高和人员素质提升等方面所带来的效益、成果的一种价值评判。企业必须从企业的战略和目标出发，运用科学的理论、方法、技术及程序，设计科学、合理的评估标准和评估方案，对工作分析价值进行客观评估，从而确保企业工作分析的质量，为企业进行规范管理奠定良好的制度基础。

工作分析价值评估是对工作分析整体实施过程的效果进行综合评估，它为人力资源管理工作的有效运行提供了科学的依据。

1）工作分析价值评估的基本作用

完整的工作分析过程不仅包括科学地制订工作分析方案、合理地编写工作说明书、有效地运用工作说明书进行岗位评价的规范和管理，还包括对工作分析结果及其对工作的影响进行客观的综合评估，以确定工作分析活动的实际价值。工作分析价值评估就是对工作分析活动所进行的客观、全面的评价，并从中获取如下信息：工作分析是否达到了预期的企业发展目标；工作分析的要项内容与企业组织结构的设置及各部门岗位工作协作中的合理性情况；任职者对工作职责等的实施情况是否达到企业制度的基本要求等。

2）工作分析价值评估对人员甄选的作用

通过工作分析价值评估，不仅可以及时发现并弥补工作描述中不合理的内容，还可以鉴别岗位的胜任情况和岗位的空缺情况，并针对岗位的实际需要，制订科学合理的人员甄选计划，进行相关岗位的人员甄选工作，从而有效避免人员招聘中的随意性或不明确性，有效避免企业招聘成本和用人成本的浪费。

3）工作分析价值评估对培训开发的作用

当今经济全球化迅猛发展，企业竞争日益激烈，劳动力成本持续上升，培训作为一种开发手段，不论是对企业还是对员工个人而言都是不可或缺的。对企业而言，培训可以使企业提高市场洞察力，保持旺盛的市场开发能力，更好地提高市场份额；对员工而言，培训可以使员工更好地提高自己的职业技能，在工作中更好地发挥作用。但是事实表明，并不是所有的培训都能达到预期的效果，分析后发现造成这一结果的原因有很多，其中，企业与员工的需求不一致是关键因素。工作分析价值评估可以为企业有针对性地提供员工胜任能力等方面的信息提供依据，使企业能及时地针对岗位职责，并结合现有员工的实际工作状况，为员工量身制订培训计划，将传统的"我们必须学习什么"的员工培训模式转变为"什么适合我们学"的员工培训模式，有的放矢地帮助员工解决工作中的困惑和问题。同时，因工作分析价值评估而产生的企业培训，还可以进一步关注员工工作潜能的开发，为企业的后续发展培养实力。

4）工作分析价值评估在绩效考核中的作用

企业进行绩效管理的最终目的是更好地着眼于"明天"，调动广大员工的积极性，提高生产效率，实现企业提高经济效益的目标。进行工作分析价值评估，完善工作说明书中的职责标准，可以为客观鉴定工作绩效指标和绩效标准的合理性提供依据，为企业科学系统地进行绩效管理工作奠定基础。同时还能使员工进一步提高对企业管理制度的认识，端正工作态度，严格按照岗位职责进行规范操作，从而有效地提高工作绩效。

5）工作分析价值评估对员工职业生涯规划与发展的作用

企业进行工作分析价值评估，可以及时、客观地对工作分析过程中的疏漏进行完善，工作说明书中对岗位、职责、知识、能力素质、任职资格、业绩评估标准等内容的客观描述，可以使员工更加明确自身岗位的工作要求，清晰企业为员工所提供的晋升通道，为员工的职业发展指引方向。员工也可以通过研究企业在工作说明书中的任职资格要求，确定自己在本职工作中的努力方向，进一步完善职业规划。

3. 工作分析价值评估的意义

随着经济全球化的迅猛发展，更多企业意识到工作分析作为各项内部管理的基础的重要性。企业逐渐加大力度进行工作分析，以期有效提升企业的整体管理水平，在市场中赢得更强的竞争优势。事实上，企业在进行工作分析的过程中，更加关注加大投资力度能否达到预期的管理效果。由此可知，工作分析价值评估对企业而言是至关重要的。

工作分析价值评估的意义如下。

① 通过工作分析价值评估，可以判定企业进行的工作分析活动是否符合企业的发展目标。工作说明书的编写往往是工作分析人员依据有限的信息，凭借相关技术和方法所进行的设计，它在实际工作中的执行状况如何，只有通过工作分析价值评估的结果才能做出相应的判断，以确定是否有必要进一步更改工作分析实施计划、是否对工作说明书加大推广使用的进度、是否重新编写工作说明书等。

② 通过工作分析价值评估，可以促进工作说明书的实施，改善工作说明书执行不力的情况。工作说明书在一些企业中的使用效率不高是内部管理中常见的问题。由于工作说明书中的工作描述严谨而规范，对一些过去基础管理不够规范的企业而言，实施工作说明书使其受益匪浅。因此，通过工作分析价值评估，可以及时发现工作说明书使用中存在的问题并及时加以纠正，以保证工作说明书的正确推广及使用，促进企业基础管理水平的提高。

③ 通过工作分析价值评估，可以为企业有效开展人力资源管理工作提供决策依据。较为完善的工作说明书是企业进行招聘、制定人力资源规划、进行绩效管理、进行薪酬设计、制定培训规划、确定职业发展等工作的管理依据，所以企业通过工作分析价值评估，可以客观了解各执行层在掌握工作说明书方面存在的欠缺，为进一步完善企业工作说明书收集有价值的参考信息，使企业工作说明书更加符合人力资源管理的实际需要。

【本章小结】

工作分析价值是指工作分析给企业发展、管理水平和人员提升等方面带来的效益。工作分析价值是工作分析成果的价值体现。因此，工作分析价值评估，从本质上看是一种价值判断，是对工作分析价值的一种评价。企业必须从企业的战略和目标出发，运用科学的理论、方法、技术及程序，设计科学、合理的评估标准和评估方案，对工作分析价值进行评估，从而保障企业开展工作分析活动的实际意义和工作说明书的使用价值，为企业做好企业管理工作奠定基础。工作分析价值评估的主要内容包括工作分析的质量鉴定、工作分析的效益评估和工作分析的效力评估3个方面。

【思考与练习】

1. 工作说明书的含义和作用是什么？
2. 工作说明书编制的原则是什么？
3. 试论述工作分析价值评估的方法及其相互关系。
4. 试撰写一份工作分析价值评估结果总结报告。

第 6 章
岗位评价及编制管理

本章要点

岗位评价既是组织管理者正确认识组织自身管理体系的需要，又是组织内部基于公平原则付酬的需要。组织者需要通过岗位评价来确定一个岗位的价值、贡献度及应获得的报酬。岗位评价就是对不同岗位的贡献价值进行衡量，从而得出令人信服的客观的评价结论。

关键术语

岗位评价；岗位评价方法；岗位评价的具体操作；岗位评价的应用。

学习目标

- ◆ 了解：岗位评价的内涵、意义。
- ◆ 熟悉：岗位评价方法及各自的适用条件。
- ◆ 掌握：岗位评价的具体操作。

> **导入案例**
>
> **A 公司的岗位评价**
>
> A 公司是一家保健品生产销售公司，最近 A 公司扩大规模，准备上市。由于规模扩大，A 公司根据业务需要进行了部门的整合和扩张，还请专业的人力资源服务公司对 A 公司的岗位重新进行了工作分析，并重新编写了岗位说明书。现在 A 公司需要在已有的岗位说明书的基础上对所有的岗位重新进行价值评价，并以此作为绩效考核和薪酬制定的基础。但是之前 A 公司从来没有做过岗位评价，其以前岗位的薪酬都是根据行业平均水平决定的，在重新设置公司的岗位之后，很多新增的岗位在市场上很难找到合适的标杆；在公司内部很多新增的岗位的相对价值也难以确定。因此，A 公司经过讨论后决定请专业的咨询公司来指导 A 公司进行新的岗位评价。

6.1 岗位评价概述

6.1.1 岗位评价的定义

岗位评价也称工作评价或职位评价。岗位评价是根据工作分析的结果，按照一定的标准，对工作的性质、强度、责任、复杂性及所需的资格等关键因素的程度差异进行综合评价的活动，是将组织各类岗位工作抽象化、定量化与价值化的过程。岗位评价是为了确定一个岗位相对于组织中其他岗位所进行的正式的、系统的比较和评价，这个评价的结果会为薪酬确定提供有力的依据。关于岗位评价的定义有很多，如表 6-1 所示，本书采用的是萧鸣政对岗位评价的定义。

表 6-1 岗位评价的定义

专 家	定 义
戴斯勒	岗位评价的目的在于判定一个岗位的相对价值。它包括为确定一个岗位相对于其他岗位的价值所做的正式、系统的比较，并最终确定该岗位的工资或薪水等级
米尔科维奇和纽曼	岗位评价是一个为组织制定岗位结构而系统地确定各岗位相对价值的过程。这个评价是以工作内容、所需技能、对组织的价值、组织文化及外部市场为基础的
诺伊等	岗位评价是衡量某种岗位的价值的管理程序
克雷曼	岗位评价是决定一项工作的价值的系统化过程
萧鸣政	岗位评价是依据工作分析的结果，按照一定的标准，对工作的性质、强度、责任、复杂性及所需的资格等关键因素的程度差异进行综合评价的活动，是将组织各类岗位工作抽象化、定量化与价值化的过程

6.1.2 岗位评价的重要性

1．为招聘工作奠定基础

公司通过制定的挑选标准在招聘工作中挑选最适合公司的求职者。标准通常是对岗位求职者在完成本岗位的工作所需具备的经验、知识、技能和素质的要求。人力资源部门通过挑选标准设计面试问题和面试时的书面测试题。工作分析的信息可以帮助公司制定招聘时的挑选标准。

为了确定招聘测试带来的价值和补偿，需要把高测试得分的工作绩效与低测试得分的工作绩效进行比较。这种测试主要是测试任职者的重要工作技能。结果公司发现，测试得分高者，通常其工作业绩表现较好；测试得分低者，通常其工作业绩表现较差。测试得高分者的工作量是测试得分低者的两倍。公司还发现，用招聘测试方法选择的员工比没有用招聘测试方法选择的员工的生产效率高。

2．为制订人力资源配置计划奠定基础

公司应对各部门的岗位安排和人员配备有一个合理的计划，并根据生产和工作发展的趋势做出人力资源配置计划。工作分析的结果，可为制订人力资源配置计划奠定基础。

为了完成这项任务，经理必须能够准确地预测在未来的一段时间里有待完成的工作量，分析每个员工可承担的工作量，然后设计工作日程表，确保工作能按期完成。如果预测表明，现有工作量已大于员工的可承担能力，人力资源部门就要帮助经理做好未来的人员配置计划并报请公司批准。

3．为制订员工职业规划方案奠定基础

岗位评价有助于员工和公司制订员工职业规划方案。从员工的角度看，通过与工作责任的要求对照，员工可以发现自己在哪些方面存在不足，从而可以有针对性地提高自己，以便为促进自己职业生涯的进步创造条件。从公司的角度看，公司在促进员工的发展和提高方面所进行的各种培训和培养工作，其目的也是提高员工的能力。

4．为制订员工培训方案奠定基础

公司提出的要求，并非人人都能够满足和达到的，公司需要对员工不断培训、不断开发。因此，公司可以按照工作分析的结果制订员工培训方案，根据实际工作的要求和聘用人员的不同情况，有区别、有针对性地安排培训内容，以促进员工工作技能的提高，提高员工的工作效率。

通过分析和调查，公司的 CEO 认为，如果公司想重新获得竞争优势，必须改善产品和服务质量。这就要求必须首先改变员工的工作行为。公司就此制订了员工培训方案，培训目的是让消费者永远满意，并让提高质量成为每个员工的责任。

5. 为绩效评估形式奠定基础

工作的考核、评定和职务的提升如果缺乏客观的依据，就会影响员工的工作积极性，使员工的工作效率受到影响。根据工作分析的结果，公司可以制定各项工作的客观标准和考核依据，制定合理的业绩管理标准。公司还可以将工作分析的结果作为职务提升的条件和要求。

6. 是公平薪酬体系的基础

在当今时代，人力资源是第一资源，公司间的竞争最核心的就是人力资源的竞争。优秀的员工是否愿意继续留任，一方面取决于其他公司对其的吸引力，另一方面取决于员工对其所在公司的感受。员工如果对其所在的公司有好感，即使其他公司的薪资比其所在的公司高，他也不会离职。想要获取员工对公司的好感，很重要的一点就是公平性，而公司体现公平性最明显的方面就是薪酬的公平性。

薪酬要公平，就必须对员工的岗位价值进行科学的衡量。科学的岗位价值分析为薪酬的制定提供了一个具有经济哲学基础的制定标准。尽管目前确定薪酬的方法有很多，但是无论采取哪种方法，岗位价值一定是薪酬确定的基础。由经济学原理可知，脱离岗位价值的薪酬会使得公司的效率不能达到最优化，只有符合岗位价值的薪酬才能使人尽其才，使员工将岗位的工作完成好。

7. 可明确员工的职业生涯发展通道

员工的职业生涯发展通道实际上就是岗位价值不断递增的通道。岗位评价确定了工作等级，工作等级的明确可以使员工清楚地了解到组织内部的晋升渠道，能够帮助员工明白如何才能在现有的条件下获得更高的收入。

岗位评价为员工的职业生涯发展提供了一个明确而透明化的标准，便于员工理解组织的战略意图和价值标准，有利于组织战略的执行。

6.1.3 岗位评价的假设前提

岗位评价建立在一些公认的假设前提下，这些假设前提包括以下几个。

① 根据岗位对组织目标实现所做出的贡献的大小来支付薪酬的做法是合乎逻辑的。
② 基于员工所承担岗位的相对价值来确定员工个人的薪酬是公平的。
③ 组织能够通过维持一种基于岗位相对价值的岗位结构来促使组织实现目标。
④ 在某一特定运用时段，工作内容、工作环境、工作技术含量是相对稳定的。
⑤ 进行岗位评价时，各岗位的职责范围明确、岗位序列关系清晰，任职者对履职情况具有完全责任能力。

6.1.4 岗位评价的因素模型

一般来说,岗位评价过程中的评价因素主要有技能、努力水平、工作条件和责任,这是岗位评价的内部因素模型,对评价结果有直接的影响。同时,组织战略、文化氛围、商业环境及员工素质对评价结果也有或多或少的影响,如图6-1所示。

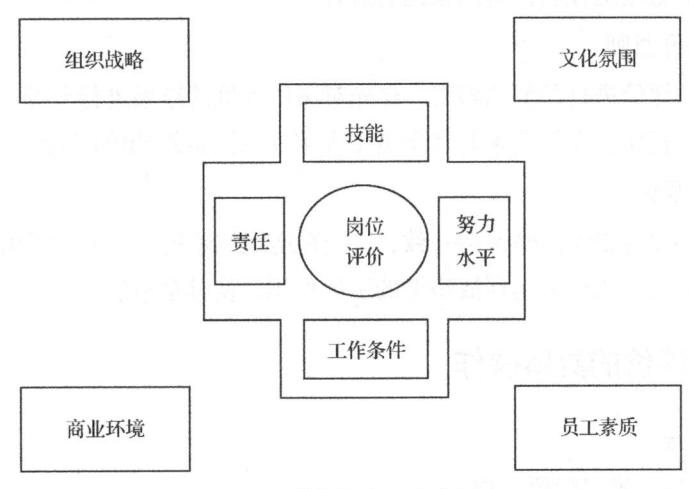

图 6-1 岗位评价的因素模型

6.1.5 岗位评价的原则

1. 系统性原则

岗位评价作为一个整体是一个系统,同时它也与工作分析和薪酬设计一起构成一个系统。在岗位评价时要注意兼顾系统中其他要素的作用。强调系统性原则就是要求从整个组织系统的角度来衡量和判断岗位的价值,以动态、联系的视角来进行岗位评价,确保岗位评价有利于组织平稳有序地运行。

2. 适宜性原则

岗位评价必须从组织的实际出发,选择适合组织实际的评估模型、评估方法、评估技术和评估程序,既要考虑其科学性、系统性、合理性和先进性,又要综合考虑组织的实际工作环境、文化氛围和承受能力,要选择最适宜、有效的方法体系来满足组织的现实需要。

3. 标准化原则

为了保证岗位评价工作的规范化和评价结果的可比性,提高评价工作的科学性和效率,确保岗位评价的公开、公正、公平,岗位评价必须尽可能采用标准化的程序和方法。岗位评价的标准化具体表现在评价指标体系的统一性、各评价指标等级标准的一致性、评价技术方法的统一规定和数据处理的统一程序等方面。

4. 员工参与原则

由于评估结果会影响员工的薪酬，因此岗位评价方法的准确性、岗位评价要素和评价标准的准确性，以及评估数据处理的规范性等最终都会影响岗位的相对重要程度和地位。让员工适当地参与到其中来，可以利用其岗位的经验为岗位分析提供信息，也可以提高岗位评价的易接纳性和评价结果的合理性。

5. 结果公开原则

在利用岗位评价进行薪酬调整时，要先对岗位评价的结果进行公开，透明化的岗位评价标准、评价程序、评价结果有利于员工理解和认同组织的价值取向。

6. 战略性原则

岗位评价必须与组织战略保持一致，应当在组织战略的基础上，得出组织未来的价值取向，从而对员工的行为起到战略性的引导作用，使其适应组织发展的需要。

6.1.6 岗位评价的具体操作

1. 准备阶段

1）梳理岗位，确定待评岗位

进行岗位评价前，首先要梳理组织结构和岗位状况，确定要评价的岗位。

2）进行工作说明书的编写和整理

如果还没有对岗位进行科学的工作分析，就要通过问卷调查、资料分析和访谈等工作分析方法进行工作分析，确定各个岗位的具体职责、权限、任职资格、工作环境、协作关系和工作环境等。

3）选择岗位评价方法

根据组织自身的不同情况和不同方法的优点、缺点、使用条件等，选择相应的岗位评价方法。在选择方法时不要过分追求量化，最重要的是适合组织自身的情况。

4）确定评价委员会成员

评价委员会成员是直接影响岗位评价结果的主体，其素质和结构对岗位评价的结果有直接的影响。因此，评价委员会成员必须具有丰富的岗位经验，在员工中有一定的权威性，同时还能客观地看问题，这是对大部分成员的要求。为了提高评价委员会成员的代表性，可以适当考虑让基层员工充当评价委员会成员，但基层员工的人数不宜太多。

5）确定评价因素

不同组织所从事的业务不同，评价的角度、评价的要素也不一样，所以要根据组织自身的具体情况来确定评价因素。

6）确定标杆岗位

对于大规模的岗位评价，不可能对所有的岗位都进行细致评价，所以只能通过确定标杆岗位来解决。标杆岗位确定好后，其他岗位则以标杆岗位为标尺来比照自身的价值。

7）准备好评价工作的相关表单

一般来说，岗位评价需要的表单有岗位评价打分表、数据处理表和录入组数据表。其中岗位评价打分表是所有表单的核心，如表6-2所示。

表6-2　岗位评价打分表

评委编号		第×批岗位评价打分表					
	评估因素	权重	岗位1	岗位2	岗位3	岗位4	岗位5
1	责任因素						
1.1	经营损失的责任	20					
1.2	领导损失的责任	10					
1.3	内部协调的责任	25					
1.4	外部协调的责任	15					
1.5	工作结果的责任	30					
2	知识技能因素						
2.1	最低学历要求	20					
2.2	工作经验	15					
2.3	语言表达能力	20					
2.4	计算机知识	45					
3	工作环境因素						
3.1	职业病	20					
3.2	工作时间特征	30					
3.3	危险性	50					

2. 培训阶段

因为岗位评价的过程普遍比较复杂，所以一般来说在进行岗位评价前要进行全面的学习和培训。

1）达成对评价指标的一致理解

在进行岗位评价前要对评价指标进行讨论，以统一对评价指标的理解，提高岗位评价的质量。

2）对标杆岗位进行打分

在正式打分前，可以挑出一个岗位来进行评价，以确保评价委员会成员不出现理解的偏差。试打分完毕后，进行适当的总结，再对标杆岗位进行打分。

打分时要紧扣工作说明书，对标杆岗位的不同因素分别进行评价。在打分过程中，如果专家对某个岗位存在较大的争议，那么应当在所有打分结束以后，再进行专门的讨论，以使专家组成员对之取得相对统一的看法。

3. 总结反馈阶段

在总结反馈阶段，主要对岗位的评价得分进行排序和整理，得出岗位评价的相对价值序列。同时，还要将岗位评价的结果向专家组成员进行反馈，在专家组成员对岗位评价结果一致通过后，再向全体员工公布岗位评价的结果。

6.2 岗位评价方法

岗位评价是一种重要的人力资源管理技术，要严谨、规范、科学地进行岗位评价。岗位评价过程中需要运用劳动组织、劳动心理、劳动卫生、环境监测、数理统计和计算机技术等方面的知识和技能，考虑多个评价因素。岗位评价方法主要有 5 种，分别是排序法（Ranking Method）、分类法（Classification Method）、因素比较法（Factor Comparison Method）、要素计点法（Point Method），以及在要素计点法基础上发展而来的海氏评价法。

6.2.1 排序法

排序法是指评价人员凭借自己的判断，将组织中的岗位进行相互比较，根据岗位的相对重要性或对组织贡献的大小，建立岗位等级序列。排序法是最简单易用的方法，适用于生产单一、工作性质类似、岗位较少、结构稳定的中小组织，以及缺乏时间和财力做人力资源规划工作的组织。排序法一般有 3 种常用的方法。

① 简单排序法：根据组织成员在岗位工作中积累的经验，通过主观判断的方法，对岗位的相对价值进行排序。

② 交替排序法：根据对岗位价值的判断，不断从原来岗位列表中选出价值最高和最低的岗位，直到全部选完。

③ 配对比较排序法：将所有要比较的岗位，分别列在表格的各行和列中，然后进行岗位难度的两两比较。

1. 排序法的实施步骤

排序法的实施步骤如图 6-2 所示。

2. 排序评价中需考虑的因素

一般来说，在岗位排序前进行评价时，评价委员会的相关人员要注意全面考虑相关的影响因素，这样才能尽可能降低主观性对排序的影响。排序评价中需考虑的因素如表 6-3 所示。

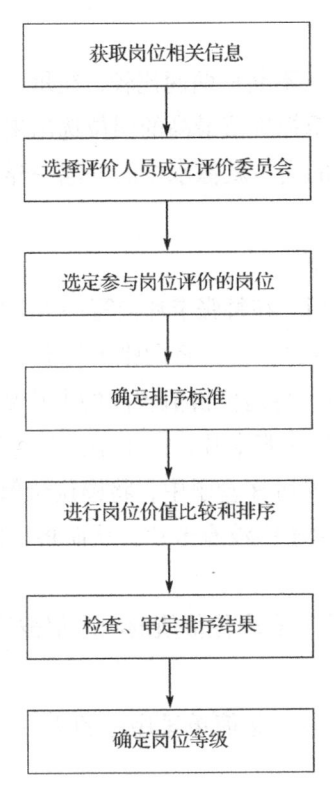

```
获取岗位相关信息
      ↓
选择评价人员成立评价委员会
      ↓
选定参与岗位评价的岗位
      ↓
确定排序标准
      ↓
进行岗位价值比较和排序
      ↓
检查、审定排序结果
      ↓
确定岗位等级
```

图 6-2 排序法的实施步骤

表 6-3 排序评价中需考虑的因素

责任因素	领导和管理责任
	质量责任
	产量责任
	安全责任
	成本控制责任
	看管责任
知识技能因素	知识的多样性
	工作的复杂性
	工作的灵活性
	专业知识与技能
	管理知识与技能
	沟通能力
劳动强度因素	工作压力
	脑力辛苦程度
	工作负荷
岗位性质因素	危险性
	环境的舒适性

3. 简单排序法

简单排序法的操作要点在于不断地两两比较，在每一轮比较中，都把价值高的岗位选出来与其他的进行比较，直至把价值最高的岗位选出来，然后在剩下的岗位中重复此操作。在每一轮中，价值最高的岗位就像水中的气泡一样冒出来，所以简单排序法也被称作冒泡排序法。

简单排序法的操作步骤如下。

① 将所有岗位都写到卡片上，在每张卡片上写一个岗位，然后把卡片放在 A 盒子中。

② 从 A 盒子中随意抽出两张卡片，将两张卡片上的岗位的价值进行比较，把岗位价值较低的卡片放到 B 盒子中，将岗位价值较高的卡片拿在手中。

③ 再从 A 盒子中随意抽出一张卡片，与手中岗位价值较高的卡片进行比较，然后将岗位价值较低的那一张卡片放到 B 盒子中，将岗位价值较高的卡片拿在手中。

④ 重复第③步，直至 A 盒子中没有卡片，从而将价值最高的岗位挑选出来，完成第一轮的筛选工作。

⑤ 重复第②～④步，直到所有岗位价值的顺序都被确定下来。

4. 交替排序法

交替排序法也叫轮流排序法，是简单排序法的进一步延伸。交替排序法的操作步骤如下。

① 准备两张纸，在第一张纸上列出将要进行评价的岗位，对纸上的岗位进行评价，选出价值最高的岗位，将其写到第二张纸上的第一行，然后将其在第一张纸上的名称划掉。

② 在第一张纸中选出价值最低的岗位，将其写到第二张纸的最后一行，同时将其在第一张纸上的名称划掉。

③ 对第一张纸上剩下的岗位重复进行第①、②步，选出价值最高和最低的岗位，然后将其分别写在第二张纸的第二行和倒数第二行，每选出一个就要将其名称从第一张纸上划掉，以此类推，直至第一张纸上的名称全被划掉，最终可得到排好的顺序，如表 6-4 所示。

表 6-4 交替排序法示例

排列顺序	岗位价值的高低程度	岗位名称
1	最高	市场部门经理
2	次高	人力资源部门经理
3	较高	财务部门审计主管
…	…	…
3	较低	安全生产主管
2	次低	行政采购主管
1	最低	总经办行政秘书

5. 配对比较排序法

配对比较排序法相对于简单排序法，执行效率比较高；相对于交替排序法，则容易清楚地判断岗位之间的价值次序。

配对比较排序法主要通过岗位在表格中的列示把第一个岗位与其余岗位进行逐一比较，并根据其岗位相对价值进行评分。如果横行岗位与竖行岗位相比价值高，则给 2 分；如果价值相当，则给 1 分；如果价值较低，则给 0 分。但注意选择岗位进行比较时，要选择同层次的岗位进行比较，如科长层、专员层等。表 6-5 所示为配对比较排序法示例。

表 6-5 配对比较排序法示例

岗　　位	销售专员	财务专员	人力专员	助理工程师	品管员	总　　分
销售专员	—	2	2	1	2	7
财务专员	0	—	2	1	1	4
人力专员	0	0	—	0	0	0
助理工程师	1	1	2	—	2	6
品管员	0	1	2	0	—	3

经配对比较后，根据总分进行排序，如表 6-6 所示。

表 6-6 岗位相对价值排序表

总　　分	岗 位 名 称	岗位相对价值次序
7	销售专员	1
6	助理工程师	2
4	财务专员	3
3	品管员	4
0	人力专员	5

为了避免单一评价人对岗位认知的局限性，必须加入多组评价人员，使其对岗位进行独立评价，再进行评分的汇总，具体做法如表 6-7 所示。

表 6-7 配对比较评定汇总表

岗 位 名 称	销售专员	财务专员	人力专员	助理工程师	品管员
A 评价小组	7	6	0	3	2
B 评价小组	8	4	1	5	6
C 评价小组	6	4	0	8	4
总分	21	14	1	16	12
参评人数	5	5	5	5	5
平均分	4.2	2.8	0.2	3.2	2.4
岗位价值次序	1	3	5	2	4

6. 岗位排序法的操作步骤

1）获取岗位信息

岗位排序法的第一个操作步骤是进行岗位分析，即通过岗位分析来充分了解岗位的具体职责和任职者所应具备的能力、技术水平、经验等任职资格。岗位描述和岗位规范对于岗位排序来说是非常有益的。然而，由于岗位排序法是根据岗位的总体情况而不是一系列报酬要素来进行排序的，因此，岗位说明书在岗位排序法中并不像在其他评价方法中那么不可或缺。但是，要在没有规范、具体的岗位说明书的情况下操作岗位排序法，就要求评价人员对被评价岗位的具体情况非常清楚。因此，新手或刚刚入职的员工不适合采用岗位排序法进行岗位评价。

2）选择报酬要素并对岗位进行分类

岗位排序法通常是根据岗位的总体状况来对岗位的价值进行排序的，但是无论如何，排序的依据仍然是报酬要素。排序的依据既可以是单一要素（如工作的复杂程度），又可以是多种要素（如工作的复杂程度、工作的压力、工作的环境等级），无论选择何种报酬要素，都要向岗位评价人员仔细解释这些报酬要素的具体含义，以确保评价工作的一致性。组织可以依据一定的标准来对所有岗位进行排序，但是在实际操作过程中，组织通常很难按单一标准对全部岗位进行排序。因此，很多时候，岗位排序法更适用于同一个部门或者职位族（如生产类岗位、行政后勤类岗位、职能管理类岗位）中的岗位，这样可以将岗位排序法的误差降至最小。

3）对岗位进行排序

对岗位进行排序的最简单做法是给每个岗位建立一张索引卡片，每张卡片都对岗位进行简短的说明，然后把这些卡片按其代表的岗位价值从低到高进行排序。有些管理人员为获得更精确的结果而使用交替排序法。其做法如下：先拿出岗位价值最高的卡片，再拿出岗位价值最低的卡片；拿出岗位价值第二高的卡片，再拿出岗位价值第二低的卡片；以此类推，直到把所有卡片都排好顺序。

4）综合排序结果

为避免个人的主观偏见和误差，通常会采取评价委员会的形式对岗位进行排序。因此，在每个评价人员的排序结果出来之后，还要对评价结果取平均值，形成对岗位的最终评价。

7. 排序法的优缺点

1）优点

① 简单易懂、易操作、易实行，耗用的时间和资源较少。

② 适用于规模较小的组织，使组织可以不用花费较多时间和金钱去开发较为复杂但相对精确的体系。

2）缺点

① 主观性较强，岗位顺序排列上无任何理论依据，只依靠评价人员的主观判断，缺少说服力。

② 不精确，只能得出岗位价值高低的顺序，不能判断两个相邻岗位价值的差距的大小，无法进一步解释评价后的结果，也无法说明各岗位重要性的差异程度。

③ 评价结果不稳定，当有新岗位产生或增加时，难以与当初的排列规律和标准相匹配，因此无法将新岗位适当地插入原有的岗位顺序中，必须将所有的岗位重新进行评价。

④ 对评价人员的要求较高，只有评价人员对所有工作都非常熟悉时才可以使用此方法。

6.2.2 分类法

分类法是排序法的进一步扩展，它通过制定出一套岗位级别标准，将岗位与标准进行比较，再归类到相应的各个级别中。分类法与排序法的不同之处在于，分类法需预先制定一套供参照用的等级标准，再将各待评岗位与之对照，从而确定该岗位的相应级别。岗位分析好比往一个多层书架上放书，书架的每一层都代表着一个等级，而每个岗位则是一本书。我们的目标是将这些书按不同的价值分配到书架的各个层次上去，这样就可以看到不同价值的岗位分布情况。因此，我们需要建立一套很好的岗位级别标准。如果这个标准建立得不合理，就可能会出现书架中有的层次挤满了很多书，而有的层次则没有书的情况，这样挤在一起的书就很难被区分出来。

1. 分类法的操作步骤

分类法的操作步骤如下。

① 通过岗位分析确定岗位的个数和不同岗位的工作内容，充分收集有关组织结构的资料，鉴别现行工资结构中的不均等情形。

② 划分岗位类别，根据岗位的不同工作性质，将各岗位划分为大类、中类和小类（大类如管理类岗位和生产类岗位；中类如操作岗位、辅助岗位等；小类如维修工岗位等）。

③ 划分岗位等级，根据岗位工作的繁简难易程度、责任大小及任职资格等因素，将同一小类中的工作划分成不同等级。一般最少分成5级，最多可以分成17级。

④ 描述岗位等级，对岗位等级在职责权限、技术要求、智力要求、脑力和体力耗费程度、需要的培训和经验、工作环境等方面做出明确的界定。

⑤ 评价岗位的相对价值，依据岗位等级的定义、岗位的相对难度、岗位的职责及必备的知识和经验，决定每个岗位应归入哪一类工作中的哪个等级。

2. 划分岗位类别

划分岗位类别即根据岗位的不同工作性质，对岗位进行横向分类。一般来说，组织可以将其全部岗位分为生产类和管理类两个大类，然后在此基础上，将岗位划分为若干中类和小类，如表 6-8 所示。

表 6-8 岗位类别划分示例

大类	中类	小类	岗位名称
生产类	操作岗位	水泥及水泥制品工	水泥制造工、建筑预制件制作工、水泥配料工、水泥看磨工等
		石棉及石棉制品工	石棉制造工、抗高温石棉制作工、抗酸石棉制作工等
		砖瓦制品工	采土机操作工、搅拌机器操作工、挤压操作工、制坯操作工等
		其他非金属矿物制品制造工	炭粉制作工、炭棒制作工、石墨制造工、石膏制作工、滑石粉制造工等
	辅助岗位	运输工	原料运输工、半成品运输工、成品运输工等
		仓库保管员	原料仓库保管员、半成品仓库保管员、成品仓库保管员等
		装卸搬运工	汽车装卸搬运工、火车车皮装卸工、手推车装卸搬运工
		维修工	机械维修工、电器维修工、工具维修工、仪表维修工等
		其他辅助岗	工具保管员、专用车辆司机
管理类	后勤服务岗位	医疗卫生	外科医生、内科医生、眼科医生、化验员、护士、门诊挂号员、病理档案员等
		物业管理	（略）
		福利设施	食堂管理员、炊事员、采购员等
	工程技术岗位	设计	产品研究、产品设计、标准化等技术岗位
		工艺	工装设计、机加工工艺、热加工工艺等技术岗位
		检测	计量、材料检测、产品质量检验等技术岗位
		试制	新产品试制、实验检验等技术岗位
	管理岗位	综合	计划、统计、信息中心、政策研究、企业管理、经济活动分析等管理岗位
		工业工程	安全技术、工厂规划、劳动定额等管理岗位
		人力资源	工资、调配、福利、保险、组织等管理岗位
		销售	经营、市场推销、售后服务、物价等管理岗位
		行政	文书档案、安全保卫、消防涉外管理等主管级岗位
		财务	会计、审计、经济核算等管理岗位
	其他岗位	教育培训	技工学校老师、培训中心老师、教务主管等
		图书资料	图书室、资料、复制等

资料来源：安鸿章. 工作岗位研究原理与应用[M]. 2 版. 北京：中国劳动保障出版社，2005.

3. 划分与描述岗位等级

在岗位类别的横向划分之后，根据工作的繁简难易程度、责任大小及任职资格等因素对每个小类进行等级划分与描述。表 6-9 所示某组织的岗位级别体系（部分）。

表 6-9 某组织的岗位级别体系（部分）

等级	等级描述
1	例行事务：按照既定的程序和规章工作；处在主管人员的直接监控之下；不带有技术色彩
2	需要一定独立判断能力的岗位；具有初级技术水平；需要一定的经验；需要主管人员的监督

续表

等　级	等 级 描 述
3	中等复杂程度的工作：根据既定的政策、程序和技术能独立思考；需要接受专业训练并具备一定的经验；无须他人监督
4	复杂工作：独立做出决策；监督他人工作；需要接受高级的专业训练并具有较丰富的经验

资料来源：董临萍. 工作分析与设计[M]. 上海：华东理工大学出版社，2008.

4．分类法的优缺点

分类法的优点：思路简单，容易操作与沟通，执行起来速度较快，对评价人员的培训要求少。应用分类法，一旦岗位的等级定义明确，管理起来就很容易，并且可以对大量的岗位进行评估。分类法的灵活性较强，尤其适用于组织中岗位发生变化的情况，可以迅速地将组织中新出现的岗位归类到合适的类别中。

分类法的缺点在于对岗位等级的划分和界定存在一定的难度，有一定的主观性，岗位级别划分不合理将会影响对岗位的评价。另外，这种方法对岗位的评价比较粗糙，只能得出一个岗位归在哪个等级中的结论，并不能表明岗位之间的价值量化关系。分类法在进行岗位的等级划分和待定岗位的评价时，只做整体的综合性评价，不做因素分解，难以进行精确的评比，相邻等级间难免有重叠之处。

6.2.3　因素比较法

因素比较法是基于排序法改进的一种量化的岗位评价方法，此法在进行工作岗位相互比较和排序的过程中，使用了报酬要素。因素比较法是将岗位按照给定的报酬要素进行重要的比较和排序，并从中确定每个岗位的薪酬水平。因素比较法可以较为精确地反映岗位之间的相对价值关系。

1．因素比较法的操作步骤

因素比较法的操作步骤如下。

① 成立评价小组。选择对岗位比较熟悉、工作经验较多的人组成岗位评价小组。

② 收集岗位信息，确定评价因素。收集与被评价岗位相关的工作说明书、工作日志、相关制度规定，同时还可以利用访谈和现场观察等方法，掌握岗位的实际情况。在此基础上提炼能够涵盖所有岗位的评价因素（一般来说包括脑力、技能、体力、责任和工作条件等）。

③ 确定标杆岗位。选择能代表组织各类岗位的，并且现行薪酬比较合理的岗位作为标杆岗位，以此作为其他岗位价值的评判标杆（对于这些岗位的价值基本上不做评定）。

④ 对标杆岗位进行排序。在每一个确定的评价因素上，对标杆岗位进行排序。例如，对标杆岗位 A、B、C、D，在脑力这个因素上，A 所需的脑力最多，C 所需的脑力最少，按所需脑力的多少由高到低的排序为 A—D—B—C。

⑤ 对标杆岗位进行薪酬分解并排序。根据确定的评价因素，对每个岗位的薪酬（一般用时薪或月薪水平）进行分解，即确定每个岗位在每个评价因素上对应的薪酬水平。

⑥ 确定非标杆岗位的价值。将非标杆岗位与建立起来的标杆岗位因素薪酬分配表进行比较，依次对各个因素进行判定，找到最类似的相应标杆岗位，查出相应的薪酬水平，然后将该岗位的各项因素薪酬水平相加，便得到该岗位的价值。

2. 因素比较法实施案例

广东 JM 公司为了建立一个科学的薪酬体系，特聘请咨询公司进行岗位价值的评价，以确定各个岗位薪酬水平的价值依据。本次岗位价值评价主要采取因素比较法来实施，具体实施步骤如下。

一、工作纪律

（一）会议纪律

严格遵守岗位评价期间的作息时间。

会议期间，关闭与外界的一切通信联系。

服从评委会主席、主持人和会务负责人的工作安排。有问题主动联系。

评委会主席：广东 JM 公司。

主持人：项目咨询组成员。

会务负责人：×××。

（二）岗位评价

座位：会议室的桌子上有座位序号，请各位评价人员打分时在某一个固定的座位上入座，记住自己的序号，以此作为自己的编号。

岗位评分严格按工作流程和规则进行，每打完一轮都要及时提交打分结果。

评分过程中，各评委独立打分，不得相互协商，有疑问应与主持人商讨。

评审过程及结果要保密，禁止任何人以任何方式将岗位评价的中间过程、中间结果及最终结果透露给除评委会以外的任何人员。

评价结束时，交回全部评价资料（包括评价手册）。

二、评价规则

（一）岗位评估的主要流程

对评价人员进行培训。

对标杆岗位进行评估。

对非标杆岗位进行评估。

（二）评估过程要求

1. 分发文件

主持人给每位评价人员分发两份文件：①岗位说明书；②标杆/非标杆岗位评价因素薪酬分配表，如表6-10所示。

表6-10 标杆/非标杆岗位评价因素薪酬分配表

工资（元/月） \ 因素	所需技能	任务难度	责任大小	工作条件
200				
300				
500				
700				
1100				
1800				
3900				
7500				

2. 操作要求

首先，对标杆岗位进行排序。广东JM公司根据自身的情况选择了清洁工、人资专员、业务员、财务经理、副总裁作为标杆岗位，每位评价人员都利用因素比较法的具体操作步骤进行独立排序，表6-11所示为某位评价人员的排序结果。

表6-11 某位评价人员的排序结果

工资（元/月） \ 因素	所需技能	任务难度	责任大小	工作条件
200	清洁工	清洁工		
300			清洁工	清洁工
500		人资专员	人资专员	人资专员
700	人资专员	业务员	业务员	业务员
1100	业务员			财务经理
1800	财务经理	财务经理		副总裁
3900	副总裁	副总裁	财务经理	
7500			副总裁	

然后，利用表6-12对所有评价人员的评价结果进行算数平均，得出最终的标杆岗位评价因素薪酬分配表，如表6-13所示。

表6-12 标杆岗位评价因素薪酬分配表　　　　　　　　　　　　单位：元/月

岗位 因素 评价人员	财务经理				
	所需技能	任务难度	责任大小	工作条件	总　分
评价人员1					
评价人员2					
评价人员3					
评价人员4					
评价人员5					
平均分					

表6-13 最终的标杆岗位评价要素薪酬分配表　　　　　　　　　单位：元/月

岗位 因素 评价人员	财务经理				
	所需技能	任务难度	责任大小	工作条件	总　分
评价人员1	1800	1800	3900	1100	8600
评价人员2	1100	1100	1800	1800	5800
评价人员3	1800	1800	1800	1100	6500
评价人员4	1800	3900	3900	700	10300
评价人员5	1100	1100	3900	1800	7900
平均分	1520	1940	3060	1300	7820

表6-13的右下角给出了该岗位的月工资水平。

岗位分析的结果表明，财务经理的月工资水平（也即岗位价值）为7820元，以同样的方法可以得到其他岗位的月工资水平。

3. 因素比较法的优缺点

1）优点

① 因素比较法的评价结果较为公正。因素比较法把各种不同工作中的相同因素相互比较，然后将各种因素的薪酬累计，主观性减少了。

② 因素比较法是用岗位说明书建立岗位比较尺度的，这意味着任何人只要具备岗位评价知识，就能够遵循该方法来制定适用的尺度。

③ 因素比较法减少了工作量。由于因素比较法是先确定标准岗位的系列等级，然后以此为基础分别对其他各类岗位进行评定的，因此它极大地减少了工作量。

④ 因素比较法比较容易设计，容易为员工所理解。

2）缺点

① 各影响因素的相对价值在总价值中所占的百分比完全是评价人员的直接判断，这必然会影响评价的精确度。

② 操作起来相对比较复杂，而且很难对员工做出解释，尤其是用货币值衡量因素

的价值时，很难说明其理论。

③ 薪酬尺度的存在势必受现行薪酬的影响，很难避免不公平的现象。

④ 一个或多个代表性岗位可能变更或责任加重，这样会使这些代表性岗位失去代表性作用。

⑤ 岗位比较尺度的建立步骤复杂，难以向员工说明。

因素比较法分配到每一因素的货币价值缺乏一个实在的依据，而只能依赖评价人员的判断，薪酬倾向于保留现有的支付原则，并带有个人的倾向，最后的支付额也倾向于人们对等级的判断，带有主观因素。

使用因素比较法时，需注意两个问题：一是报酬要素的确定要慎重，一定要选择最能代表岗位间差异的因素；二是由于市场上的工资水平经常发生变化，因此要及时调整标杆岗位的薪酬水平。

4. 因素比较法的实施要点

① 在确定各种工作影响因素时，要考虑生产和经营的性质。例如，影响因素可以概括为 5 个，即劳动者的智力、技能、体力、责任和工作环境，各因素对不同性质工作的影响不同。各因素还可以细分，如劳动者的智力可进一步分为知识、经验等；责任可以分为安全责任、经验责任或者风险责任等。

② 用最简洁的方法将各因素的内涵表述清楚，以保证评价标准的统一和公正。与其他岗位评价方法相同，因素比较法也需要遵循自上而下和自下而上的沟通渠道，依靠专业人员提供设计方案，但需要一线人员的密切配合和及时反馈。

③ 确定各因素的影响等级及其在总体体系中的比例时，要注意结合组织的性质和特点。例如，工作环境因素，在一些设备先进、机械化程度高、工作条件差异不大的组织，其重要性低于一些工作环境较差、机械化程度低、工作条件差异大的企业；相反的，前者对劳动者的智力因素要求比较高。

6.2.4 要素计点法

1. 要素计点法的操作步骤

要素计点法要求先确定几个报酬要素，然后为每个报酬要素制定结构化量表，将待评价的岗位与报酬要素结构化量表中等级的定义进行对比，确定岗位在各项报酬要素上的得分，再将岗位在各项报酬要素上的得分加总得到岗位的点数。要素计点法的操作步骤如下。

① 确定要评价的职位族。不同的部门岗位差别很大，通常不会使用一种点值评定方案来评价组织中的所有岗位。

② 收集岗位信息。通过岗位分析，制定岗位说明书。

③ 选择报酬要素。常用的报酬要素有智能、责任、体能、工作环境。不同的职位族

通常有不同的报酬要素。

④ 界定报酬要素。仔细界定每个报酬要素，以确保评价人员在应用这些要素时能保持一致。

⑤ 确定要素等级。划分要素等级时，要对每个等级进行详细的定义，并提供标准岗位。不是每个要素等级都需要有相同的等级数，等级数应限制在可以清楚地区分岗位的水平上。

⑥ 确定要素的相对价值。每个职位族要素的权重都可能是不同的。评价人员要仔细研究要素及其等级定义，然后决定每个职位族中各要素的权重，得到各要素的百分比权重。

⑦ 确定各要素及各要素等级的点值。在确定了各要素的百分比权重后，用总点数乘以百分比权重就得到要素的点值，然后根据要素的等级数平均分配点值。

⑧ 编写岗位评价指导手册。把各要素及其等级定义、点值汇编成一本便于使用的岗位评价指导手册。

⑨ 将岗位列等。评价人员使用岗位评价指导手册将岗位列等。每个岗位都要根据岗位说明书，按各报酬要素分别进行评价以确定其点值，把所有要素的点值加总得到该岗位的总点值。评价人员通常先评价关键岗位，达成一致意见后再评价职位族中的其余岗位。

2. 确定报酬要素

报酬要素的选择非常关键，它是要素计点法的核心。因为这些要素是评价工作的标准，是要素计点法的基础。这些要素能反映岗位如何为组织创造价值，而这又源于岗位本身和组织的战略方向。所以在确定报酬要素时，要注意以组织的战略和价值观为基础。

美国管理技术协会曾将岗位报酬要素分为四大类，分别为智能、体能、责任和工作环境，然后又将大类分成各个小类。美国国民岗位评价方案的报酬要素表如表6-14所示。

表6-14 美国国民岗位评价方案的报酬要素表

要素	子要素	子要素的定义	等级	各等级的定义
智能	1. 知识	为了令人满意地完成该项工作，所需要的知识水平及相应的训练	1	能进行整数的读、写、加减运算；会使用固定的公式、仪表；能阅读说明书。这一级工作不需要讲解能力
			2	能进行整数、小数和分数的加减乘除运算；会运用简单的公式、图表；会使用可调度的度量衡器具；会写检查报告、进行记录，使用可比性资料。这一级工作需要讲解能力

续表

要 素	子 要 素	子要素的定义	等 级	各等级的定义
智能	1. 知识	为了令人满意地完成该项工作，所需要的知识水平及相应的训练	3	会进行数学运算，并使用复杂的图表、说明；能使用各种类型的精密度量衡器具，受过相当于1~3年的专业训练
			4	能运用高等数学的知识进行数量运算及分析；能使用各类精密的测量仪表，受过某种行业或社会公认的技巧训练，或受过相当于两年制的技术学科学校的专业教育
			5	会运用高等数学、应用数学的知识；具有机械、电力、化工、土木工程等有关应用工程理论及实践的综合知识，相当于受过4年制技术学科学校或本科的教育训练
	2. 经验	在正常条件下，要达到工作规定的工作质量和数量标准所需具备的最短的实际工作时间，既包括在本工作已做过的时间，又包括以往从事与本工作有关的工作时间，两方面经验要结合在一起考虑	1	3个月以内（包括3个月）
			2	2~12个月
			3	1~3年
			4	3~5年
			5	5年以上
	3. 才智和创造力	为完成该岗位的工作所需具备的判断、决定、计划和活动能力，以及所需要的智能程度	1	按说明进行工作，几乎不需要进行判断与决定；按程序使用简单的设备，几乎不需要调整或选择程序
			2	按说明和程序进行工作，对程序和方法需要做一些小的调整
			3	需要在规定的工作程序与方法范围内，对设备、装置、程序和操作方法进行判断、分析和计划
			4	要求有相当的判断能力和计划能力，要相当主动而机智地进行决策，以完成该岗位内非常规的困难工作
			5	能对涉及面很广、很复杂的计划项目和目标进行主动而机智的工作，具有广泛的概括判断力
体能	4. 体力	从事该岗位的工作所需使用的体力程度	1	微不足道（如不断地举起或移动很轻的物体，很少需要搬动普通重量的物体）
			2	很轻
			3	轻
			4	一般
			5	重

续表

要素	子要素	子要素的定义	等级	各等级的定义
体能	5.注意力集中程度	本要素反映运用脑力和视力的紧张程度。注意力集中及其持续程度越高,级别越高	1	由于生产自动化等原因,只需要间或地加以注意,精神和视力长时间地保持在松弛状态
			2	经常要保持对工作的注意力
			3	持续地保持对工作的注意力
			4	需要精力与视力高度集中
			5	需要精力与视力高度集中,进行高度紧张而准确的活动
责任	6.对各种仪器、设备所负责任的大小	对防止因错误或粗心而造成的仪器、设备损坏所负的责任	(略)	(略)
	7.对材料或产品所负责任的大小	对防止材料和产品损失所负的责任	(略)	(略)
	8.对他人安全所负责任的大小	在使用安全装置、遵守安全规则的情况下,对防止对其他工作岗位上的工作人员的健康和安全产生危害所负的责任	(略)	(略)
	9.对他人工作所负责任的大小	指导和维持他人工作的责任,分5级,所负责的人数越多,责任越大,级别越高	(略)	(略)
工作条件	10.工作条件的好坏	工作环境中灰尘、污垢、烟雾、潮湿、高温、噪声、振动等对工作环境的影响程度	(略)	(略)
	11.危险性	在考虑了劳动保护设施和规则的情况下,一旦发生事故,可能发生的工伤事故及其对健康的危害程度	(略)	(略)

资料来源:康士勇,林玳玳.工资理论与管理实务[M].北京:中国经济出版社,1998:5-6.

3. 确定要素的权重及点值

首先,确定各影响要素的总点数。目前,英国、美国一般使用的总点数为500点。其次,确定各要素的配点,即岗位评价要素的百分比与点数。表6-14中的美国国民岗位评价方案中采用的百分比权重及点值:智能50%,250点;体能15%,75点;责任20%,100点;工作条件15%,75点。

4. 将岗位列等

根据各个岗位的点数，将岗位进行归类列等。点数越高，工等越高；点数越少，工等越低。

5. 要素计点法的优缺点

1）优点

① 可靠性强。要素计点法运用的要素的定义准确清晰，进行系统比较时，能够减少评价中的主观随意性。

② 易于接受。要素计点法是若干评价要素综合平均的结果，员工参与评价，提高了评价的准确性。

③ 适应性强。由于可选择的要素多，评价人员无须熟悉每项工作的详细情况，只需按照工作说明书中的要素对每项工作进行分析，因此，要素计点法适用于对工资和工作条件进行协调的大企业。

④ 稳定性强。当引进新的工作或现有工作发生变化时，不必在相同职位族内再与其他所有工作进行系统比较，只根据评价体系就很容易确定其等级。

2）缺点

① 需要耗费时间和人力。要素计点法需要对每项工作进行深入研究，在评价每个要素时，每个评价人员分别评定，然后进行汇总，工作相当烦琐，需花费大量的时间。

② 评价系统难以建立。工作分析的要素及其等级定义要求评价人员具有较高的技能水平。

③ 具有一定的主观性。要素的选择、等级的确定与定义，以及要素权重的确定不可避免地带有一定的主观色彩。

6. 报酬要素（摘录）

报酬要素（摘录）如表 6-15 所示。

表 6-15 报酬要素（摘录）

1 责任要素		
等级	1.1 经营损失的责任	分值
	要素的定义：为保证经营活动顺利进行，在风险控制责任的大小及可能造成的经营损失方面所承担的责任	
1	极少有风险，造成的损失可能极少	5
2	仅有一些小风险，一旦发生问题，会造成较小的损失	15
3	有一定的风险，一旦发生问题，会造成较大的损失	30
4	有较大的风险，一旦发生问题，会给造成重大的损失	45
5	有极大的风险，一旦发生问题，会造成不可估量的损失，将导致经营危机	60

续表

1 责任要素		
等级	1.2 领导管理的责任	
	要素的定义：在正常权力范围内所拥有的正式领导管理职责。其责任的大小根据所领导管理人员的层次进行判断。 注：一般员工是指无下级的员工；一般管理人员是指有下级的基层管理人员；中层管理人员是指职能部门或业务部门中的负责人（正/副职）；高层管理人员是指公司总经理助理及以上人员	
0	不领导管理任何人，只对自己负责	0
1	领导管理一般人员	5
2	领导管理一般管理人员	10
3	领导管理的人员中有中层管理人员	15
4	领导管理的人员中有部门第一负责人	20
5	领导管理的人员中有高层管理人员	30
等级	1.3 内部协调的责任	
	要素的定义：在正常工作中，需要指导各部门合作以顺利开展业务的协调活动。其责任的大小以所协调对象的所在层次、人员数量、频繁程度和失调后果的大小作为判断基准	
1	不需要与任何人进行工作协调，若有，也是偶尔与本部门的一般员工	5
2	仅与本部门的员工进行工作协调，偶尔与其他部门进行一些个人协调，协调不力一般不会影响自己和他人的正常工作	10
3	与本部门和其他部门的员工有密切的工作联系，协调不力会影响双方的工作	15
4	几乎与本组织所有的一般员工都有密切的工作联系，或与部分部门经理有工作协调的必要，协调不力对组织有一定的影响	25
5	与各部门的经理及负责人有密切的工作联系，在工作中需要随时与其保持联系和沟通，协调不力对整个组织有重大影响	35
等级	1.4 外部协调的责任	分值
	要素的定义：在正常工作中需维持密切的工作关系，以便顺利承担工作方面所负有的责任。其责任大小以对方工作的重要性作为判断标准	
1	不需要与外界保持密切联系，如有，也仅限于一般公职人员，且属于偶然性的	5
2	需要与外界几个固定部门的一般人员发生较频繁的业务联系，所开展的业务属于常规性的	15
3	需要与厂商、政府机构、外商保持密切联系，联系原因只限于具体业务	25
4	需要与上级或其他主管部门的负责人保持密切联系，且联系频繁，联系的原因往往涉及重大问题或重要决策	35
等级	1.5 工作结果的责任	分值
	要素的定义：对工作结果承担多大的责任。其责任的大小以工作结果对组织影响的大小作为判断基准	
1	只对自己的工作结果负责	5
2	需要对自己和所领导员工的工作结果负责	10
3	对整个部门（业务部门/职能部门）的工作结果负责	20
4	对多个部门的工作结果负责	30

续表

1 责任要素		
等级	1.5 工作结果的责任	分值
5	对整体的工作结果负责	40
等级	1.6 人力资源的责任	分值
	要素的定义：在正常工作中，对人员的选拔、作用、考核、工作分配、激励等具有法定的责任	
0	不负有人力资源的责任	0
1	仅对一般员工有工作分配任务、考核和激励的责任	10
2	对一般员工有选拔、使用和管理的责任	15
3	对一般管理人员有选拔的责任	20
4	对中层管理人员有选拔的责任	30
等级	1.7 法律上的责任	分值
	要素的定义：在正常工作中需要撰写和签署具有法律效力的合同，并对合同的结果负有相应的责任。其责任的大小以签约、撰写合同的重要性及后果的严重性作为判断基准	
0	不参与有关法律合同的制定和签约	0
1	需要偶尔拟定具有法律效力的合同条文，其条文最终受上级审核方可签约	5
2	经常需要撰写合同和签约，领导只做原则审核，个人承担部分责任	10
3	经常需要审核各种业务或其他具有法律效力的合同，并对合同的结果负有全部责任	20
4	经常需要以法人资格签署各种有关合同，并对其结果负有全部责任	30
等级	1.8 决策的责任	分值
	要素的定义：在正常工作中需要参与决策。其责任的大小以所参与决策的层次高低作为判断基准	
1	常做一些小的决定，一般不影响他人	5
2	需要做一些大的决定，只影响与自己有工作关系的部分一般员工	10
3	需要做一些对所属人员有影响的决策	20
4	需要做一些大的决策，但必须与其他部门负责人共同协商方可	30
5	需要参加最高层次的决策	40
2 知识技能要素		
等级	2.1 最低学历要求	分值
	要素的定义：顺利履行工作职责所要求的最低学历要求。其判断基准为正规教育水平	
0	初中及以下	0
1	高中、职业高中、技校或中专	5
2	专科	10
3	本科	20
4	硕士及以上	30
	……	

6.2.5 海氏评价法

海氏评价法又叫指导图表-形状构成法，是目前比较流行的一种岗位评价方法，是由美国薪酬专家艾德华·海于1951年开发出来的，适用于管理工作和专业工作的评价。其实质是一种要素计点法，只不过此法将报酬要素进一步抽象为具有普遍适用性的三大要素：技能水平、解决问题的能力和所负的责任。相应地，它也设计了3套标尺性评价量表，最后将所得分值相加，算出各个工作岗位的相对价值。海氏评价法使用确定的这3个通用要素作为报酬要素对工作进行比较，而每一个报酬要素又分别由数量不等的子要素构成。

1. 三大要素的含义及评价量表

三大要素的含义如表6-16所示，3套评价量表如表6-17~表6-19所示。

表6-16 三大要素的含义

序号	要素	要素的定义	子要素	子要素的定义	等级
1	技能水平	要使工作绩效达到可接受的水平所必需的专门及相应的实际动作技能的总和	专业知识的深度与广度	一个岗位往往要求多样化的知识，对于每一岗位的专业知识要求要在广度和深度之间进行结合和权衡	8
			管理诀窍	为达到要求的绩效水平而具备的计划、组织、执行、控制和评价的能力与技巧，该子系统分5个等级，从"起码的"第一级到"全面的"第五级	5
			人际关系技能	该岗位所需要的沟通、协调、激励、培训、关系处理等方面主动而活跃的活动技巧；该子系统分"基本的""重要的""关键的"3个等级	3
2	解决问题的能力	工作中发现问题，分析诊断问题，提出、权衡与评价对策，做出决策等的能力	思考的环境	环境对岗位行使者的思维的限制程度，该子要素分为8个等级，从几乎一切都按既定规则工作的"高度常规的"第一级到"抽象规定的"第八级	8
			思维挑战性	解决问题时对当事者创造性思维的要求，该子要素分为5个等级，从"几乎无须动脑只需按规矩办事的"第一级到"抽象规定的"第5级	8
3	所负的责任	任职者的行动对工作最终结果可能造成的影响及承担责任的大小	行动的自由度	岗位能在多大程度上对其工作进行个人指导与控制，该子要素包含9个等级，从自由度最小的第一级"有规定的"到自由度最大的第九级"一般性无指引的"	8

资料来源：董临萍. 工作分析与设计[M]. 上海：华东理工大学出版社，2008.

表 6-17 技能水平评价量表

| | | 管理诀窍 ||||||||||||
| | | 1. 起码的 ||| 2. 相关的 ||| 3. 多样的 ||| 4. 广博的 ||| 5. 全面的 |||
人际技能		基本的	重要的	关键的	基本的	重要的	关键的	基本的	重要的	关键的	基本的	重要的	基本的	基本的	重要的	关键的
	1. 基本的	50	57	66	66	76	87	87	100	115	115	132	152	152	175	200
		57	66	76	76	87	100	100	115	132	132	152	175	175	200	230
		66	76	87	87	100	115	115	132	152	152	175	200	200	230	264
	2. 初等业务的	66	76	87	87	100	115	115	132	152	152	175	200	200	230	264
		76	87	100	100	115	132	132	152	175	175	200	230	230	264	304
		87	100	115	115	132	152	152	175	200	200	230	264	264	304	350
	3. 中等业务的	87	100	115	115	132	152	152	175	200	200	230	264	264	304	350
		100	115	132	132	152	175	175	200	230	230	264	304	304	350	400
专业理论知识		115	132	152	152	175	200	200	230	264	264	304	350	350	400	460
	4. 高等业务的	115	132	152	152	175	200	200	230	264	264	304	350	350	400	460
		132	152	175	175	200	230	230	264	304	304	350	400	400	460	528
		152	175	200	200	230	264	264	304	350	350	400	460	460	528	608
	5. 基本专门技术	152	175	200	200	230	264	264	304	350	350	400	460	460	528	608
		175	200	230	230	264	304	304	350	400	400	460	528	528	608	700
		200	230	264	264	304	350	350	400	460	460	528	608	608	700	800
	6. 熟练专门技术	200	230	264	264	304	350	350	400	460	460	528	608	608	700	800
		230	264	304	304	350	400	400	460	528	528	608	700	700	800	920
		264	304	350	350	400	460	460	528	608	608	700	800	800	920	1056

续表

人际技能		管理诀窍													
		1. 起码的			2. 相关的			3. 多样的			4. 广博的			5. 全面的		
		基本的	重要的	关键的	基本的	重要的	关键的	基本的	重要的	关键的	基本的	重要的	关键的	基本的	重要的	关键的
专业理论知识	7. 精通专门技术	264	304	350	350	400	460	460	528	608	608	700	800	800	920	1056
		304	350	400	400	460	528	528	608	700	700	800	920	920	1056	1216
		350	400	460	460	528	608	608	700	800	800	920	1056	1056	1216	1400
	8. 权威专门技术	350	400	460	460	528	608	608	700	800	800	920	1056	1056	1216	1400
		400	460	528	528	608	700	700	800	920	920	1056	1216	1216	1400	1600
		460	528	608	608	700	800	800	920	1056	1056	1216	1400	1400	1600	1840

表 6-18 解决问题的能力评价量表　　　　　　　　　　　　　　　　　单位：%

		思维难度				
		1. 重复性的	2. 模式化的	3. 中间性的	4. 适应性的	5. 无先例的
思维环境	1. 高度常规性的	10	14	19	25	33
	2. 常规性的	12	16	22	29	38
	3. 半常规性的	14	19	25	33	43
	4. 标准化的	16	22	29	38	50
	5. 明确规定的	19	25	33	43	57
	6. 广泛规定的	22	29	38	50	66
	7. 一般规定的	25	33	43	57	76
	8. 抽象规定的	29	38	50	66	

表 6-19 所负的责任评价量表

职务责任	大小等级	1. 微小				2. 少量				3. 中量				4. 大量			
	职务对后果形成的作用	间接		直接		间接		直接		间接		直接		间接		直接	
		微小	次要	重要	主要	微小	次要	重要	主要	微小	次要	重要	主要	微小	次要	重要	主要
行动的自由度		10	14	19	25	14	19	25	33	19	25	33	43	25	33	43	57
		12	16	22	29	16	22	29	38	22	29	38	50	29	38	50	66
	有规定的	14	19	25	33	19	25	33	43	25	33	43	57	33	43	57	76

续表

职务责任	大小等级	1. 微小				2. 少量				3. 中量				4. 大量			
职务对后果形成的作用		间接		直接		间接		直接		间接		直接		间接		直接	
		微小	次要	重要	主要	微小	次要	重要	主要	微小	次要	重要	主要	微小	次要	重要	主要
行动的自由度	受控制的	16	22	29	38	22	29	38	50	29	38	50	66	38	50	66	87
		19	25	33	43	25	33	43	57	33	43	57	76	43	57	76	100
		22	29	38	50	29	38	50	66	38	50	66	87	50	66	87	115
	标准化的	25	33	43	57	33	43	57	76	43	57	76	100	57	76	100	132
		29	38	50	66	38	50	66	87	50	66	87	115	66	87	115	152
		33	43	57	76	43	57	76	100	57	76	100	132	76	100	132	175
	一般性规定的	38	50	66	87	50	66	87	115	66	87	115	152	87	115	152	200
		43	57	76	100	57	76	100	132	76	100	132	175	100	132	175	230
		50	66	87	115	66	87	115	152	87	115	152	200	115	152	200	264
	有指导的	57	76	100	132	76	100	132	175	100	132	175	230	132	175	230	304
		66	87	115	152	87	115	152	200	115	152	200	264	152	200	264	350
		76	100	132	175	100	132	175	230	132	175	230	304	175	230	304	400
	方向性指导的	87	115	152	200	115	152	200	264	152	200	264	350	200	264	350	460
		100	132	175	230	132	175	230	304	175	230	304	400	230	304	400	528
		115	152	200	264	152	200	264	350	200	264	350	460	264	350	460	608
	广泛性指导的	132	175	230	304	175	230	304	400	230	304	400	528	304	400	528	700
		152	200	264	350	200	264	350	460	264	350	460	608	350	460	608	800
		175	230	304	400	230	304	400	528	304	400	528	700	400	528	700	920
	战略性的指导	200	264	350	460	264	350	460	608	350	460	608	800	460	608	800	1056
		230	304	400	528	304	400	528	700	400	528	700	920	528	700	920	1216
		264	350	460	608	350	460	608	800	460	608	800	1056	608	800	1056	1400
	一般性无指引的	304	400	528	700	400	528	700	920	528	700	920	1216	700	920	1216	1600
		350	460	608	800	460	608	800	1056	608	800	1056	1400	800	1056	1400	1840
		400	528	700	920	528	700	920	1216	700	920	1216	1600	920	1216	1600	2112

2．海氏评价法的操作步骤

海氏评价法的操作步骤如下。

① 选择标杆岗位。在应用海氏评价法进行评价前，应对所有的被测岗位进行归类，并从每类中选出标杆岗位来参加测评。选择标杆岗位的标准有3个：一是标杆岗位够用即可；二是标杆岗位要好用；三是选择岗位价值较难比较的岗位来作为标杆岗位。

② 准备标杆岗位的岗位说明书。要准备详细的岗位说明书，以便评价人员利用它来进行评价，以降低岗位评价的主观臆测性。

③ 成立岗位评价小组。岗位评价小组应由外部专家和组织内部的资深员工组成，外部专家较内部人员更为客观、公正，而内部的资深员工则挑选那些对组织的整体情况

比较熟悉的人，不仅要考虑中高层员工，还要适当兼顾基层员工。

④ 对岗位评价人员进行培训。要让每一个岗位评价人员对海氏评价法的原理、逻辑关系、评价过程和评价方法都有非常清晰的了解。

⑤ 对标杆岗位进行评价。对标杆岗位进行评价可以分两个步骤进行：首先，让最熟悉组织的人选择一个岗位进行评价；其次，评价小组选择若干个具有代表性的岗位进行试评价，评价结果如果比较令人满意就可展开全面的评价。

⑥ 计算岗位得分，建立岗位等级。计算岗位得分时首先要将评价差异过大的岗位剔除，然后按照得分的高低将标杆岗位进行排序，按照一定的分数差距对标杆岗位进行分级和分层。最后将非标杆岗位按其对应的标杆岗位排列到相应的层级中。

3. 海氏评价法的优缺点

海氏评价法是由要素计点法改进而来的，因此它具有要素计点法固有的优点和缺点。海氏评价法最大的优点在于它适用于不同职能部门中不同岗位之间相对价值的比较和量化，该方法受评价人员的主观干扰少，得出的评价分数更为精确和合理。该方法适用于大规模组织中管理、专业和技术岗位的评价，尤其适用于高级管理岗位的评价。

而它的缺点在于，与其他方法相比，想开发出与组织实际相适应的评价量表需要花费大量的时间，操作过程非常复杂，对评价人员的要求很高，并且得出评价分数后也不能直接得到岗位的货币价值量，岗位的具体薪酬还需要参考外部市场状况才能确定。

6.3 岗位评价的应用

1. 明确区分出岗位等级

在没有进行岗位评价的企业中，企业是用职务等级来代替岗位等级的。但是简单的职务等级不能精确区分出同一职务等级的差别，而且对于一些职务等级比较低但是贡献很大的岗位来说是非常不合理的。例如，某企业的一个高级技工对企业的生产制造的贡献非常大，具有独特的技术能力，从对企业的贡献的角度讲，他的贡献不亚于一个部门经理，从理论上来说他所享受的福利待遇或拥有的某些权力应与部门经理不相上下，但是通常在用职务等级代替岗位等级的企业中，高级技工是比部门经理低几个等级的，待遇自然相差甚远，而进行岗位评价就可以很好地解决这个问题，而且有利于建立以能力论英雄的文化而不是等级制的官僚的文化。

2. 确定岗位的相对价值

人力资源管理的核心是价值链管理。这条价值链上有 3 个主要环节：第一个环节是"价值创造"，它强调的是创造要素的吸纳与开发，即明确企业价值的创造者是谁，以及他们是如何为客户创造价值的；第二个环节是"价值评价"，它强调的是要建立科学的价值评价考核体系，即评价这些创造活动的价值的大小；第三个环节是"价值分配"，它强调的是根据对创造企业价值贡献的大小来分配价值。这就是最本质和朴素的人力资源管理的核心，即创造价值大的分配的也要多，只有解决好这个问题，才能不断牵引企业整体的价值持续增加。

第二个环节"价值评价"可以说是连接第一个环节"价值创造"和第三个环节"价值分配"的桥梁，是非常重要的一个环节。在这个环节中，人力资源管理目前采用两种主要的方法进行评价：由岗位本身贡献的价值，即不考虑任职者的影响，仅仅是该岗位正常产出情况下对企业贡献的价值，通过岗位评价进行评价；而对于企业中同一个岗位的不同任职者因为人员能力和创造的绩效的不同所创造的不同价值，通过任职资格管理体系和绩效体系进行评价。在这两种评价方法中，由于岗位体系是人力资源管理的基础，因此对岗位价值的评价是最基本的评价方法，企业通过岗位评价使员工对各种不同岗位在企业中的相对贡献价值有清晰的认识。可以说，只有做好了岗位评价，才有价值分配的基础。

3．作为薪酬公平的基础

薪酬公平主要有内部公平和外部公平两种。薪酬内部公平是指企业内部不同员工的薪酬比较，即岗位价值和员工能力相似的薪酬应该基本处于同一级别上，不能差距过大，如果差距过大，就会产生明显的不公平，不利于激励员工。可以说，做到薪酬公平的前提是要清楚地知道哪些岗位处于相同级别、哪些岗位的级别不同，这样才谈得上比较，否则薪酬的比较是没有实质意义的。

同样，薪酬外部公平是指将本企业的岗位与本地区同行业的相同岗位的薪酬进行比较，如果比本地区薪酬水平的中位值低过多，就会让员工产生不公平感，难以留住人才。有了岗位评价以后，就能对本企业同等级别和外部同等级别的岗位薪酬进行比较分析，为本企业的薪酬外部公平打下良好的基础。

4．对任职者和岗位进行比较

进行岗位评价时，重点是岗位，而不是岗位上的人或工作结果。当岗位等级确定以后，通过对各任职者和岗位等级要求的整体扫描，就可以对企业内部各个岗位的任职者的现状有统一的认识，并可以对不同情况进行不同的处理。

任职者和岗位要求之间的差距可能存在以下3种情况。

① 任职者的能力正好符合岗位要求。此种情况为正常情况，不需要进行处理。

② 任职者的能力超过岗位要求。一种处理是将该任职者放到更合适的更高等级的岗位上；另一种处理是丰富该岗位的职责，并重新评估其价值，以使企业的人才不被浪费，以利于解决工作挑战不足引起的人才流失问题。

③ 任职者的能力达不到岗位要求。一种情况是差距过大，而又找不到更合适的任职者，此时可以适当地撤销该岗位的部分职责，并做相应的岗位等级调整。在该任职者的能力通过培训和辅导等方式得以提高以后，在合适的时机将任职者的职责进行补

充并调整岗位等级。另一种情况是差距不是非常大，这时需要通过引入绩效系统来对任职者进行牵引，并提供相应的培训和辅导手段促进任职者快速提升能力水平，以达到岗位要求。从某种程度上来说，在快速成长的企业中，为员工提供有挑战性的工作是快速培养人才的有效方式之一。

5. 从宏观上了解岗位间的相互关系

岗位等级矩阵有两个维度的信息，一个是等级维度，另一个是各个部门的名称维度。将企业的所有岗位都放入一个矩阵表里，这样对企业整体的岗位关系及其横向比较和纵向分布都会有一个宏观的认识。例如，某个部门设有多少个岗位；这些岗位的等级是什么；某个岗位的上级岗位有哪些，其同级岗位有哪些，其下级岗位有哪些，这些信息都可以一目了然，非常清晰。

6. 作为岗位发展和继任者计划的参照依据

一个好的岗位体系设置会充分考虑员工职业发展通道的问题，会结合员工职业发展体系和继任者计划进行合理规划。在某个职位族的发展通道上设置不同的岗位路径，某些管理岗位的可能继任岗位有哪些，在岗位等级矩阵中，根据其所处的位置来判断不但方便而且更容易管理。例如，可以规定在岗位等级矩阵中的第 41 级技术员要升到 45 级技术专家需要经过第 42 级工程师、第 43 级高级工程师、第 44 级主任工程师 3 个等级才可以实现。还有一种情况是员工可以选择专业能力和管理能力不同的发展路径。例如，第 45 级有技术专家和公司副总两个岗位，这样第 41 级的员工要达到 45 级的等级就有两种通道甚至多种通道可以选择，这样就可以帮助员工很好地规划其提升的路径，让员工充分了解自己所处的位置，让员工知道需要经过怎样的努力才能达到理想的位置。

6.4 定岗定编定员实务

定岗定编定员是企业岗位管理中的一项基础性的工作，可以简称为组织的"三定工作"。企业在战略的指导下，通过组织结构设计和职能的分解，在设置岗位的基础上确定企业的员工编制，进而确定相应岗位的工作人员的管理活动。企业通过定岗定编定员才能达到各个部分事事有人做、人人有事做、岗位无重复、工作无遗漏的目的。

6.4.1 定岗定编定员概述

定岗定编定员涉及企业业务目标的落实、员工能力和数量的匹配，从而影响到企业运营成本的降低和效率的提高。定编定员是采取科学的程序和方法，合理地确定企业组织机构的设置并对各部门和各类人员进行合理配备。它所要解决的是企业各工作岗位配备什么样的人员，以及配备多少人员的问题。它通过对企业用人方面的数量规定使企业精干高效。通常，定编是指从"编制"角度进行机构和部门人员搭配设置的规定，定员更关心从"岗位"角度确定配备人员的数量。由于企业部门的定编和定员是密不可分的两项人力资源规划工作，在本书中将二者统一为定编定员，不再拘泥于二者的区分。

1. 定岗定编定员的特点

① 必须在企业的战略方向确定的情况下进行。
② 必须在企业具备一定的业务规模的基础上进行。
③ 具有一定的时效性。
④ 不仅要在数量上解决好人力资源的配置，还要从质量上确定录用人员的标准，从素质结构上实现人力资源规划的合理配备。

定编定员与岗位设计是密切相关的，岗位确定过程本身就包括工作量的确定，也就包括了对基本的上岗人员数量和素质要求的确定。

2. 工作分类

企业中的工作岗位的数量可能会很多，而具体的岗位随时间变化的可能性也很大，有新的产生，有旧的消失。所以定编时没有必要对所有工作上的人员配备都进行确定，而只需对那些关键的工作或某几类关键的工作进行确定即可，所以企业需要通过工作分析对不同的工作进行分类。工作分类示例如表6-20所示。

表6-20 工作分类示例

类别		工作簇	描述
管理类	行政管理	信息管理	包括企业数据库管理、系统维护、网络维护、硬件/软件管理等工作
		财务管理	包括成本分析、成本费用核算、预算编制、收支账务管理、税费缴纳、固定资产管理等工作
		行政总务	包括行政、后勤、文秘、档案、保卫等工作
		人力资源	包括薪酬、绩效、培训、招聘、福利等工作

3. 定岗定编定员的操作流程

定岗定编定员的操作流程如图6-3所示。

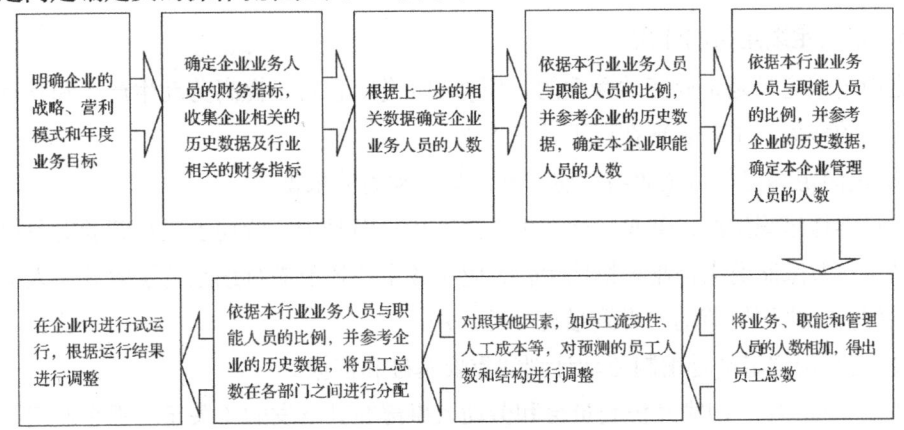

图6-3 定岗定编定员的操作流程

① 确定企业业务人员的人数。明确企业的战略、营利模式和年度业务目标，从而确定企业业务人员的财务指标，收集企业相关的历史数据及行业相关的财务指标，从而确定成本控制下实际需求的企业业务人员的人。

② 确定本企业职能人员的人数。依据本行业业务人员与职能人员的比例，并参考企业的历史数据为企业配备相适应的职能人员。

③ 确定本企业管理人员的人数。依据本行业业务人员与职能人员的比例，并参考企业的历史数据，为企业选择相应比例的管理人员。

④ 确定本企业的员工总数。将业务、职能和管理人员的人数相加，得出员工总数。

⑤ 确定本企业人员的实际情况。对照其他因素，如员工流动性、人工成本等，对预测的员工人数和结构进行调整。

⑥ 确定本企业人员的分配情况。依据本行业业务人员与职能人员的比例，并参考企业的历史数据，将员工总数在各部门之间进行分配。

⑦ 经过以上步骤得出企业的岗位人员需求，经过在企业内进行试运行，并根据运行结果进行调整，最后完成定岗定编定员工作。

4．定岗定编定员的原则

1）科学合理

科学合理就是从本企业的实际出发，结合企业自身的技术水平、管理水平、员工素质和劳动生产率等因素，在符合人力资源管理的一般规律的要求下，做到"精简有效"。

2）各类人员的比例要协调

要合理安排直接与非直接经营人员的比例，合理安排管理人员与全部员工的比例关系。管理人员所占比例与企业的业务类型、专业化程度、员工素质、企业文化等因素有关。

3）以专业人员为主体

定岗定编定员是一项专业性、技术性很强的工作，从事这项工作的人员要具备较高的理论水平和丰富的业务经验。

5．定岗定编定员的作用

定岗定编定员是企业劳动管理的一项基础工作，它对于提高劳动生产率和管理水平都有重要的作用，主要表现在以下几个方面。

① 定岗定编定员是企业组织生产和调配劳动力的依据。

要科学地组织生产，企业必须在生产过程中使劳动力、劳动手段和劳动对象得到最佳的结合。为保证现代企业顺畅地运转，应对各生产环节进行细致的了解并对人员进行合理的配备，进而使劳动力得到最充分的运用。

② 定岗定编定员是编制劳动计划的重要基础和依据。

早在 1982 年，国家经济委员会和劳动人事部在其下发的《关于加强企业编制定员和劳动定额工作的试行办法》中就规定："要根据定员编制劳动计划"。这是劳动计划工作应遵循的原则,劳动计划包括员工人数计划、劳动生产率计划和员工培训计划等方面。员工人数计划是编制其他计划的依据,如果没有科学合理的定员,就不能编制科学合理的劳动计划。

③ 定岗定编定员是提高劳动生产率的重要手段。

任何企业都是以盈利为目的的,这就要求企业必须利用一切合理的手段提高劳动生产率。定岗定编定员就是提高劳动生产率的一种重要手段。做好定岗定编定员工作,可以减少人力资源的浪费,可以使企业根据劳动任务合理地使用劳动力,这样就可以减少劳动力的费用,从而降低产品的成本。此外,定岗定编定员还可以调整和控制企业各类人员的比例,是贯彻劳动分配和加强劳动纪律的有效措施。

6.4.2 定岗定编定员的方法及注意事项

定岗定编定员的具体设计,需要先理顺工作流程。要做到"人、岗、事"之间的匹配,其中"事"是基础。但做同样的"事",采用的流程有很多种。不同的工作流程必然带来岗位设置的不同。优化的流程可以给出最有效的岗位设置,而陈旧的流程很容易造成岗位工作的低效率。因此,定岗定编定员必然涉及的一项前提性工作就是科学的方法。

1. 定岗定编定员的方法

定岗定编定员的方法主要有劳动效率定编法、业务数据分析法、本行业比例法和预算控制法等几种,如表 6-21 所示。

表 6-21 定岗定编定员的方法

名 称	定 义	公式/具体操作
劳动效率定编法	根据生产任务和员工的劳动效率及出勤率等因素来计算工作人数的方法	工作人数=计划期的生产任务总量/(员工劳动定额×出勤率)
业务数据分析法	根据企业的历史数据和战略目标,确定企业在未来一定时期内的工作人数的方法	根据企业的历史数据(业务数据/每人)和战略目标,确定企业短期、中期、长期的员工编制。业务数据包括销售收入、利润、市场占有率、人力成本等
本行业比例法	按照企业的员工总数或某一类人员总数的比例来确定工作人数的方法	计算公式:$M=T \times R$ 其中,M 是某类人员总数;T 是服务对象人员总数;R 是定员比例
按组织机构、职责范围和业务分工定编的方法	先确定组织结构和各职能科室,明确各项业务分工及职责范围以后,根据业务工作量的大小和复杂程度,结合管理人员和工程技术人员的工作能力和技术水平确定工作人数的方法	操作结合的因素: 管理人员个人的因素:本人的能力、下属的能力、受教育的程度等; 工作因素:工作的标准化程度和相似程度、工作的复杂程度、下属工作之间的关联程度; 环境因素:技术、地点、组织结构等
预算控制法	通过人工成本预算来控制在岗人数,而不是对某一部门的某一岗位的具体人数做出硬性规定的方法	部门负责人对本部门的业务目标、岗位设计和员工人数负责,在获得批准的预算范围内,自行决定各项工作的具体人数

续表

名 称	定 义	公式/具体操作
业务流程分析法	根据员工的工作效率、流程和业务目标确定工作人数的方法	首先,根据岗位的工作量,确定各个岗位单个员工单位时间的工作量;然后,根据业务流程衔接,结合上一步骤的分析结果,确定各岗位编制人员的比例;最后,根据企业总的业务目标,确定单位时间流程中的总工作量,从而确定各岗位人员的编制
管理层、专家访谈法	根据管理层和专家两方面的信息确定工作人数的方法	通过管理层获得以下信息:①下属员工的工作量、流程的饱满性、员工编制调整建议;②预测其下属员工一定期限之后的流向,即提升、轮岗或离职,统计各部门一定期限之后的员工数目。 通过专家访谈获得如下信息:国内同行业、国外同行业各种岗位类型的人员结构信息(包括管理层次和管理幅度等)

以上方法中劳动效率定编法是基本的方法,在实际中通常是将各种方法结合使用,参照行业最佳案例来确定企业的工作人数。

2. 定岗定编定员的注意事项

① 统一标准与实际情况相结合的问题。定岗定编定员确定了企业的员工总数、部门岗位配置的标准,按标准进行具体配置时可根据企业、部门的具体情况进行微调,应统一给出调整幅度的标准。

② 定岗定编定员标准的动态调整。随着企业经营战略的重大调整,如移动通信公司的自办营业厅建设、5G 网络建设等,所涉及部门的人员肯定会有较大的变动,员工总数及岗位置备标准也应做出动态调整,以适应企业业务发展的需求。

③ 应着手建立相关的监控测量制度和流程;做好企业发展、工作效率、效益提升等方面的测量和数据采集工作,进一步完善定编标准,建立滚动调整机制;应对企业人力资源的流动情况进行分析,包括流出、流进、升迁、降职、退职等,以动态的观点对企业的人力资源总量状况有一个清晰的把握。

④ 建立一个全体员工在人员方面都能进行自我约束、自我控制的机制。现在许多企业的困惑是各部门都声称人员不足,结果造成人员总数越来越多,人力成本不断加大,企业的效率却没有提升。企业希望找到一种办法来有效控制员工总数。企业往往是将这个任务交给人力资源部门去负责,而这种只靠人力资源部门进行单方面控制,而其他部门缺乏自我约束的做法是难以奏效的。企业需要的是一个全体员工在人员方面都能进行自我约束、自我控制的机制,而不仅仅是一套硬性的规定。

【本章小结】

岗位评价是系统地对各岗位工作内容的价值进行评价,从而确定各岗位的相对价值及相互关系的过程,因此,岗位评价只与岗位有关,与岗位上的人无关,而且岗位评价衡量的是相对价值而不是绝对价值。本章主要从岗位评价的定义、评价原则、评价方法及具体的操作步骤等方面进行了详细的阐述,对于确定各个岗位的相对价值有十分重要的作用。

【思考与练习】

1. 岗位评价的定义是什么?进行岗位评价有什么意义?
2. 岗位评价有哪几种方法?每种方法的优缺点是什么?
3. 在岗位评价的过程中,应该注意哪些问题?
4. 目前大部分企业采用海氏评价法,它最大的优势在哪里,其具体的操作步骤又是怎样的?

第 7 章
工作分析的应用

本章要点

工作分析是人力资源管理的一项基础性工作。它在整个人力资源系统中占有非常重要的地位,发挥着非常重要的作用。工作分析为人力资源管理提供了一个平台,人力资源管理的其他职能活动都是在工作分析的基础上进行的。

关键术语

工作分析;人力资源规划。

学习目标

- ◆ 了解:工作分析在招聘和人员培训中的应用。
- ◆ 熟悉:工作分析对薪酬体系设计的意义。
- ◆ 掌握:工作分析在人力资源管理具体实践中的应用。

> **导入案例**
>
> **OP 公司叶总的困惑——工作分析是否浪费了资源**
>
> OP 公司是一家初具规模的私营企业,从事文化用品的生产和销售业务。该公司目前处于比较兴旺的成长期,员工人数已经增加到 86 人,去年人均利润额达到了 65 000 元,高于市场平均水平。OP 公司的叶总在注重产品运营的同时,也很重视公司的管理工作。去年,叶总在参加了一场人力资源管理研讨会之后,特别重视人才的管理工作。他和人力资源部门经理商量,从工作分析开始着手,制定出一套较为完整的人力资源管理制度。因为工作分析具有特殊地位,所以 OP 公司在建设人力资源管理体系的过程中投入了大量的资源,开始制定内部的工作说明书与任职资格书。
>
> 经过两个月紧张的工作,人力资源部门终于将 OP 公司全部岗位的工作说明书制定完毕。该说明书仅仅局限于目前的工作内容、职责等。叶总对工作分析的完成效果还是比较满意的。但是,3 个月后,市场环境的变化、竞争的激烈、岗位的调整导致原有的工作说明书已经不合适了,另外,工作分析任务完成后,OP 公司并没有趁热打铁,进行相应的人力资源管理模块的重新设置和优化,依然按照原来的制度来招聘、考核员工,发放薪酬的模式也没有什么改变,主要是按照老板的喜好和员工个人的工作业绩发放薪水。结果,当所有的工作分析都完成后,最终的结果就是只得到一堆文档。至此,工作分析让叶总感到困惑,他怀疑工作分析是否是多此一举,浪费资源。

7.1 工作分析在人力资源规划中的应用

人力资源规划是组织中人力资源管理计划的起点,它的职责是尽力保证组织以较低的成本在未来的发展中有足够数量、质量的人承担组织中的工作。

7.1.1 人力资源规划概述

1. 人力资源规划的内容

人力资源规划的内容主要包括人员补充规划、人员配置规则、人员交接规划、培训开发规划、工资激励规划、员工关系规划、退休解聘规划,如表 7-1 所示。

表 7-1 人力资源规划的内容

规划名称	目标	政策	预算
人员补充规划	改善人员的素质结构	人员的资格标准、来源范围、起点待遇	招聘选拔费用
人员配置规划	优化人力资源结构、进行岗位匹配和岗位轮换	任职资格、岗位轮换的范围和时间	按使用规模类别和人员状况决定薪酬预算
人员交接规划	保持后备人员的数量、改善人员的结构	选拔标准、提升比例、未提升人员的安置	岗位变动引起的工作变动成本
培训开发规划	增加培训的数量和类型、提高内部供给量、提高工作效率	培训的安排、培训时间和效果的保证	培训开发的成本
工资激励规划	增加劳动供给、提高员工的士气、提高绩效	工资政策、激励政策、激励方式	增加工资奖金的数额
员工关系规划	提高工作效率、改善员工关系、降低离职率	民主管理、加强沟通	法律诉讼费用
退休解聘规划	降低劳动力成本、提高生产率	退休政策及解聘程序	安置费用

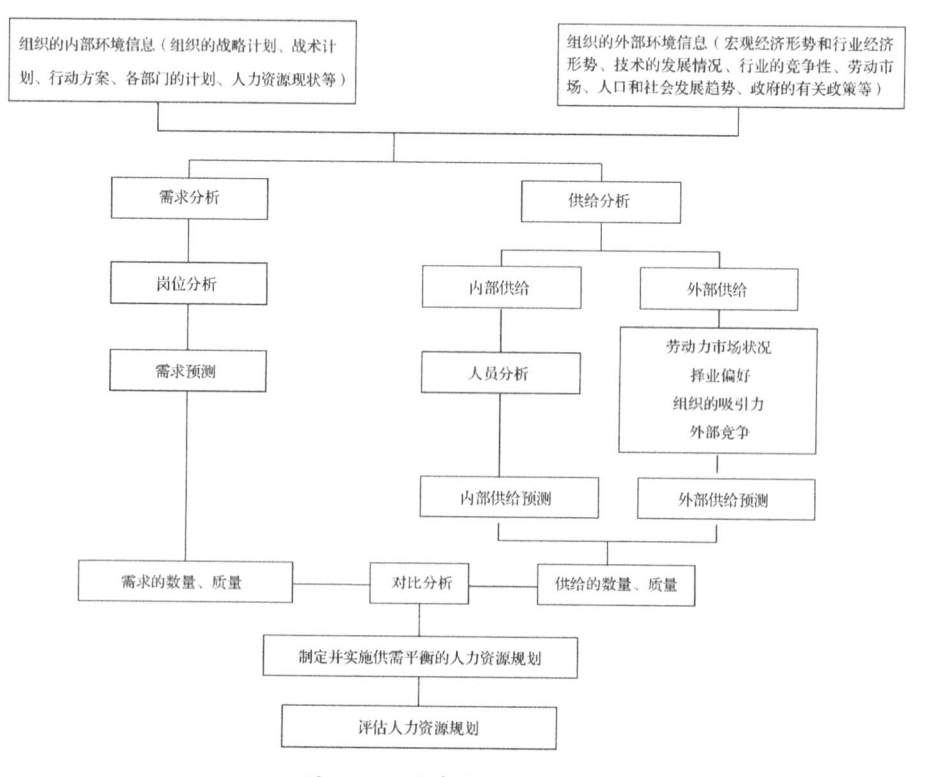

2. 人力资源规划的过程

人力资源规划的过程一般包括以下 4 个阶段：准备阶段、预测阶段、实施阶段和评估阶段。具体过程如图 7-1 所示。

图 7-1 人力资源规划的过程

1）准备阶段

人力资源规划的准备阶段的工作主要是收集人力资源规划所需的信息。人力资源规划所需的信息包括组织的内部环境信息和组织的外部环境信息。组织的内部信息主要包括组织的战略计划、战术计划、行动方案、各部门的计划、人力资源现状等。组织的外部环境信息主要包括宏观经济形势和行业经济形势、技术的发展情况、行业的竞争性、劳动力市场、人口和社会发展趋势、政府的有关政策等。

2）预测阶段

在人力资源规划的预测阶段主要进行人力资源需求预测和人力资源供给预测。人力资源需求预测包括短期预测和长期预测，以及总量预测和各个岗位需求预测。人力资源需求预测的典型步骤：一是预测现实人力资源需求；二是预测未来人力资源需求；三是预测未来人力资源的流失情况；四是得出人力资源需求预测结果。人力资源供给预测包括组织内部供给预测和外部供给预测。人力资源供给预测的典型步骤：一是预测内部人力资源供给；二是预测外部人力资源供给；三是将组织内部人力资源供给预测数据和组织外部人力资源供给预测数据进行汇总，得出组织人力资源供给的总体数据。在对员工未来的需求与供给预测数据的基础上，将本组织人力资源需求的预测数与在同期内组织本身可供给的人力资源预测数进行对比分析，从对比分析中可测算出各类人员的净需求。这里所说的"净需求"既包括人员数量，又包括人员的质量，既要确定"需要多少人"，又要确定"需要什么人"，数量和质量要对应起来。这样就可以有针对性地进行招聘或培训，为组织制定有关人力资源的政策和措施提供依据。

3）实施阶段

在人力资源规划实施阶段，组织要根据组织的战略目标及本组织员工的净需求，编制人力资源规划，包括总体规划和各项业务计划。同时还要注意总体规划和各项业务计划及各项业务计划之间的衔接和平衡，提出调整供给和需求的具体政策和措施。一个典型的人力资源规划应包括规划的时间段、计划达到的目标、情景分析、具体内容、制定者、制定时间。

在实施人力资源规划时，要注意协调好各部门、各环节之间的关系，在实施过程中需要注意以下几点：要有专人负责既定方案的实施，要赋予负责人拥有保证人力资源规划方案实现的权利和资源；要确保不折不扣地按规划执行；在实施前要做好准备；实施时要全力以赴；要有关于实施进展状况的定期报告，以确保规划能够与环境、组织的目标保持一致。

4）评估阶段

在实施人力资源规划的同时，还要进行定期与不定期的评估。可从如下3个方面进行评估：是否忠实执行了本规划；人力资源规划本身是否合理；将实施的结果与人力资源规划进行比较，通过发现规划与现实之间的差距来指导以后的人力资源规划活动。

对人力资源规划实施后的反馈与修正是人力资源规划过程中不可缺少的步骤。评估结果出来后，应进行及时的反馈，进而对原规划的内容进行适时的修正，使其更符合实际，更好地促进组织目标的实现。

7.1.2 工作分析与人力资源规划

工作分析是整个人力资源管理工作的基础，与人力资源规划密不可分。工作分析的结果可以为制定有效的人力资源规划提供可靠的依据。

1. 工作分析与人力资源需求预测分析

人力资源需求预测包括人力资源质量、数量、结构及层次的预测，通过工作分析可以知道组织各岗位对人员的需求，为组织人力资源需求规划的制定提供基础条件。进行人力资源需求预测分析时，要收集相关的资料，包括组织的发展战略和目标、组织结构、工作说明书、现有人力资源信息等。工作分析对获取人力资源信息的作用如表 7-2 所示。

表 7-2　工作分析对获取人力资源信息的作用

来　源	作　用
工作说明书	了解各类人员的职责能否实现组织未来的发展目标
任职资格	了解组织现有岗位的人员是否具备实现组织发展目标的技术和能力
组织发展战略、组织文化与组织环境	对未来所需的人力资源数量、质量及结构的总体状况做出预测分析，从而确定是否需要进行人员补充、需要补充哪类人才，并设计出未来所需人员的职责

2. 工作分析与人力资源供给预测分析

人力资源供给预测分析的信息主要来自两个方面：一是组织外部人员的招聘；二是组织内部人员的晋升、调配。组织在对人力资源供给预测信息进行分析时，在一定程度上依赖于工作分析的结果。组织进行人力资源的内部供给预测时，应对组织内部的员工状况进行分析，如员工的部门分布情况、技术水平、知识经验和年龄构成等。

① 工作分析为外部人员的招聘提供了所需人员的标准。组织在进行外部人员的招聘时，可以根据本组织工作分析的结果，根据工作描述、任职资格确定组织所需人员的标准和条件，进而确定组织外部未来能够适应本组织发展的相关人员的数量。所以工作分析形成的规范性文件，是组织对外部信息进行分析和筛选的依据。

② 工作分析为组织内部供给预测提供依据。组织在进行人力资源预测分析时，必须掌握组织内现有人员流动趋势的信息，如岗位的晋升与调配，员工的自然流失、伤残、退休和死亡等。这些信息可以通过对工作说明书的分析来获取。一份完整的工作说明书不仅包括工作名称、工作环境、工作职责，还对该岗位的晋升、降级、所受的培训进行了详细的描述。通过整理这些信息资料，可以进行相应的人员供给预测分析，如工作说

明书中工作关系的描述就包括该岗位可晋升和降级的岗位、可转换的岗位及可迁移至此的岗位。

3. 工作分析与人力资源政策

在比较需求预测和供给预测的情况之后，组织会根据情况制定人力资源政策。一般会出现 3 种情况，工作分析在不同情况下的应用如表 7-3 所示。

表 7-3 工作分析在不同情况下的应用

情况	工作分析的应用
供求平衡	保持现有的工作分析结果，进行必要的维护，保证各任职者按照工作说明书所描述的职责、任职资格及工作协作有序地进行工作和生产
供给不足	第一，招聘。组织根据所缺人员岗位的工作说明书，确定招聘人员的标准，制定相应的招聘方案。第二，拓展现有岗位的工作职责。在拓展之前要先对工作分析的结果进行梳理和分析，明确各个工作的饱和度，仅对那些未达到饱和状态的岗位进行职责的拓展，并且根据各岗位的实际情况确定职责如何进行拓展。拓展后由于各岗位的工作关系、职责等发生了变化，组织需要根据实际情况对相应的岗位重新进行工作分析，并制定工作说明书
供给过剩	这种情况的政策有 3 种：①裁员；②分解工作职能；③减少工作时间，降低工作难度。不论哪一种情况都需要及时地对原有的工作说明书进行适当的修改和调整，为以后的人力资源管理活动提供依据

4. 工作分析与人力资源供需调节

人力资源供需不平衡主要表现为人力资源供大于求和供不应求。当人力资源供大于求时，组织一般会对不能满足组织发展的人员进行精减，然后通过工作分析对原有的岗位说明书进行调整，对各岗位人员进行重新配置。当人力资源供小于求时，可以采取招聘新员工的方式进行补充，而工作分析的结果提供了招聘人员的标准。当人力资源出现结构不平衡时，可通过岗位的调动与空缺岗位的填补、工作职责的拓展来解决，这些措施都需要建立在完成工作分析的基础之上。

7.2 工作分析在招聘中的应用

7.2.1 招聘概述

1. 招聘的概念

招聘是指组织根据人力资源规划与工作分析的数量和质量要求，将与组织目标、文化价值观及业务需要相一致的，且具有一定素质和能力的应聘者吸引并选拔到组织空缺岗位上的持续不断的过程。整个招聘管理过程可以概括为招募、甄选、录用、评估，招聘是一项长期、系统的管理活动。招聘不能简单地被认为只是招人，怎样去筛选人员、怎样任用人员、怎样评估录用人员都是包含在其中的工作。有效的招聘就是组织在适宜的时间范围内采取适宜的方式实现人员、岗位与组织之间的最佳匹配，达到因事任人、人尽其才、才尽其用的互惠目标。

招聘决定着组织的运营和发展，人员配备要能满足组织的需求，组织才能运转，组织才能持续发展；招聘是组织进行人力资源管理的基础，合理有效的人员配置才能有利于各项人力资源管理活动的开展。简而言之，招聘就是要：招到人，才有人做事；招对人，才能做好事。

2．招聘体系

招聘体系是指在组织进行招聘管理活动的整个过程中，各项原则、工作流程、工作标准、方式方法等组合而成的一个整体，它是一个完整的、全面的和科学的招聘工作系统。招聘体系包括组织的用人标准和招聘原则的制定、招聘相关制度的制定、人力资源规划和人力资源需求变化的预测、工作分析和岗位的设置、招聘选拔的准备、招聘选拔的实施、人员录用的决策、招聘效果的评估和总结、人员的辞退等一系列管理活动。所有管理活动都是相辅相成、相互影响、缺一不可的。招聘体现的是招人、选人、用人、辞人的全过程：组织以发展战略为中心，围绕经营目标来选拔适当的人选，将其安排在适合的岗位上，最大限度地使其发挥个人才能，为企业创造效益；同时组织还对人员进行评估，决定留用或辞退人员。这个过程可能会历时数月，也会不断重复。科学有效的招聘体系才可能保证招聘活动的高效运行，保证招聘过程始终处于良好的循环之中。

3．招聘的重要性

招聘必须结合组织的实际情况，以战略性、务实性和低成本为原则。招聘对于组织的人力资源管理有着重要的作用。

① 招聘有利于组织建立规范的用人机制、创造和谐的用人环境。只有通过科学的招聘方法，利用良好的用人环境才能让招聘活动处于一个良好的循环中，才能为组织提供良好的人力资源保障。

② 招聘能使组织的招聘行为系统化、流程化、规范化，减少招聘活动的盲目性和随意性。组织都希望在短时间内取得最匹配的人力，招聘者会通过多种招聘渠道和各种招聘方法吸引、筛选、面试、评估、录用应聘者。这个过程是费时、费力、费成本的，是复杂多变的，不容易把控和监督，只能通过科学有效的招聘体系来保证招聘质量和提高招聘效率。

7.2.2 工作分析在招聘各环节中的应用

工作分析在招聘各环节中的应用如表 7-4 所示。

表 7-4 工作分析在招聘各环节中的应用

招聘流程中的环节	工作分析在各个环节中的应用
确定招聘需求	通过各种分析了解人力资源规划中的人员配置是否得当，了解招聘需求是否恰当，分析需要招聘岗位的工作职责、任职资格

续表

招聘流程中的环节	工作分析在各个环节中的应用
确定招聘信息	根据工作说明书准备需要发布的招聘信息，使潜在的候选人了解工作对应聘者的要求
发布招聘信息	根据任职资格的素质（知识、技能等）特征要求及招聘的难易程度选择招聘信息的发布渠道
初步筛选应聘者的资料	根据任职资格的要求进行初步的筛选，以便选择合适的应聘者参加面试，节约招聘成本
测试	根据招聘岗位的实际工作，选用适当的方式和与实际工作相类似的工作内容对应聘者进行测试，了解其在未来实际工作中完成任务的能力
面试	通过工作分析掌握面试中需要向应聘者了解的信息，验证应聘者的工作能力是否符合工作岗位的各项要求
选拔、录用应聘者	根据工作岗位的要求，录用最合适的应聘者
安置工作和试用	根据工作岗位的要求合理安置人员，对试用期的员工进行绩效考核，确认招聘到的人员是否能满足岗位的需要

总体而言，招聘工作是组织的人力资源管理中一项经常性的工作。一个组织想要永远留住自己所需要的人才是不现实的，也不是人力资源管理手段所能控制的。要使招聘有效地发挥招纳组织所需人才的作用，就必须有一个基础平台支持其运转，这个平台就是工作分析。

7.3 工作分析在人员培训中的应用

人是组织中最活跃的因素，对于组织来说，其员工都是掌握一定技能和经验或拥有一定的知识储备并能为组织所用并创造价值的人。因此，组织要想有好的经营业绩，实现设定的发展目标，一定要高度重视所拥有的人力资源，努力通过各种有效的开发手段来激发员工的斗志、挖掘员工的潜能，进而提升员工的业绩。在各种手段中，人员培训无疑是其中重要的一种。

7.3.1 人员培训概述

1. 人员培训的概念

人员培训就是创造一个环境，使人员能够在这一环境中获得或学习特定的与工作要求密切相关的知识、技能和态度。人员培训是组织人力资源管理与开发的重要组成部分，其根本目的是帮助员工获得工作必备的专业知识和技能，使员工具备该工作的任职资格，提高员工胜任本职工作的能力。

2. 人员培训的流程

人员培训的流程如图 7-2 所示。

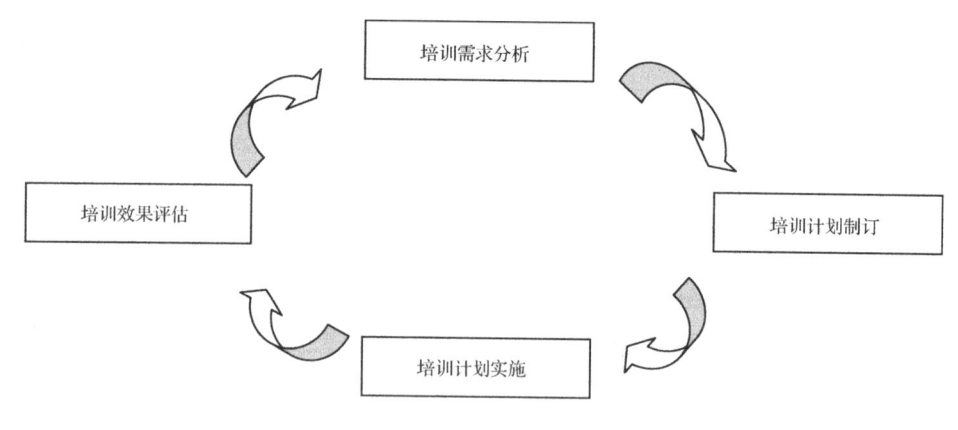

图 7-2 人员培训的流程

4个环节形成了一个完整的培训流程,并且环环相扣,首尾相接,形成一个培训管理的循环。

7.3.2 工作分析与人员培训

1. 工作分析与培训需求分析

培训需求分析包含3个层次:组织分析、任职资格分析和人员分析。组织分析是以组织整体作为分析单位的。组织分析是在组织的战略和目标的基础上分析为了完成组织的战略与目标,需要各层各类的员工具备什么样的知识和技能,从而形成组织的人力资源需求;然后将这样的需求与组织的人力资源状况相对比,找到差距。这样的差距可以通过两种方式来加以解决,一种是外部的招聘,另一种则是对现有人员的培训。组织分析的目的就是在这二者之间做出选择。

任职资格分析针对每一个具体的岗位,通过分析其工作职责、任务与情景因素,推导出完成这样的工作并取得良好的绩效,需要任职者具备什么样的知识和技能。

人员分析是在任职资格分析的基础上,以任职资格为参照系,对任职者的知识和技能进行评价,寻找差距,从而找到培训的需求点。

工作分析对组织分析的贡献:一是帮助组织构建内部的人力资源信息系统,使组织能够准确地对人力资源现状进行度量;二是提供关于工作的情景信息,包括关于岗位最终产品与服务、工作流程、工作成本等方面所面临的问题,帮助组织找到组织中可以改进的方面,从而为组织层面培训需求的确定提供依据。

工作分析对任职资格分析的贡献:以培训为导向的工作分析,对任职资格部分的要求须具有自身的特点,主要体现为强调任职资格的能力特征分析。任职者资格体系一般包括能力特征和个性特征两个部分。能力特征是关于任职者在知识、技能和认知等方面的显性特征;个性特征则包括自我观念、内在动机等隐性特征。在两个特征中,个性特征是比较稳定的，一般在短期内不会改变，能力特征较易改变，因此，培训中的任职资格分析主要针对的是能力特征分析。

工作分析对人员分析的贡献：工作分析对人员分析的贡献主要体现在其对任职资格分析的贡献之中。

2. 工作分析与培训计划制订

对培训需求进行充分分析后，就要制订出具体的培训计划。首先，设置培训的具体目标，为培训提供方向和指导；其次，对培训计划进行编制，即根据培训的目标，具体确定培训项目的形式、课程的设置、师资力量、教学方法、参考教材、考核方式、辅助培训器材与设施、培训效果评估的标准等。

组织中存在着既相互联系又相对独立的不同部门，每个部门中的工作人员又对应着不同的岗位职责，这就决定了各部门所需要的培训内容是有所区别的，而同在一个部门工作的员工，又因其岗位高低和本职工作的不同在培训需求上也各不相同，完全按照一套培训课程进行培训将无法真正满足这种个性化的需求。因此，培训工作应该像现代市场营销中为客户提供量身定做的个性化服务或个性化产品一样，在工作分析的基础上，针对不同的工作岗位选择培训项目及课程内容。

3. 工作分析与培训计划实施

培训计划制订好后，就要考虑如何将这一计划付诸实践。在实施培训计划的过程中，必须依据培训的阶段性目标和培训过程中的关键点，对培训过程进行控制，做到动态、准确地掌握培训进程，以保证培训目标的完成。在对培训过程的控制中，应密切关注接受培训的员工是否按照工作分析的核心要求展开，以及其所学的知识和技能是否有助于其今后的职业发展。

4. 工作分析与培训效果评估

培训结束后，需要对培训效果进行评估，究竟完成一次培训能给员工和组织带来什么。员工的培训效果评估为改进和完善培训工作提供了有力的依据，同时也可以把培训效果与员工的薪酬、升迁等挂钩，从而实现对员工的有效激励。

培训效果可以从以下几个方面进行分析。①研究通过工作分析所确定的工作是否符合实际，即研究各个岗位所确定的工作任务是否是员工在实际工作中所完成的。为确保工作任务符合工作实际，对各个岗位工作任务的确定应建立在科学、合理的工作分析的基础上。②确定培训目标是否直接与岗位工作任务相关，培训内容是否为员工在实际工作中所需要的。③分析培训目标的实现程度。培训目标的实现程度与培训系统的有效性直接相关，如果培训系统存在问题，会影响培训目标的实现。④通过反馈、学习、行为和结果4种方式来判断所开展的培训是否真的有效。

7.4 工作分析在绩效管理中的应用

绩效管理是指为实现组织的发展战略和目标，采用科学的方法，通过对员工个人或者群体的行为表现、工作态度、业绩及综合素质进行全面监测、考核、分析和评价，充分调动员工的积极性、主动性和创造性，不断改善员工的行为，提高员工的素质和工作效率，挖掘员工的潜力的过程。绩效考核是人力资源管理的重点和难点，如果没有进行工作分析，没有明确界定工作职责，绩效考核就缺乏客观的依据，可能导致不公平现象发生，严重打击员工的工作积极性。

工作说明书描述了工作职责、工作内容和任职资格等，这些可以帮助考核人员针对不同的岗位设计考核指标，从而使绩效评价有据可依，大大减少绩效评价的主观性和随意性，使其能用于员工的薪酬决策和人员晋升、调派、奖惩。明确的绩效考核指标能为任职者设立一个标杆，使其能够有目标地改进自己的工作，从而提高工作绩效。只有依据建立在工作分析基础上的考核指标体系才有可能全面、准确地对员工进行评价，达到激励员工的目的。

下面从绩效管理的绩效考核指标的设计、绩效评估和绩效管理方式3个方面来探讨工作分析在绩效管理中的应用。

7.4.1 工作分析与绩效考核指标的设计

人力资源管理的目的在于提高员工的绩效水平，为组织的整体目标和战略的实现做出贡献。所以绩效考核是绩效管理的核心，在人力资源管理中占有重要的地位。而绩效考核体系设计的关键又在于如何为组织中的每一个部门和岗位建立起一套具体、明确、具有可操作性的绩效考核指标体系。绩效考核指标的设计目前有两种不同的模式：一是传统的基于工作分析的绩效考核指标体系；二是基于战略分解所得到的 KPI（Key Performance Indicator，关键绩效指标）体系。二者并非截然对立的，而是以"岗位"为交叉点，形成互相补充的关系。

1. 基于工作分析的绩效考核指标的设计

基于工作分析的绩效考核指标的设计过程如图 7-3 所示。

从图 7-3 中可以看到，基于工作分析的绩效考核指标的设计过程实际上是根据工作分析确定各个岗位的目的和职责，然后根据职责所达到的目标提取针对每一项职责的业绩标准，对得到的业绩标准进行进一步的筛选和可操作化，形成该岗位的绩效考核指标。主要包括三步：一是对业绩标准进行筛选；二是操作化处理；三是其他绩效考核指标的补充。

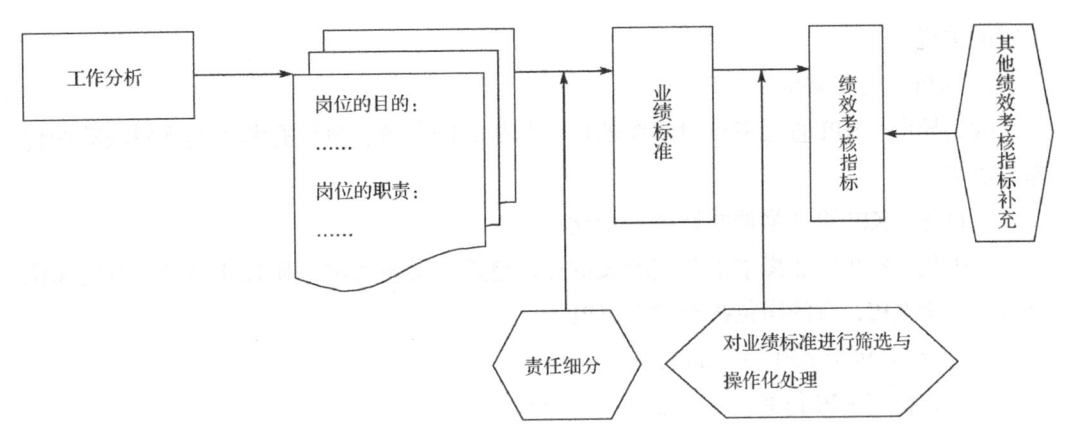

图 7-3 基于工作分析的绩效考核指标的设计过程

筛选主要是为了将任职者的资源和努力集中到符合组织目标并能真正创造价值的方向上来，排除那些非关键性、不可衡量和难以收集信息的指标。操作化是指将业绩标准转化为可以衡量的具体指标。业绩标准操作化的具体方面如表 7-5 所示。

表 7-5 业绩标准操作化的具体方面

业绩标准操作化的具体方面	内 容
绩效考核指标的计算方式	硬指标可以用数学公式来进行计算，如客户投诉率=客户的投诉人次/客户总数×100%。软指标需要对指标的内涵进行细化的界定，如财务报告的质量是指财务报告的正确性、信息充分性、可读性与对业务的指导意义
绩效考核指标的信息收集的方式和来源	确定对指标进行衡量时需要收集哪些方面的信息、信息的提供者是谁、通过什么样的工具和表格来收集信息
绩效考核指标的权重	确定每一个指标在整体考核结果中的百分比权重。在确定指标的权重时，往往需要考虑以下几方面的因素。①指标的重要性：指标对该部门整体业绩的贡献率，贡献率越高，指标越重要，指标的权重越高。②部门可控性：部门可控性较小的指标（主要承担连带责任），其权重不能太高。③指标的可衡量性：可衡量性越好，指标的权重要相应调高
指标的等级定义	指标的等级定义是指指标在不同业绩水平下的不同表现。一般来讲，绩效考核指标可以划分为 5 个等级：S——优秀，A——良好，B——合格，C——需改进，D——不合格

通过将前面几个步骤的成果进行综合，可以形成绩效考核指标的操作细则表。操作细则表中明确规定了绩效考核指标的定义、计算办法、权重、目标与等级定义、信息收集的来源，从而可以为绩效考核指标的具体操作提供有效的指导。通过工作分析确定的绩效考核指标，仅仅是该岗位绩效考核指标的一部分。除此之外，还需要通过其他办法来对绩效考核指标进行补充。

2. 工作分析与 KPI 体系设计

随着全球化和知识经济时代的到来，越来越多的组织开始认识到战略的实施与传递对组织成功的关键作用。因此，一种新的考核指标体系——KPI 体系，越来越受到现代组织的重视。

1）KPI 的主要特点

战略导向：KPI 直接来自对组织的目标和战略的分解，更加有利于实现对战略的传递与落实。

定量化：KPI 更加强调指标的定量化。

集中化：KPI 更加集中于业绩的关键点，越是基层的岗位，其 KPI 越少，有的岗位只有一两个 KPI，有的岗位甚至没有 KPI。

2）工作分析与 KPI 体系的关系

工作分析与 KPI 体系的关系如表 7-6 所示。

表 7-6 工作分析与 KPI 体系的关系

岗 位	操 作	原 因
中高层岗位	以 KPI 为主的考核体系，不再需要依靠工作分析来进行绩效考核指标的补充	有利于强化部门领导的决策权威，提高直线指挥系统的效率。同时，由于高层岗位负责的领域宽广，直接通过 KPI 便能抓住其主要的工作业绩
基层岗位	KPI、工作分析、临时任务三者结合的绩效考核指标体系	基层岗位负责的领域较为狭窄，与组织战略的关系较为疏远。同时，对于很多基层岗位而言，基于战略的 KPI 的内容往往已经包含于工作分析所得到的绩效考核指标之中。此外，很多基层岗位中还存在较多的临时任务，这部分内容也必须形成考核指标，纳入该岗位的考核体系之中。这样，基层岗位就形成了三位一体的绩效考核指标体系：KPI、工作分析、临时任务三者结合的绩效考核指标体系

7.4.2 工作分析与绩效评估

绩效评估的方式主要包括由谁进行评估、多长时间评估一次、评估的信息如何收集、采取什么方式进行评估等。对于不同类型的岗位，其评估的方式也不一样。例如，有的主管人员下达任务指标并一步一步地进行控制，那么其任职者的工作绩效应该主要由主管人员进行评估；而有的岗位的工作性质是较多地与客户打交道，那么其任职者的工作绩效的评估就需要考虑客户的评估，而不仅仅是由主管人员进行评估。图 7-4 所示为由工作说明书整理出来的公关宣传部经理的工作关系图。

从图 7-4 中可知，对这个岗位的员工进行绩效评估时，除他的上级之外，他在公司外部和内部沟通的对象也应该有一定的发言权。所以从工作分析中得来的工作关系决定了绩效评估的主体。

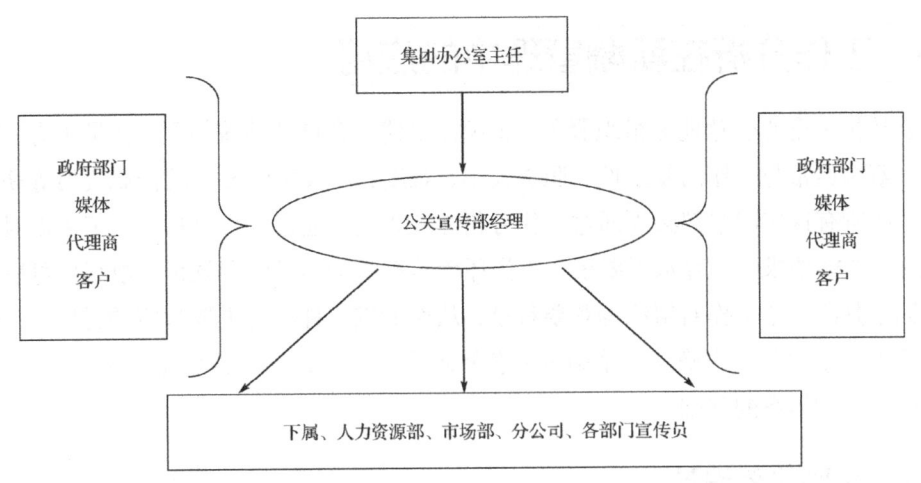

图 7-4　由工作说明书整理出来的公关宣传部经理的工作关系图

7.4.3　工作分析与绩效管理方式

进行工作分析时，不仅要明确工作岗位的职责，还要对工作岗位的特性进行分析，以便针对不同特性的岗位采用不同的绩效管理模式。员工的绩效是员工的外显行为表现，这种行为表现受很多因素的影响。有的因素是比较深层次的，有的因素是比较直接的。因此，绩效管理应有区别地对待，对不同岗位的员工要采取不同的绩效管理方式。

① 有的岗位的独立性强，自觉性要求比较高，对这些岗位的任职者进行绩效管理不必追求对过程中细节的控制和掌握，而应该将更多的注意力放在最后的结果上。

② 有的岗位的自由度比较低，在工作中受限制的程度比较高，其任职者往往需要一步一步地按照指示进行工作，对这些岗位的任职者进行绩效管理不仅要关注最终结果，还要关注过程中每一个环节的工作产出。

③ 有些岗位的工作成果在短时间内就能表现出来，对这些岗位的任职者进行绩效管理时采用的周期就比较短。

④ 有些岗位的工作成果需要较长的时间才能表现出来，对这些岗位的任职者进行绩效管理时采用的周期就比较长。

绩效是组织进行人力资源管理永恒的话题，要进行绩效管理，首先必须确定清晰的工作描述信息，而这来源于工作分析的结果。工作分析对于绩效考核的价值主要是通过工作分析确定工作职责、确定工作岗位考评的类型及范围、确定评价的标准、明确岗位的工作关系，从而让合适的人参与考核，以获得全面的信息并促进绩效的改善。每项工作的内容和特性不同，需要采取的考核方法就不同，工作特性的信息来源于工作分析。对于考核结果的应用，则需要将工作说明书上的工作职责与员工的完成情况进行对比，分析员工绩效的好坏，并发现员工绩效不达标的原因，以便在后续工作中有针对性地对员工进行开发。

7.5 工作分析在薪酬管理中的应用

要让员工全心全意地为组织服务，组织需要建立合理的薪酬体系，让员工有一种公平感。薪酬通常与工作的复杂性、职责大小、难度，以及工作要求的任职资格等联系在一起，而所有这些因素都必须通过工作分析才能确定。通过工作分析，员工可以对工作的职责、技能要求、教育水平要求、工作环境等有明确的了解和认识，组织也可以根据这些因素判断一个工作对组织的重要程度，从而形成一种相对重要程度的排序，并通过岗位评价的量化形式来确定每个岗位的薪酬水平。因此，工作分析是岗位评价的基础，也是建立薪酬体系的基础。

7.5.1 薪酬体系设计

1. 薪酬的概念和作用

薪酬是指员工被组织雇用，作为个人劳动付出的回报而得到组织给付的各种类型的报酬。员工的薪酬有多种形式，如直接经济报酬中的工资、奖金、佣金、津贴等，间接经济报酬中的各种福利待遇。在人力资源管理活动中，薪酬管理通常是人们最为关注、最为敏感的部分，也是最受组织重视的部分。为了顺利实现组织的目标，组织必须能吸引、激励和保留有能力的员工。在组织管理中，影响员工工作积极性和人员流动性的因素有很多，薪酬不是唯一的决定性因素，但是其中一个不容忽视的、非常重要的因素。从对员工吸引和激励的角度来说，可以划分出很多重要的因素，如工作丰富化、工作的挑战性、发展晋升的机会、从工作中获得的成就感和个人满足感等。但是对于大多数将解决生活问题作为首要工作目标的人而言，组织在很大程度上是通过薪酬机制实现对员工的保留和激励的。

2. 薪酬体系设计的原则

现代组织的薪酬体系设计遵循 4 条基本的原则：内部一致性、外部竞争性、激励性与可行性，如表 7-7 所示。

表 7-7 薪酬体系设计的原则

原 则	薪 酬 技 术	目 标
内部一致性	岗位分析、岗位描述、岗位评价、内部工作结构	效率 • 业绩导向 • 全面质量 • 客户导向 • 成本控制 • 公平 • 协调
外部竞争性	市场界定、市场调查、政府政策、薪酬结构、预算	
激励性	年资基础、绩效基础、激励导向、激励计划	
可行性	计划、预算、沟通、评估	

其中，内部一致性是指组织的薪酬结构应该具有可比性，即通过岗位之间的横向比较和纵向比较，使每个员工的薪酬与其岗位本身的价值相一致。具有内部一致性的薪酬结构必须建立在科学的岗位评价的基础之上。

7.5.2 工作分析与薪酬管理

薪酬管理是指一个组织根据所有员工所提供的服务来确定他们应当得到的报酬总额、报酬结构和报酬形式的过程。在这个过程中，组织就薪酬水平、薪酬体系、薪酬结构及特殊员工群体的薪酬做出决策。薪酬管理对任何组织而言都是比较棘手的问题，薪酬管理系统要同时兼具公平性、有效性和合法性，具有一定的难度。薪酬管理遵循一定的流程，如图7-5所示。

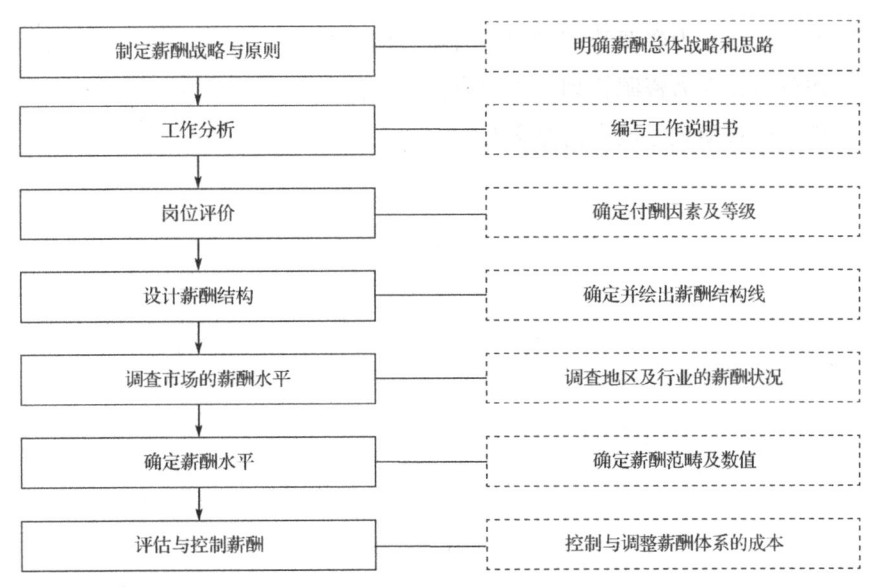

制定薪酬战略与原则	明确薪酬总体战略和思路
工作分析	编写工作说明书
岗位评价	确定付酬因素及等级
设计薪酬结构	确定并绘出薪酬结构线
调查市场的薪酬水平	调查地区及行业的薪酬状况
确定薪酬水平	确定薪酬范畴及数值
评估与控制薪酬	控制与调整薪酬体系的成本

图 7-5 薪酬管理的流程

从图7-5中可以看出，薪酬管理首先从制定薪酬战略原则开始，并进行工作分析，在工作分析的基础上进行岗位评价，对组织内部的各个岗位进行等级或量值衡量，以确保各个岗位的相对价值。其次，根据岗位评价的结果将所有的岗位划分为一定的工资等级，设计薪酬结构。再次，调查市场的薪酬水平，特别是那些与本组织进行人才竞争的市场的劳动力价格。通过对比将组织内的岗位的相对价值用薪酬的绝对值来表示，确定薪酬水平。最后，评价与控制薪酬，以保持组织内薪酬的吸引力和成本的合理性。

从薪酬管理的流程中可以看出，组织的薪酬管理必须建立在客观的岗位评价之上，而岗位评价的依据则来自工作分析所形成的工作说明书。因此，以工作分析为基础的岗位评价是薪酬管理的客观依据，也可以说，工作分析是薪酬管理的前提和基础。

【本章小结】

工作分析是人力资源管理的基础环节。工作分析的最终目的不是得到结果,而是将其结果应用于实践,以指导人力资源管理的其他活动。人力资源管理的过程包括人力资源规划、招聘、人员培训、人员考核和薪酬管理等环节,每个环节的工作都离不开工作分析。工作分析是建立其他各人力资源子系统的平台。只有把工作分析做扎实了,其他各项工作才有所依据。

【思考与练习】

1. 工作分析在人力资源管理过程中有哪些应用?
2. 工作分析在人力资源管理过程中有什么价值?
3. 工作分析对绩效考核有何意义?

第8章 工作设计

本章要点

组织发展过程中所进行的任何活动最终都要落实到具体的岗位上,表现为各种具体岗位所对应的工作。工作设计及由此而来的定岗、定编、定职、定责、定薪是人力资源管理的基础性工作。工作设计的好坏与能否有效实现组织目标、合理处理人与事的关系、激励员工有很大的关系。

关键术语

工作设计;工作再设计;柔性工作设计。

学习目标

◆ 了解:工作设计的基本概念、影响因素和原则。
◆ 熟悉:工作设计中常见的错误。
◆ 掌握:柔性工作设计。

> 导入案例

东阳饭店的前厅营销部

东阳饭店始建于1991年,坐落于某市长江路电子商务街中心,2000年被某集团并购。其自身定位于新型国际三星级数字化商务饭店,其总体构想是逐步走向市场,达到四星级饭店的目标。

前厅营销部是东阳饭店形象的重要"窗口",下设基层组织——商务中心。商务中心的职责应该是负责客户的文印等事务,它是面向客人服务的。但是目前在东阳饭店,商务中心还要负责饭店内部的文印等原本应该由综合行政部负责的工作。由于增加了工作负荷,商务中心的员工每天都要工作到很晚,员工很疲惫。同时,前厅营销部还要承担本应由财务部负责的前台收银的培训工作,这无疑也加重了工作负担。

商务中心除要负责上述工作外,还有新的工作内容。原来的设想是让东阳饭店五楼的商务中心专门为四楼、五楼的客户服务,以提高对重要客户的服务档次。但是目前,商务中心面向所有客户开放,这无疑增加了商务中心的工作负荷。目前,商务中心配备了3名接待人员,分早、中、晚三班,每班只有一个人,工作内容偏多,协调性不好。因为没有领班,很多时候只能由部门经理去顶岗。

8.1 工作设计概述

任何组织都是一个有机整体。要使组织高效运作并实现目标,必须搭建一个合理、畅通、实用的组织结构。工作设计既是人力资源管理工作的基本框架,又是组织设计与发展的核心之一,因为一个组织是由成千上万个任务组成的,而这些任务组合起来就是工作。

尽管工作具有一定的静态性和稳定性,但实际上,工作总是随着时间而不断变化的。尤其在21世纪,组织所面临的复杂经营环境改变了工作性质,同时也为成功地完成工作而对员工提出了更高的要求。工作要求的迅速变化使得工作分析的信息很快失去其准确性,而过时的工作分析信息会阻碍组织的应变能力。工作分析这种静态地和稳定地对工作进行管理的方式,从某种意义上约束了员工的行为特质和潜在能力的发挥,因此,组织需要通过为员工设置更加合理的工作内容来留住优秀的员工。这里主要是通过工作设计使人与工作更好地结合在一起,发挥出更大的功效,从而实现组织目标。

8.1.1 工作设计的定义

工作设计也叫岗位设计或职务设计，它是指通过对工作内容、工作职责、工作关系和工作结果的调整与配置，以满足员工的需要，从而提高员工的工作绩效，进而有效实现组织的目标。工作设计起源于泰勒的"工作和任务的合理化改革"，泰勒在时间与动作研究分析中提出的 17 个因素，至今仍是很多国家进行动作划分和动作分析的标准。此后，随着工作设计中出现了一系列重大的研究发现和理论飞跃，工作设计的方法日益丰富，工作设计也成为人力资源管理中的一个重要课题。

工作设计是对工作进行周密的、有目的的计划安排，它不仅考虑到员工具体的素质、能力等各个方面的因素，还考虑到本组织的管理方式、劳动条件、工作环境、政策机制等因素。工作设计是改善劳动生活质量的主要方法之一。

在实际工作过程中，员工对有些工作环节并不熟悉，对有些工作环节则驾轻就熟。可见，员工往往根据其自身特点和工作特征对现实工作有一定的需求。如果能对工作进行适当的调整和配置以满足员工的需求，从而提高员工的工作积极性和工作效率，那么对于提升组织绩效会有非常重要的积极意义。工作设计是基于以人为本的管理理念的，有利于以人为本的组织文化的形成。

工作设计的另外一个动因是工作所面临的不断变化的动态环境。新技术的不断革新、市场竞争的不断加剧、工作中所涉及的技术变化，以及员工职业生涯发展方面不断提出新的要求，使得组织需要对工作内容、职责和工作关系等各个方面进行设计和整合，这个过程就是工作设计。

8.1.2 工作设计与工作分析的关系

工作设计与工作分析有着密切的联系，大多数工作分析是在以前已设计过的现有岗位的基础上进行的，同时，工作再设计又要以工作分析为基础和依据。但是，二者的侧重点不同。工作分析更多地侧重于对现有岗位有关工作信息的客观描述，而工作设计则侧重于对现有岗位有关工作信息的认定、修改和对新岗位工作的科学设定，它主要说明工作安排应该如何合理化改革才能最大限度地提高组织的效率及促进员工个人的成长。

工作设计是否得当，对激励员工的工作动机、增强员的工作满意度及提高员工的工作效率都有重大影响。从激励理论的角度看，工作设计是对内在奖励的设计。激励理论认为，当员工需要向高层次发展时，其积极性主要来自与工作本身相关的因素，工作设计得当，就能满足员工的内在需求。

工作分析是指采用一定的技术和方法，全面调查和分析组织中各种工作的任务、职责等情况，并在这一基础上对各种工作的性质及特征进行描述，对担任各种工作所需具备的资格做出规定。工作分析的价值并非仅仅是将组织中员工的工作内容和工作方式如实呈现出来。通过工作分析，可以获得很多关于工作的有用信息，这些信息不但能使组织知道目前的工作是怎样的，而且能使组织从这些信息中分析出目前的工作内容设置是否合理。在一个越来越强调以人为本的时代，人们也越来越关注员工对工作的满意程度：员工是否喜欢工作的内容、这样的工作安排是否是最有效率的、工作安排是否让员工发挥出了最大潜力。组织的效益来自员工工作的有效性，而员工工作的有效性往往取决于其工作动机和工作热情，员工是否愉快地工作，从工作分析得出的信息中可能会找到答案。假如当前的工作安排不能让员工有效地工作，就应该对此做出一些调整，或者对工作进行重新设计。

为了有效地进行工作设计，组织必须全面地了解工作的当前状态及它在组织整个工作流程中的位置。而系统的工作分析则能够提供有关方面的详尽信息。通过工作分析，不但可以获得关于工作的任务、职责、流程、性质等方面的信息，而且在实施工作分析的过程中可以提供机会让员工发泄由于工作安排不适当而产生的不满。这些资料的收集给工作设计提供了重要的线索和依据。因此，可以说，离开了工作分析，工作设计就成了无本之木，无源之水。

8.1.3 工作设计的内容、注意事项与作用

1. 工作设计的内容

工作设计主要包括以下几方面的内容。

1）工作内容的设计

工作设计要调整的第一项内容就是工作内容，工作内容的设计是工作设计的重点，一般包括工作的广度、工作的深度、工作的完整性、工作的自主性及工作的反馈5个方面。

① 工作的广度。工作的广度即工作的多样性，如果工作设计得过于单一，员工就容易感到枯燥和厌烦，因此设计工作时，要尽量使工作多样化，使员工在完成任务的过程中能进行其他活动，以保持员工对工作的兴趣。

② 工作的深度。工作的深度是指工作从易到难的层次。工作内容应具有从易到难的一定层次，对员工工作的技能提出不同程度的要求，从而增加工作的挑战性，激发员工的创造力和克服困难的能力。

③ 工作的完整性。工作的完整性要求员工从事的每项工作都能见到工作效果，以满足员工的成就需求。保证工作的完整性能使员工有成就感，即使是流水作业中的一个简单程序，也要是全过程，让员工见到自己的工作成果，感受到自己工作的意义。

④ 工作的自主性。工作的自主性要求员工对于自己所从事的工作有适当的自主权。适当的自主权能增加员工的工作责任感，使员工感到自己受到信任和重视，使员工认识

到自己工作的重要性，从而提高员工工作的热情。

⑤ 工作的反馈。工作的反馈包括两方面的信息：一是同事及上级对自己工作意见的反馈，如对自己工作能力、工作态度的评价等；二是工作本身的反馈，如工作的质量、数量、效率等。工作的反馈信息能使员工对自己的工作效果有全面的认识，能正确引导和激励员工，有利于员工工作的精益求精。

2）工作职责的设计

工作职责的设计是指完成每项工作的基本要求和方法的设计，包括工作责任、工作权力、工作方法、信息沟通和协作配合等方面的设计。

① 工作责任的设计。工作责任的设计就是员工在工作中应承担的职责及压力范围的界定，也就是工作负荷的设定。责任的界定要适度，工作负荷过低、无压力，会导致员工行为轻率和低效；工作负荷过高、压力过大，又会影响员工的身心健康，导致员工抱怨和抵触。

② 工作权力的设计。工作权力的设计要求工作中的权力与责任是对应的，责任越大，权力越大。同样，权力越大，责任也越大。二者不能脱节，否则会影响员工的工作积极性。

③ 工作方法的设计。工作方法的设计包括领导对下级的工作方法、组织和个人的工作方法设计等。工作方法的设计具有灵活性和多样性，不同性质的工作根据其工作特点的不同采取的具体方法也不同，不能千篇一律。

④ 信息沟通的设计。信息沟通的设计要求明确工作过程中信息交流的方式、途径、对象等。沟通是一个信息交流的过程，是整个工作流程顺利进行的信息基础，包括垂直沟通、平行沟通、斜向沟通等形式。

⑤ 协作配合的设计。整个组织是有机联系的整体，是由若干个相互联系、相互制约的环节构成的，每个环节的变化都会影响其他环节及整个组织的运行，因此各环节之间必须相互合作、相互制约。

3）工作关系的设计

工作关系的设计是指个人在工作中发生的人与人之间的关系的设计，包括在工作中与其他人相互联系及交往的范围、建立友谊的机会，以及工作班组中的相互协调和配合等方面的设计。工作关系设计的一个重要的调整对象是工作中的人际关系，包括上下级之间、同事之间、部门之间及组织之间的关系。

2. 工作设计的注意事项

1）注重工作分析的系统性特征

工作分析是一个系统性工程，牵一发而动全身。工作分析系统是组织管理系统中的一个子系统，组织管理的系统还包括战略定位、组织变革、流程优化、职能分解、岗位设置等。判断一项岗位内容的设计是否合理，需要把它放在组织管理系统中去考察，凡对组织的存在和发展有利的就是合理的。

2）考虑组织内外部环境因素的影响

① 政治形势。

所有的组织都受到其所处环境中政治因素的影响。组织要生存下去，就必须遵守国际、国内及当地的法律法规。管理人员要充分认识法律法规的重要性，因为组织运行的每个方面都要受到法律法规的影响。法律法规涉及的工资、雇佣行为、福利、药物检测和安全标准等方面都对工作内容的设计造成直接或间接的影响。一个工厂的工人在危险的机器和滚动带中穿梭来提高工作效率，这种行为是职业安全法律法规所禁止的。组织设计相关工作，必须避免员工受伤。如果大量的工作需要员工在危险区域走动，那么组织应该在总体上改变员工工作的设计。

② 员工期望。

员工对工作是有期待的，通过工作满足什么要求、工作内容及工作形式是怎样的，都会影响员工的去留。在经济不发达的时期和地区，劳动者追求的主要是满足基本的物质需要，可以接受较繁重的枯燥的工作。随着经济发展和文化教育水平的提高，劳动者的需求层次提高了，劳动者对工作生活质量也有了较高的期望，如果单从工作效率、工作流程方面考虑经济效益就会引起劳动者的不满。

③ 人力供求状况。

在进行工作内容设计时要考虑能否找到足够数量的合格员工。例如，亨利·福特在设计汽车装配线时，考虑到当时大多数潜在劳动者缺乏汽车生产经验，因而把工作内容设计得比较简单。包括我国在内的很多发展中国家在引进生产设备时缺乏充分考虑，在花钱购买技术时没有考虑到在某些工作环节上还缺乏合格人才，不得不从国外高薪聘请专家。

④ 工作环境。

工作内容设计要力求使工作内容与工作环境相适应，要充分考虑不良工作环境对员工的身心可能造成的伤害，要在工作说明书中明确描述工作环境的常态。

3）体现组织战略意图，优化业务流程

组织战略意图是指对组织战略的实现起关键作用的使命和功能。工作内容的设计要体现组织战略意图，将重心放在对组织的成功起关键作用的使命和功能的分解上。组织结构和流程与工作内容设计之间是紧密结合、相辅相成的。进行组织优化、业务流程再造时必须对工作内容进行相应的改变，否则难以成功；反之，对工作内容的设计也要按照组织优化和业务流程再造的要求来进行。由于组织优化和业务流程再造是为了解决组织层面的某些具体问题，而解决这类问题是为了提高生产效率，因此，工作内容的设计要充分适应组织优化和业务流程的需要。

4）为员工的能力开发提供平台

现在的组织发展越来越依赖员工，而员工也越来越注重自身发展能力的提升。员工的能力开发不仅可以通过培训完成，还可以通过在工作实践中进行锻炼完成。工作内容的设计必须能够使员工的能力得到提升,这就要求工作内容的设计要全面权衡经济效率和员工需求,找到最佳平衡点。工作内容的设计要让每个员工能够在适度的挑战中工作,在挑战中不断提高能力,就像制定目标要适中,目标过高,员工经过努力始终无法达到,目标就会没有激励作用;目标过低,缺乏挑战性,就会滋长员工的惰性。

5)注重岗位内容设计的调整

对已完成的岗位内容设计做一些调整是有必要的。工作内容设计的变化会使组织结构、工作流程和薪酬体系都随之改变。举例来说,如果建立了工作团队,组织就不应根据个人的绩效来支付员工薪酬,而应以群体的业绩作为衡量绩效的基础。因此,薪酬体系也要重新设计。管理者应该全面考察实施岗位内容设计带来的后果,衡量由此带来的成本和收益。

3. 工作设计的作用

工作设计的作用具体体现在以下 5 个方面。

① 改变了员工与岗位之间的关系。工作设计将岗位的要求与员工的生活习惯、工作偏好结合起来,在对员工进行精挑细选的基础上达到人岗匹配的目的。这改变了过去片面地强调通过招聘适合的人才去匹配岗位的观念,使组织认为岗位也应通过合理的设计来使员工更有效率地工作。

② 使员工具有积极上进的态度。工作设计不是试图改变员工的态度,而是假定在工作得到适当的设计后,员工积极的态度就会随之而来。

③ 有利于改善人际关系。工作的合理设计有利于提高员工的敬业度,同时,抱怨和人际摩擦也会因此减少,有利于改善人际关系。

④ 提升了工作乐趣。工作的合理设计提升了员工工作的乐趣,提高了员工的工作效率和创造性。

⑤ 使工作职责更加分明。工作的合理设计使工作职责更加分明,大大提高了员工的工作积极性,从而提高了员工的工作绩效。

【小案例】

马先生是某名牌大学经济学专业的本科生,毕业后在一家有名的咨询公司工作,并且工作表现出色。后由于某银行工作地点离他家近,且此银行规模大、利润增长快,因此他就跳槽到该银行。马先生十分聪明,对银行分配的各项任务都能出色地完成。但没过多久,他越来越觉得工作乏味。因为他是一个喜欢思考理论和战略问题的人(大学毕业后,马先生曾经考虑过从事学术研究,但遭到父母的反对)。虽然他能出色完成现任岗位的工作,但他所做的这些工作并不能使他得到真正的满足。因此,他并不忠诚于该银行。

> 幸运的是，马先生在辞职之前通过咨询职业顾问认清了什么是自己真正感兴趣的岗位，并分清了它与现任岗位之间的差异。这样，他就找准了自己在该银行中的位置——市场拓展部。其职责包括竞争分析和战略规划，这个岗位把他的日常工作与他的爱好紧密结合起来。现在马先生在该银行十分受器重，因此他兢兢业业，加倍努力工作，且对该银行忠心耿耿，而该银行也从中受益匪浅。
>
> 资料来源：李辉娥. 工作设计，留住优秀的员工[J]. 中外企业家，2000（4）：78-79.

8.1.4 工作设计的影响因素及原则

1. 工作设计的影响因素

一个成功有效的工作设计，必须综合考虑各种因素，既需要对工作进行周密的有目的的计划安排，并考虑到员工的具体素质、能力及各个方面的因素，又要考虑到本组织的管理方式、劳动条件、工作环境、政策机制等因素。具体进行工作设计时，必须考虑以下几个方面的因素。

1）环境因素

环境因素包括人力供给和社会期望两方面。一方面，工作设计必须从现实情况出发，不能仅仅凭主观愿望，而要考虑人力资源的实际情况，确保能够找到足够数量的合格人员从事所设计的工作。另一方面，工作设计需要了解社会的整体期望，考虑人们的社会需求和精神需求。社会期望是指人们希望通过工作满足什么需求。不同的员工其需求层次是不同的，这就要求在进行工作设计时考虑一些人性方面的因素。

2）组织因素

工作设计需要考虑专业、合理、高效的工作流程，同时兼顾传统的工作方式和工作习惯。工作设计最基本的目的是提高组织的效率、增加产出。工作设计离不开组织对工作的要求，具体进行设计时应注意：工作设计的内容应包含组织所有的生产经营活动，以保证组织生产经营总目标的顺利、有效实现；在相互协作的工作团体中，工作设计要考虑每个岗位负荷的均衡性问题，以避免出现"瓶颈"环节，避免出现任何等待停留问题，确保工作的连续性；工作设计应该能有助于发挥员工的个人能力，提高组织的效率，这就要求在进行工作设计时全面权衡经济效率原则，以及员工的职业生涯和心理上的需求，找到最佳平衡点，保证每个员工满负荷工作，使组织获得组织的生产效益和员工个人满意度两方面的收益。

3）员工因素

人是组织活动中最基本的要素，员工需求的变化是工作设计不断更新的一个重要因素。工作设计的一个主要内容就是使员工在工作中得到最大的满足。随着文化教育和经济发展水平的提高，人们的需求层次提高了，除一定的经济收益外，人们还希望在自己的工作中得到锻炼和发展。只有重视员工的需求并开发和引导员工的兴趣，给员工的成长和发展创造有利条件和环境，才能激发员工的工作热情，增强组织的吸引力，留住员工。否则，员工的不满意程度的增加将带来员工的冷漠和生产的低效，以致员工流失。因此，工作设计要尽可能地使工作特征与要求适合员工的个人特征，使员工能在工作中发挥最大的潜力。

2. 工作设计的原则

工作设计要遵循如下 6 项原则。

1）因事设岗

岗位的设置要根据组织的发展、工作的内容来进行，要按照组织各部门的职责范围来划定岗位，而不能因人设岗。岗位和人应是设置和配置的关系，而不能颠倒过来。在设计工作岗位时，应尽可能使工作量达到饱和，使有效的劳动时间得到充分利用。

2）岗位数量最少

要尽可能少设置岗位。一方面，要最大限度地节约人力成本；另一方面，要尽可能减少岗位层级之间信息传播的耗损。

3）规范化

工作设计的用语要尽可能做到规范化，同时，岗位设置的数量和名称要科学、规范，要让人一看就明白岗位的含义。

4）系统化

工作设计要遵循系统化的原则，使岗位与岗位之间的关系不是孤立的，而是相互联系、不可分割的。在设计时要注意岗位之间的承接关系和协作关系，明确岗位的监督状况，明确岗位的晋升通道。

5）动静结合

组织一方面要获得稳健的发展，另一方面也要不断适应社会的变化。所以对于基础性的、变化不大的岗位可以使用以静态为主的设计方法；对于与市场接触较多、容易变化的岗位或部门要使用动态的设计方法，在适当的时候进行变化。

6）优化工作环境

工作设计要充分考虑工作环境的优化，使工作环境适合员工的心理，从而建立起人与环境相适应的最优系统。

8.1.5 工作设计中常见的错误

工作设计中常见的错误有以下 6 种。

1. 工作量不足

在工作设计中，最大、最常见的错误就是工作量不足。很多员工的工作量不足，他们没有得到合理的安排。这种错误是造成员工挫败感和生产率低下的主要原因。

工作量必须充足，必须能够给员工带来充分的挑战。从个人利益来看，员工通过努力才能完成当天布置的任务，这会使员工进步，激发员工的潜能，并且激发员工去思考如何有效地工作。

2. 工作量过大

工作设计也有可能会犯相反的错误，即工作量过大。发生这种错误时会出现以下几种迹象：员工总是到截止日期还完不成任务、出现错误或是很草率地完成一项工作。这会导致员工的抱怨，对组织的发展也是不利的。

3. 缺乏实质性工作内容

缺乏实质性工作内容这类错误在大型组织中经常出现。缺乏实质性工作内容的工作不是真正的工作，但这个工作岗位上的人既拥有重大影响力，又不承担责任，这是一个非常可怕的组合。如果不承担责任，一项工作就会缺少重要的核心元素。这种组合会让人腐败，它会腐化此类岗位上的人，并且腐化整个组织。人们会不由自主地去运用这种影响力和相关权威，尤其是当他们无须为此承担责任时，这会对人的精神产生负面影响。当然，组织中所有的员工都清楚地知道怎样巧妙地应对这些人，而这又会再一次对组织造成不利影响。

4. 多人参与同一项工作

在矩阵型组织中经常出现多人共同参与一项工作的情况，经验证明，矩阵型组织只有在满足特定条件时才能发挥应有的作用。工作设计的原则应该是，在进行工作设计时，一项工作应当能让一个人完成或这个人所处的部门完成。虽然要遵守这项原则是很困难的，并且无法做到完全坚持这项原则，但是，这项原则给出了一个正确的标准，并且明确抵制"所有事情都是相关联的"这一观点。凡是能够分开的工作，就应该分开。不合理的相互联系是导致工作复杂程度增加的主要原因。如果多人参与一项工作是必要的，那么必须把这项工作委托给富有经验、能够自律的人。

5. 工作"几乎包含一切"

"几乎包含一切"的工作会强迫人们分散精力、浪费精力。这种工作会让人的工作量超负荷，但未必能取得成果。

人们需要为取得成果而集中注意力。例如，外科医生在做一个心脏手术期间要全神贯注，他不能离开去接一个很短的电话或者去参加一个会议。工作必须足够重要，并且能够迫使人们把注意力集中在一件事情上，以取得工作成果。

6. 工作无法完成

出现这种错误的一个标志：当一位管理者在某个具体岗位上先后任用了两三个经过仔细筛选的优秀下属，但他们都失败了，到第三个人时，失败的原因就不应该再从个人身上找了，而是应当对工作进行调整。

工作无法完成的一个典型例子就是让同一个人完成销售与营销工作。销售与营销是两个在本质上完全不同的工作，它们需要的能力也不同，一个人很少能同时拥有这些能力。销售是说服人们在销售合同上签字，而营销在本质上是改变人们头脑中的观念。让同一个人完成销售和营销工作所造成的后果就是一个人在销售方面表现得十分出色，但在营销方面表现得十分糟糕；或者相反，在营销方面表现得十分出色，在销售方面却表现得很糟糕；更常见的是既不擅长营销，又不擅长销售。这3种情况各不相同，但都会对组织不利。

现在，让我们把目光从错误上移开，转向积极的方面：工作量对必须充足且不能过大；工作必须使人们集中精力；工作必须有内在的相关性，而不能是简单的非相关工作的集合；工作设计必须让相关目标能够达到；必须根据普通人的能力设计工作。

8.2 工作设计方法

工作设计的方法有激励型、机械型、生物型、知觉运动型4种。其中，机械型工作设计方法是通过采用分工来提高工作效率的，它主要是20世纪早期的工作设计方法。4种方法中使用最普遍的是激励型工作设计方法，它通过合理的人员安排、劳动报酬及其他管理策略方面的系统配置，使组织需求与员工个人需求获得最佳组合，从而最大限度地激发员工的积极性，有效地达到组织目标。下面详细介绍各种方法。

8.2.1 激励型工作设计方法

激励型工作设计方法是一种以人际关系为主导的方法，强调的是可能会对任职者的心理价值及激励潜力产生影响的那些工作特征，并且它把工作满意度、内在激励、工作参与，以及出勤率和绩效这样的行为变量看成工作设计最重要的结果。这一方法主要通过以下方式来实现。

1. 工作轮换

工作轮换是指员工定期在技术水平要求相近的工作岗位上进行轮换，以减少持续在一个岗位上的枯燥感，同时也增加员工的技能，有利于员工在此过程中找出自己真正的兴趣。这些工作一般来说是与原工作的要求和技能水平相似，但又存在一定差异的工作。工作轮换的目的是使员工的能力得到一个更大的锻炼和提升。

一般来说，工作轮换有两种形式：一种是受训者到不同部门考察工作但不会介入所考察部门的工作；另一种是受训者介入不同部门的工作中。

工作轮换既有优点，又有缺点，具体如下。

1）优点

① 丰富工作内容，降低枯燥感。工作轮换能丰富员工的工作内容，减少工作中的枯

燥感，使员工的积极性得到提高。

② 激发组织的活力。适时的工作轮换，可以带动组织内部的人员流动，从而激发组织的活力。

③ 为组织储备多样化人才。人才储备首先要求培养复合型人才，工作轮换可以使员工取得多种技能，同时也挖掘了各岗位最合适的人才。

④ 增强员工的工作技能，扩大员工所掌握的技能范围，使员工能够很好地适应环境变化，也为员工在组织内部的提升打下基础。

⑤ 降低离职率。内部岗位的轮换，使得员工不断有新的挑战机会，从而降低员工的离职率。很多员工离职都是由于对目前的工作感到厌倦，或者希望尝试新的有挑战性的工作。如果能够在组织内部给员工提供流动的机会，使他们能有机会从事自己喜欢的有挑战性的工作，他们也许就不会到组织外部寻找机会了。

2）缺点

① 工作轮换会带来员工的不适应和工作效率下降。工作轮换后，员工往往由于对业务不熟悉而产生不适应和工作效率下降。

② 培训费用高。工作轮换前，由于员工不熟悉新工作，因此组织通常要花费一定的费用来对员工进行培训。

③ 管理的工作量和难度增加。工作轮换是全局性的，往往牵一发而动全身，这增加了管理人员的工作量和工作难度。

【阅读材料】

松下电器公司的新员工工作轮换制度（节选）

一、任何新进员工在两年内都要做5项不同的工作，其中有两项工作是必需的：第一项是最程序化的生产一线，要让其感受到生产工人的默默无闻、辛勤劳动，以及严格按程序化的规范操作的重要性，在生产一线要锻炼3个月；第二项是颇具艰辛性和挑战性的销售工作，要让其感受到社会上的人情世故。另外3项是根据每个人的兴趣、爱好、特长再选择的工作，5项工作结束以后，根据每个人工作的成果、对工作的热忱度及爱好，给每位员工以相对适宜的固定性工作。

二、新员工在相对固定的工作岗位工作以后，随着工作时间的推移、工作环境的变化，每个人的工作能力也会随之变化，根据公司的需要、每个人的工作能力再进行工作轮换，以最大限度地发挥员工个人的潜力。

3）工作轮换的注意事项

① 必须首先对工作进行分析，明确哪些岗位之间可以互相轮换。一般来说，在工

作分析的基础上对岗位进行分类，岗位间的工作轮换首先从同一个岗位类别中的岗位之间开始，再考虑不同岗位类别之间的工作轮换。

② 工作轮换必须是有序进行的，以免影响正常的工作秩序和工作效率。

③ 应充分考虑员工个人的意愿，不能进行强制性的工作轮换。因为有的员工并不喜欢过多地尝试新的岗位，而是希望专注地在一个领域进行深入的发展。

工作轮换并不改变工作设计本身，而只是使员工定期从一项工作转向另一工作，这使得员工具有更强的适应能力。员工得到一项新的工作，往往具有新鲜感，能做出更大的努力。日本的企业广泛实行工作轮换制度，这对管理人员的培养发挥了很大的作用。著名的索尼公司曾经约定，公司每两年一次设法调整部分员工的岗位或工作性质，使他们对工作保持新鲜感。索尼公司希望借此为那些有闯劲、期望一试身手的员工提供内部调整机会，使他们重新找到适合自己的工作。但是，如果所有的工作都相似而且是机械的，工作轮换就不会有效果了。

2. 工作扩大化

工作扩大化是指通过增加工作内容，使工作本身变得更加多样化，以提高员工的工作热情。工作扩大化分为纵向工作扩大化和横向工作扩大化。纵向工作扩大化是指扩大岗位的工作内容，增加其工作职责、权力、裁量权和自主性；横向工作扩大化是指增加属于同阶层责任的工作内容，以及增加目前包含在工作岗位中的权力。

由于工作扩大化增加了员工工作的多样性和挑战性，同时免去了将产品从一个人手中交付给另一个人的程序，节约了时间，从而提高了员工工作的效率，员工工作的满意度也相应得到提高。但是，这种方法的不足主要是，它并没有从根本上消除造成员工不满意的缘由，只是增加了工作的种类而已。

3. 工作丰富化

工作丰富化是以员工为中心的工作设计，其设计思路是将组织的使命与员工对工作的满意程度联系起来，通过对工作责任的垂直深化，增加工作任务，使得员工对计划、组织、控制及个体评价承担更多的责任，从而提高员工对工作的认同感、责任感和成就感。它不是横向地增加员工的工作内容，而是纵向垂直地增加员工的工作内容。

一般来说，实现工作丰富化有 5 种方式。

① 组合任务。将之前散乱的任务组合起来，形成新的、内容广泛的工作单元，从而增加工作的多样性和任务的完整性。

② 建构自然的工作单位。通过让员工对自己的工作进行全面的计划、执行和监控，增加员工的责任感和归属感。

③ 建立员工-客户关系。管理者应当帮助员工建立起员工与客户间的直接联系，这样有利于员工得到客户的直接反馈，从而改进产品或服务。同时，与客户建立直接的关系也需要员工具备为客户服务的技能和人际交往技能。因此，建立员工-客户关系有利

于提高员工的技能多样性、自主性和对反馈的响应水平。

④ 增加纵向的工作负荷。增加纵向的工作负荷是指员工不仅要承担执行的任务，还要负责比过去有更多责任的管理与监督任务，这样可以缩短工作执行层与控制层之间的距离，让员工感受到自己所承担的责任，提高员工的工作自主性。

⑤ 开通反馈渠道。通过反馈，员工除可以了解其工作进展外，还能了解他们的绩效情况。最理想的情况是让员工在工作中直接收到反馈，而非由上级间接转达，这样可以提高员工的自主性，减少上级的监督。

同时，这5种方式也是影响5个核心工作特征的直接因素，而且各自所影响的对象不同，如图8-1所示。

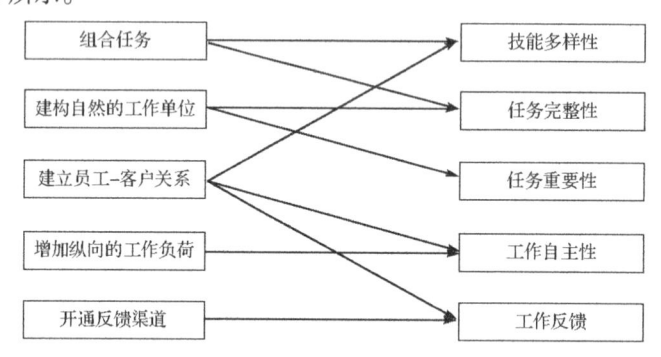

图 8-1 实现工作丰富化的方法与 5 个核心工作特征的关系

工作丰富化示例如表 8-1 所示。

表 8-1 工作丰富化示例

原来的情况	工作丰富化后的情况	对应提高的核心工作特征
每人轮换使用机器	每人固定负责两台机器	任务完整性
当机器发生故障时，操作工让维修工来维修机器	操作工接受维修训练，负责所使用机器的维修	技能多样性
操作工按照操作手册的规定，调换重要的零件	操作工根据自己的判断来调换零件	工作自主性
工长对操作工实施监督，对不符合标准的操作工予以纠正	建立工作绩效反馈制度，使操作工了解自己的工作情况	工作反馈
在工作流程中个人做单一的作业	由3~5人组成小组，完成整个工作任务（即让集体工作构成一个完整和有意义的整体）	技能多样性、任务完整性
工长决定谁做什么工作	由工作团队决定做什么工作	工作自主性
检验员和工长检验产品，纠正操作方法	由工作团队对产品进行自我检验	任务完整性、工作自主性、工作反馈

资料来源：郑晓明，吴志明. 工作分析实务手册[M]. 北京：机械工业出版社，2006：103.

通过工作丰富化的设计方法，员工可以拥有更多的工作自主权和独立性，意识到工作的成败更多地需要依靠自己的努力和控制。因此，工作对于员工而言，具有了更重要的意义和挑战性，这也是工作丰富化的显著优势，即它改变了工作本身的内在特质，与其他常规的单一性工作设计方法相比，它能够产生更大的激励作用和更高的工作满意度，从而提高工作效率，降低员工的缺勤率和离职率。工作丰富化存在的不足是，在采用该方法时，需要员工掌握更多的技能，组织因此必须增加培训成本，增加整修和扩充工作的设备费，以及支付给员工更多的薪酬。

【阅读材料】

工作丰富化的效果

瑞典沃尔沃汽车公司的凯尔玛工厂因为采用高度自动化流水作业线生产方式，工人对工作厌倦，导致工人的缺勤率和流动率提高。而按照瑞典的惯例，对缺勤工人也要照付工资，这使工厂的支出浩大。为了解决这一问题，该厂把传统的汽车装配线组织改为16～27人的装配小组，分工负责一种零配件或一道工序，所有物资供应、产量、质量均由装配小组负责，结果该厂的工人的流动率降低了，产品质量提高了，不合格零配件减少了。

美国德克莎斯公司把70%以上的生产工人、50%的非生产工人按工作丰富化原则编成小组。结果显示，让雷达装配女工自己安排和组织她们的工作后，每单位产品工时由138小时减少为86小时。后来德克莎斯公司又接受了雷达装配女工取消监督人员的建议，每单位产品工时进一步减少为36小时。

4. 工作个性化

工作个性化强调工作设计要保持组织战略与员工终身战略之间的平衡，即组织中任何一项工作的内容、职责等方面的设计都要在充分考虑与组织战略的一致性的同时，充分考虑员工在控制自己工作生活方面的基本需求，包括工作目的、工作内容、工作时间、工作场所、工作方式、工作伙伴、职业生涯规划、职业发展所需的技术与知识等方面。工作个性化要重视个性化工作场所的选择，强调员工参与、互相承诺、资源共享、协商互惠等内在因素，如可采用弹性工作制等。

8.2.2 机械型工作设计方法

机械型工作设计方法起源于古典工业经济学，它强调必须找到一种能够使效率达到最大化而且最简单的方式来构建工作。在大多数情况下，这通常包括降低工作的复杂程度，从而提高人的效率。也就是说，让工作变得尽量简单，从而使任何人只要经过快速的培训就能够很容易地完成它。这种方法强调按照任务专门化、技能简单化及重复性的基本思路来进行工作设计，从而让组织减少它所需要的能力水平和员工数量，减少组织对单个员工的依赖。

科学管理是一种最早也是最有影响的机械型工作设计方法。科学管理首先要做的是找出完成工作的"最好的方法"。通常需要进行时间-动作研究以找到员工工作最有效的方法，然后对员工的潜在能力进行甄选，并按照完成工作的"最优方式标准"对员工进行培训，通过金钱刺激使员工发挥最大的能力。如果按照这种方法设计工作，组织就可以减少对较高能力水平员工的依赖。一个员工是很容易被替代的，因为新员工经过快速而低成本的培训就可以胜任工作。机械型工作设计方法的核心是充分体现效率的要求，这种方法的主要设计形式有4种。

1. 工作专门化

从工作目的或者工作活动的角度来说，工作是高度专门化的，即根据职业、专业、技术、产品、服务、工具、程序等，把工作合理分类。按照员工类型合理分工，在保障良好的工作效率、工作绩效的前提下，使工作高度专门化。

2. 任务简单化

通过对工作任务的整合、分解、重组，使员工完成起来更加方便、快捷、愉快。工作本身表现为：操作简单、根据简单、动作简单、活动重复；技能、知识要求较少；同一时间、地点只完成一项工作任务，不要求员工同时或者紧接着完成多项工作任务。

3. 劳逸结合

在工作的各种活动之间，科学安排合理的节拍、时间、空间和休息时间，保持劳动强度合适，使员工不因工作紧张而损害健康。

4. 自动化

工作中的许多活动都实现了自动化或者能够得到自动化设备的辅助。实现全部自动化或计算机辅助的工作，能够提高工作的知识、技术含量，增加对员工智力的挑战性。

8.2.3 生物型工作设计方法

1957年，波兰的雅斯特莱鲍夫斯基教授首先提出工效学。工效学是从人、机、环境系统的角度出发，研究人在生产活动中的工作方法、动作、环境、疲劳规律，以及人、机、环境各个要素的相互关系，探讨高效率、安全、健康、舒适的工作方案。由工效学原理衍生出两类工作设计方法，即生物型工作设计方法和知觉运动型工作设计方法。

生物型工作设计方法主要通过如下方式来实现。

① 力量设计。一方面，要考虑工作中只要求员工运用适度的肌肉力量，如推力、举力、拉力、提力、抗力、抬力及耐力等；另一方面，要使工作环境、工作对象、工具等对员工的反作用力、冲击力、震动力等适度，不伤害员工的健康。

② 工作位置设计。即要求员工工作时所处的位置（站立位置、座位）安排应适合人体结构特征，如工作中的座位安排恰如其分，使员工有足够的机会坐下、有舒适的座椅及良好的坐姿等。同时，还要考虑间隙距离、伸手距离、眼视高度、腿脚的放置空间等适合员工活动，可以容纳不同体型的员工一同工作。

③ 运动设计。即要求员工工作时，手臂、身躯、腿脚的活动简捷有度，不做无用的动作。

④ 工作环境设计。即要求工作环境良好，噪声、温度、湿度、亮度、气味等适合员工工作，有利于保持高度的工作效率。

⑤ 工作制度设计。即要求工作时间安排合理，如加班、倒班、轮班等的安排与员工的工作习惯和生理节律相适应。

生物型工作设计方法已经被用于对体力要求比较高的工作进行再设计，以降低某些工作的体力要求，使得每个人都能完成它。许多生物型工作设计方法还强调，对机器和技术也要进行再设计。例如，调整计算机键盘的高度来最大限度地减少职业病（如腕部血管综合征）；对于办公室工作来说，使座椅和桌子的设计符合人体工作姿势的需要。一项研究发现，让员工参与一项工效学工作再设计计划，结果员工累积性精神紊乱发生的次数和严重程度、损失的生产时间，以及受到限制的工作日数量均出现了下降。

8.2.4　知觉运动型工作设计方法

知觉运动型工作设计方法来源于对人性因素的研究，这种工作设计方法的目标是，在设计工作的时候，通过采取一定的方法来确保工作的要求不会超过人的心理承受能力。

知觉运动型工作设计方法通常通过降低工作对信息加工的要求来改善工作的可靠性、安全性，以及使用者的反应性。在进行工作设计时，工作设计者首先要看能力最差的员工所能够达到的能力水平，再按照使具有这种能力水平的人也能够完成的方式来确定工作的要求。如果说生物型工作设计方法所注重的是人的身体能力和身体局限，那么知觉运动型工作设计方法所注重的则是人类的心理能力和心理局限。与机械型工作设计方法类似，知觉运动型工作设计方法一般也能达到降低工作认知要求的目的。

知觉运动型工作设计方法主要通过如下3种方式来实现。

① 视觉性设计。这主要要求工作设计要考虑工作环境中的照明度与员工的视觉相适应；仪器、仪表、显示器及其他信息显示明显、易阅读；工作场所布置、设备、工具、材料等的安排容易让员工看见、看清等。

② 听觉性设计。要求工作场所发出的各种声音有利于员工听到、听清。

③ 心理性设计。要求工作中的各种信息显示使员工易懂、易理解、易记忆，各种物理要素有利于员工注意力的集中，工作安排有利于员工的沟通与活动，工作中需要员工投入、加工、产出的信息适度，环境产生的心理压力不能超出员工的心理承受能力，各

种工作要素不使员工厌倦、疲劳、伤感等。

知觉运动型工作设计方法比较适合只有很低的技能要求，从而也只能获得相应的较低薪酬的工作，如事务性的工作和流水线上的工作。

在现实的工作设计过程中，可综合考虑上述4种工作设计方法的优缺点并进行选择。下面将这4种工作设计方法从不同角度加以比较，如表8-2所示。

表8-2 不同工作设计方法的比较

工作设计方法	理论依据与目的	工作特征	积极效果	消极效果
激励型工作设计方法	组织心理学 提高激励效果	自主性高，内部工作反馈高，外部工作反馈高，社会互动性强，任务/目标清晰度高，任务多样性高，任务一致性高，能力/技能水平要求高，能力/技能多样，任务重要，成长/学习性强	工作满意度高 内在激励性高 工作参与度高 工作绩效高 缺勤率低	培训时间多 利用率低 错误率高 精神负担和压力出现的可能性高
机械型工作设计方法	古典工业经济学 效率是中心 人是中心	工作专门化，工具和程序专门化，任务简单化，技能单一化，工作简单化，重复性高，没有自主性	成本低 培训少 利用率高 质量稳定 精神负担小 压力小	工作满意度低 激励性低 缺勤率高
生物型工作设计方法	工效学（以人体工作方式为中心，对物理工作环境进行结构性安排） 降低人体的紧张程度	肌肉力量要求低，抬举力要求低，肌肉忍耐力要求低，座位设置恰如其分，工作场所能够容纳不同体型的人，手腕可伸直，噪声小，工作间隔适当，温湿度适中，不要求轮班或过多加班	体力付出更少 身体疲劳度低 健康抱怨少 安全事故少 缺勤率低	设备或工作环境的变化带来更高的财务成本
知觉运动型工作设计方法	工作负荷不超过员工的心理承受能力，降低员工的视觉、大脑、心理的负担和压力	照明充分但不刺眼，各种显示信息使员工容易阅读理解，各种程序使员工容易学会和运用，打印材料使员工容易阅读理解，工作场所布置合理，需要员工投入的注意力尽量少，信息处理量尽量低，要求员工记忆的信息量少，信息产出量尽量低，使员工承受的压力相对低，使员工对工作厌烦的可能性低	出现差错的可能性低 发生事故的可能性低 出现精神负担和压力的可能性低 培训时间少	工作满意度较低 激励性较低

在进行工作设计时，管理者如果希望按照某种能够使员工和组织的各种积极效果都达到最大化的方式来进行工作设计，就需要理解与每一种方法相联系的成本和收益，在它们之间进行适当的平衡。

8.3 工作再设计

8.3.1 工作再设计的概念和目的

工作再设计是对工作内容、工作职能、工作关系的重新设计。它受双因素理论的影响，于 20 世纪 50 年代在美国兴起。工作再设计的目的一方面是使工作更加有趣，从而对员工更有吸引力，使工作更加有效；另一方面是带给员工更多的自我激励和更多潜能的发挥。在很多情况下，工作再设计是改善员工工作生活质量的有效工具。

8.3.2 工作再设计的常见形式

工作再设计必须进行整体考虑，在主要设计工作开始前，要考虑组织的环境因素和工作设计本身的因素，如工作内容、工作自主、工作难度、信息流程、责任、职权关系、协作要求、与其他人交往建立友谊的机会、集体合作的要求等。设计关注的目标在于绩效成果因素（如生产率和员工反应——满意度、出勤率、离职率）和员工的个人特征（如个人需求、价值观倾向、个性及学习等）。

工作再设计的常见形式有以下几种。

1. 岗位轮换

所谓岗位轮换，就是将员工由一个岗位调到另一个岗位以增加其经验的方法。传统的工作设计强调劳动力的"专业化"，它用严格的标准、科学的方法将员工培训成本行业的"能手"后，就将该员工与岗位的匹配固定下来，希望他能熟能生巧，从而创造更高的效率。然而事与愿违，这些"能手"的工作效率在达到一定水平后，"专业化"所带来的"单一化"往往会使他们感到厌倦，使得组织的整体效率下降及组织内部缺乏活力。而岗位轮换恰好能够解决这个问题。

2. 岗位扩展

岗位扩展又称扩大化，是指通过增加岗位的工作内容，使一个员工同时承担几项工作，改变原来工作范围窄、简单重复的情况，形成广泛的工作范围和较少的工作循环重复的一种工作设计方法。岗位扩展是工作广度的横向扩展。例如，原本一名工人仅负责拧螺钉，而岗位扩展则会把整个上底盘的工作都交给他负责，一项工作变成多项工作，工作种类多了，所需的动作技能多样化了，工作就更有意义了。

岗位扩展并不是随意地扩展，给员工增加的工作一般要与其先前的工作在性质上相似、在程序上相连，工作性质上的相似可以使员工不经培训即可胜任，节省招聘和培训新员工所需的招聘和培训费用；工作程序上的相连则避免了产品或任务在不同员工之间的传递，减少了交接的程序，节省了时间。另外，从员工成就感的角度而言，员工以前所从事的仅仅是一大项工作中很微小的一部分，个人在整个工作中的地位感不清，而进行了岗位扩展之后，员工完成的是一个较大的单元，甚至整个产品，这对员工的个人价值是一个很好的认可，可以极大地激励员工掌握更多的知识和技能，丰富员工的工作经验。

但岗位扩展也存在弊端，即对于那些需求层次较低的员工来说，获得更高的薪酬是他们工作的唯一目的，他们并不认为增加一些额外的工作是权力和责任的象征，而是把它当作一种负担，这样不仅起不到激励作用，还会助长他们的负面情绪。岗位扩展使员工疲于更换工作，单一的动作变得复杂也是许多员工不愿意看到的。因此，在实施岗位扩展之前，调查员工的实际需求，因人而异、对症下药是十分重要的。

3. 工作丰富化

工作丰富化是指通过工作内容和责任层次的改变，使员工在计划、组织、指挥、协调、控制等方面承担更多责任的工作设计形式。工作丰富化是工作的纵向扩展，它不仅给员工分派了更多的工作任务，还为员工提供了获得更多赏识、进步和成长的机会。在挑战性工作和自主性工作氛围的双重刺激下，员工可以更好地发挥主观能动性，更优异地完成任务。

授权和信任是工作丰富化有效实施的前提。工作丰富化要求每一名员工都必须自行规划、设计自己的工作，自行控制生产的速度和品质，自行负责工作的成果并承担相应的责任。在这种高度"自治"的背后，管理者的授权和信任是必不可少的。管理者在承担责任的同时充分下放权力，相信员工可以圆满完成任务，不时时监管员工，不对员工横加指导，让员工成为工作的主人。

工作丰富化的局限性在于，更多的工作职责就意味着更多的知识和技能，因此组织必须增加培训成本及整修和扩充设备的费用，还需要付给员工更高的薪酬。这就要求组织有相应的薪酬体系和良好的工作环境。没有这些辅助设备，一味地增加员工的工作内容和层次，只会起反作用。

4. 弹性工作制

弹性工作制是指在完成规定的工作任务或固定的工作时间长度的前提下，员工可以灵活自主地选择工作的具体时间安排，以代替统一、固定的上下班时间。弹性工作制是对传统工作安排进行的重组或再设计，员工可以用这种新型的日程安排，在不损失工作时间的情况下，满足个人多样化的时间需要，包括履行家庭职责、日常生病求医、进行社交活动等。

1）弹性工作制的实施形式

① 核心时间与弹性时间结合制。

这种形式的弹性工作制主要由核心时间、带宽时间和弹性时间组成。核心时间是每天的工时中所有员工必须到岗的时间，这个时间段里可能会有会议安排，或是重大事件需要集中处理。带宽时间界定了员工最早到达和最晚离开的时间，核心时间被包括在内。

弹性时间则是员工根据个人需要可以自由选择的时间，只要全部工时得到完成，每天的弹性时间可以有所不同。这种工作制主要被小型组织采用。

② 成果中心制。

这种形式的弹性工作制是以工作任务的完成为指标的。员工只需要在所要求的期限内按质按量完成工作任务即可获得薪酬，员工可根据个体差异将工作任务调整到其身心状态最佳、最具效率的时段来完成。

③ 紧缩工作时间制。

这种形式的弹性工作制可根据员工的实际能力，通过增加每天的工作时间长度，使一个完整的工作周在少于 5 天的时间内完成。剩余时间或休假或娱乐，由员工自己决定。

④ 全日制工作与临时雇员队伍相结合制。

目前，一些组织正在向"双轨雇用制"的方向发展。其中，核心轨道是全日制的雇员队伍，辅助轨道则是机动灵活的临时雇员队伍，二者互相配合。

2）弹性工作制的优缺点

① 优点。

对员工而言，灵活的时间使员工对个人的工作安排有了更大的自主权，在处理工作-生活平衡时有了更大的主动性，员工的自尊、社交需要得到满足，员工的满意度更高；对雇主而言，不必将注意力放在员工的缺勤和迟到现象上，组织的设备被更优地使用，办公资源紧张的情况将得到缓和，员工的高峰时间优势被充分利用，避免了"出工不出活"的尴尬局面；对于顾客而言，组织拉长了工作时间，使更多的人可以接受服务，顾客对组织的满意度提高。

② 缺点。

首先，在弹性工作制建立之初，必须对该岗位的工艺流程和技术规范进行严密的考察和规划，能进行精确的个体工作绩效（质量、数量）考核的工作才适合实行该制度；其次，必须考虑到监管上的安排，要确保有充足的员工可以轮班，有良好的沟通协作渠道避免"盲点"，有严密的管理规章制度保证实施的有条不紊；最后，一些岗位的特殊性使其无法实施弹性工作制，如接待员、销售员等。

8.4 柔性工作设计

在知识经济时代，组织最重要的资产是员工，人力资本不像设备和工厂，它可以离开组织并为对手效力。然而，现在仍有很多管理人员在逐渐破坏员工对组织的认同感，因为他们让有才华的员工待在能出色完成任务但是员工并不感兴趣的工作岗位上。为了更好地激励和留住人才，人力资源管理工作必须进行一项艰难而有价值的工作——柔性工作设计。

8.4.1 柔性工作设计的特征

柔性工作设计呈 X 形，它是以传统工作设计为基础的，同时又是对传统工作设计的扬弃。柔性工作设计的特征如表 8-3 所示。

表 8-3 柔性工作设计的特征

特 征	内 容
工作组成	所有工作均由管理工作和员工工作组成
管理工作	管理工作分两部分：一部分是传统工作设计中的以部门为管理对象的管理工作（简称管理工作 1）；另一部分是在传统工作设计中的管理工作的基础上增加的，以项目和业务为对象的管理工作（简称管理工作 2）
对应层次划分	管理工作 1 主要分为正（副）部门经理、正（副）总经理等；管理工作 2 也分为多个层次并与管理工作 1 的层次划分相对应
薪酬分配制度	管理工作 1 与管理工作 2 坚持同层次同待遇原则
全通道岗位流动	实行全通道岗位流动模式，管理工作 1 的员工可以横向流动到管理工作 2，管理工作 2 的员工也相同；员工工作的员工可垂直攀升到管理工作 1 和管理工作 2

8.4.2 柔性员工系统

根据阿特金森的柔性组织模型，以及借鉴虚拟人力资源的分类标准（即人力资源的价值性和独特性，以及实践中员工的雇佣性质），可以将员工分为以下几种，如图 8-2 所示。

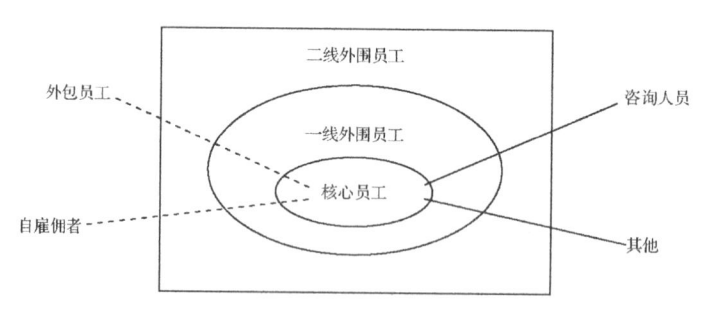

图 8-2 柔性员工系统

人力资源的价值性是指人力资源自身拥有的知识、技能、技术等对组织提高效益和效率、开发市场、消除潜在危机、提高顾客满意度等方面的战略作用。人力资源的价值性可以帮助组织获得竞争优势和发展核心能力。人力资源的独特性是指组织内部的独有性和外部的稀有性。因此，我们可以把组织中的各类员工依据这两个标准划入 4 个象限，形成人力资源分类图（见图 8-3）：二线外围员工（低价值性、低独特性）、外部员工（低价值性、高独特性）、核心员工（高价值性、高独特性）、一线外围员工（高价值性、低独特性）。

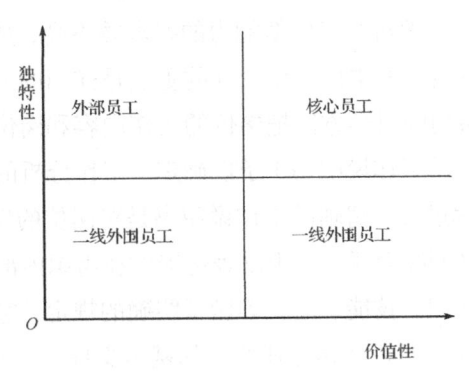

```
独
特
性      外部员工              核心员工


         二线外围员工          一线外围员工

       O                            价值性
```

图 8-3 人力资源分类图

8.4.3 柔性工作设计的内容

柔性工作设计表现为根据柔性员工系统进行灵活的工作设计。由工作设计的基本原则可以看出，员工的需要因其知识与技能水平、工作性质和家庭物质生活条件的不同而不同，组织的工作设计为了有效地实现目标，必须采取能满足员工需要的工作内容、工作职能和工作关系设计。柔性工作设计的内容如下。

1. 核心员工的柔性工作设计

核心员工是组织内部的正式员工，其技术、知识等都对组织的发展至关重要。核心员工是组织核心能力的代表，也是组织实现战略目标、取得竞争优势的核心力量。核心员工主要包括组织核心部门的关键员工，如组织的中高层管理者、专业技术人才、市场开发人才。核心员工的柔性工作设计应该放弃以个体为组织基本单位的观念，而应以团队作为组织的基本单元。在团队工作方式下，员工的工作更加灵活和弹性化，一个重要的变化是用"角色描述"代替"工作描述"。团队成员的职责安排弹性化、模糊化，团队内部工作关系的和谐依靠的不是明确的职责安排，而是成员间的默契与合作意识。团队能够促进核心员工参与决策过程，有助于满足核心员工责任、成就、认可和自尊的需要，同时参与本身还可以为核心员工提供内在激励。工作团队尤其是自我管理型工作团队的工作组织形式，彻底地改变了传统上依靠管理、指令等刻板的管理形式，使核心员工的个性和创造性得到极大的发挥。另外，实现团队目标还需要成员之间的相互信任。信任和相互依赖关系的增强，促进了成员之间的交流，有利于实现信息的共享。置身于这种相互共享和相互学习的氛围中，员工的技术、决策、人际关系等技能会得到极大的提高，有助于满足核心员工的发展需要。对于核心员工来说，能够得到个人的发展机会、能够帮助伙伴成长，这是非常令人满意的经历和奖励。

2. 一线外围员工的柔性工作设计

一线外围员工主要是从事传统事务的员工，这部分员工总体上涉及的知识与能力比较宽泛，但单一岗位的要求相对专业化，它要求员工的知识技能比较纯熟，要求员工的设备操作技能规范、标准，而对员工创新能力的要求并不高，如标准化技能的会计、统计员等。因此，一线外围员工的柔性工作设计的重点是详细的工作分析和清晰的工作说明书。其目的是通过一系列的科学方法把岗位的工作内容和岗位对员工的素质要求进行分析，并且以规范的文件（工作说明书）予以确定。工作分析的过程实际是对组织目标及员工各自的职责的分解过程。清晰的工作说明书是对岗位的性质、工作环境、任职资格、责任权限及工作标准的综合说明，用以表达岗位在组织内部的地位及对任职者的要求，特别是对任职者的知识、技能、经验等做了明确的规定，它体现了以"事"为中心的岗位管理，是考核、培训、录用及指导任职者的基本文件，也是岗位评价的重要依据。但是工作分析与设计必须体现动态性原则。一般地，在组织的经营业务发生变动、经营环境与市场发生重大变化或者工作效率下降时，组织就必须对相应的工作进行再分析和再设计。

另外，一线外围员工从事的工作一般比较单一，缺乏内在的激励，造成员工的工作动机下降和组织的功能失调，因此，可以采取工作轮换和工作丰富化等新的工作设计方法。

3. 二线外围员工的柔性工作设计

二线外围员工主要是指在该组织从事辅助生产的人员和在一线生产的合同制工人及临时工。这些员工难以进入组织的内部劳动力市场，只能处于外部市场。其工作特点是工作单调重复、技能要求低、限制工作中的社会交往。因此，二线外围员工的柔性工作设计的核心是具有明确的工作定义，特点是强调工作的简单化、标准化和专业化，并以此来获取工作的高效率。

4. 外部员工的柔性工作设计

外部员工一般是素质高、知识和技能高的人员，这些人员是由其他雇主雇佣的人员及自雇佣的人员，不是组织的内部正式员工，但他们拥有组织所缺乏的专业能力，因此他们成为组织的合作伙伴，包括为组织提供定制化服务的法律顾问、管理咨询机构、投资银行、会计师事务所等，在其他方面则与组织没有任何关系。外部员工的柔性工作设计一般采取团队导向，外部员工的工作结果只要符合组织的要求和目标即可，组织对其工作形式和工作地点等没有具体的要求，因此外部员工的工作自主性较大。

8.4.4 柔性工作设计的优越性

① 在遵循一定规则的前提下，各岗位可纵横有序地快速流动，这不仅能使整个组织充满活力与生机，还能增加组织对外界的适应能力、应变力，从而提高组织的市场竞争力。

② 管理岗位的流动空间增大，从而既能保证领导层进行必要而及时的新陈代谢，又能兼顾管理人员的个人发展偏好。

③ 员工岗位向上晋升的空间无限扩大，提高了员工的工作积极性与主动性，同时

也主动建立起一个组织内部的竞争机制。

④ 有利于引进优秀人才，留住优秀人才。

8.5 新组织的工作设计

8.5.1 新组织的工作设计的定义

新组织的工作设计是一个从无到有、从组织设计到具体的工作设计的过程。组织设计是指根据组织目标及工作的需要确定各个部门及其成员的职责、职权范围，确定组织结构。首先，确定组织的战略定位、组织文化等基本问题，确定组织的结构；其次，对组织的工作进行细分，从而确定岗位；最后，也是真正意义上的工作设计，即确定工作的性质、职权、职责、任职资格等。

8.5.2 新组织的工作设计的过程

1. 分析阶段

组织结构建立前的基础分析必不可少，包括分析组织所处的内外环境，确立组织的宗旨、行业及领域、战略定位、组织文化、核心竞争力等。分析阶段的内容包括组织分析、组织任务分析、业务流程分析。组织分析分为环境和组织目标分析，即分别针对组织的环境和组织将达到的目标，分析组织所处的行业和领域。组织任务分析解决的是即将设立的这个组织的任务是什么的问题。业务流程分析是组织的核心竞争力之一，工作设计人员需要对业务流程进行分析和设计，确立组织需要一个什么样的业务流程才能高效地完成任务。

2. 设计阶段

1）设计组织的系统结构

在对组织的目标、定位等问题进行分析、确立之后，组织的设计人员应该确定组织应该采取扁平式结构还是锥形结构，这两种结构的优劣分析如表8-4和表8-5所示。

表8-4 扁平式结构的优劣分析

优点	适合注重研究与开发、灵活型的组织；组织层次少、管理幅度较大，缩短了上下级的距离，有利于加快信息纵向流通
缺点	不能严密有效地监督下级，上下级之间的协调性较差，同时管理幅度的加大也造成同级间互相沟通的困难

表8-5 锥形结构的优劣分析

优点	组织层次较多，管理幅度小，可以实现有效监督，加强上下级之间的协调性
缺点	员工的自主权比较小，不利于员工主观能动性的发挥

2）设计部门结构

根据基础分析和系统图，将组织任务组合为一个个部门。

① 遵循量少而精简的原则。

对组织部门的划分需要遵循量少而精简的原则，在保证组织目标可以有效实现的前提下，尽量设置最少的部门。部门设置并非一成不变的，随着组织业务的变化，也要对部门进行适当的增减，以保证部门与业务之间的对等关系。

② 管理层次。

管理层次的设计受到组织规模和管理幅度的影响和限制，通常情况下，管理层次与组织规模成正比，与管理幅度成反比。规模越大的组织管理层次越多，管理幅度越大的组织管理层次越少；反之亦然。

③ 注意事项。

在设计部门的过程中，业务部门与检查部门应该分开设立、以避免检查人员的包庇行为。部门设计中的部门划分和组合、横向协调形式的选择、职权的集中或分散、政策及规章制度的制定等，都要以经过科学分析、设计并具体分解的各项业务工作为前提。

3）确定组织结构图

根据基础分析及部门划分，调整、平衡工作量，使组织设置更为合理。在组织的系统结构、部门结构设计好之后，就可以确定组织详细的组织结构图。组织结构图是用图示的方法显示组织的管理层次、职能单位、职务间关系、沟通关系及控制范围等，其因简明、清晰、标准和易懂而被企事业单位广泛采用。某酒店的组织结构图如图8-4所示。

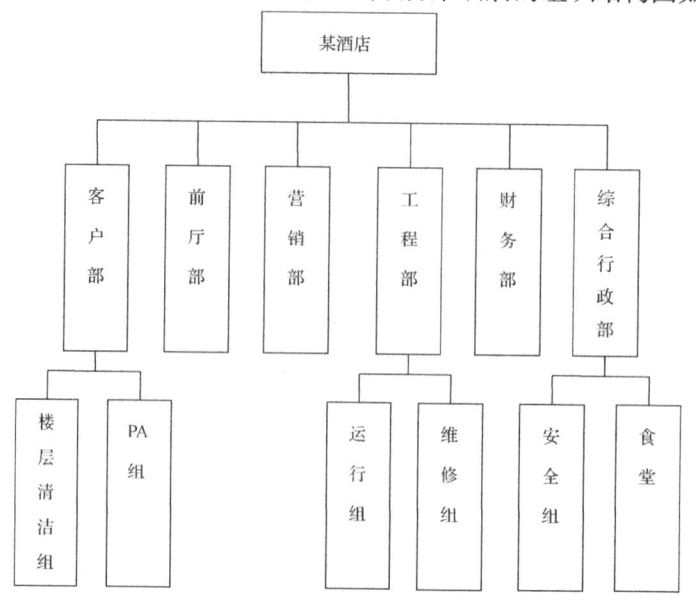

图8-4 某酒店的组织结构图

4）确定部门的工作任务

把组织的工作任务按照具体的业务流程进行分解，产生部门的工作任务。工作任务的确立是在确立部门职责的基础上进行的，但部门的划分与工作任务的确立并非严格的先后次序，部门的设置依据的是组织的活动和工作任务的性质。在某些情况下，甚至是先分析工作任务，再根据工作将任务组合为一个个部门。

5）分解工作任务

确立了组织和部门的工作任务之后，就需将工作任务继续分解为具体的工作。工作任务的分解就是将组织的基本职能细化为独立的、可操作的具体业务活动的过程。在分解的过程中，要考虑到工作的相近性和丰富化。工作任务的分解可采取逐级分解的方法，逐级分解一般可分为4个层级：工作任务确立所列出的具体职能为一级职能；为完成一级职能而必须开展的几个方面的工作为二级职能；将二级职能继续分解，可具体化为业务活动；业务活动可分为具体的工作，由具体人员来完成。组织的工作设计人员既可利用专门的逐级分解表格来进行工作任务的分解，也可将该表格作为工作任务分解的正式成果之一。工作任务分解示例（部分）如图8-5所示。

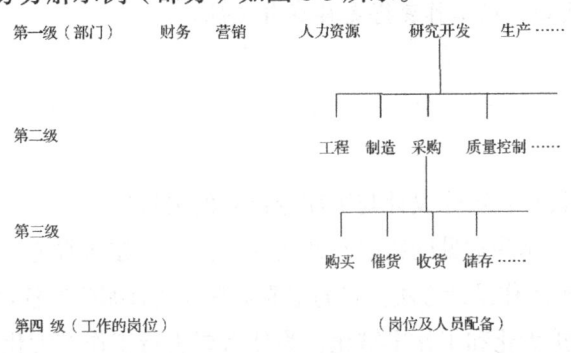

图 8-5　工作任务分解示例（部分）

6）确定岗位及工作职责

部门需要配备相应的岗位才能完成工作任务。部门需要什么样的岗位、岗位的数量、岗位的体系结构都是由工作设计人员确定的。对工作，组织要从其性质、职权、职责、任职资格等各个方面进行设计。

3．编制工作设计文件阶段

工作设计文件的生成是贯穿在整个工作设计过程中的，工作设计文件的编制包括组织任务书、整体组织结构图和岗位关系图、部门组织结构图和部门职责、岗位的工作描述书、岗位说明书、任职说明书的生成。

这里的岗位的工作描述书、岗位说明书、任职说明书与前文工作分析形成的文件是一样的格式，只是形成的途径有所不同。工作分析产生的文件是在对现实的岗位进行分析的基础上编制出来的，工作设计形成的文件是从组织目标出发，综合考虑组织的任务、战略、文化、流程、环境等因素，采用科学的方法设计出来的，因而没有现实的参照物。

【本章小结】

工作设计与工作分析有着密切的联系，大多数工作分析是在以前已设计过的现有岗位的基础上进行的，同时，工作再设计又要以工作分析为基础和依据。但是，二者的侧重点不同。工作分析更多地侧重于对现有岗位有关工作信息的客观描述，而工作设计则侧重于对现有岗位有关工作信息的认定、修改和对新岗位工作的科学设定，它主要说明工作安排应该如何合理化改革才能最大限度地提高组织的效率，促进员工个人的成长。

工作设计的方法有激励型、机械型、生物型、知觉运动型4种，其中最普遍使用的是激励型工作设计方法，它的主要实现方式有工作轮换、工作扩大化、工作丰富化和工作个性化。在现实的工作设计过程中，管理者要综合考虑上述4种工作设计方法的优缺点来进行选择，要理解与每一种方法相联系的成本和收益，在它们之间进行适当的平衡。同时，在工作设计的过程中，管理者还要避免出现常见的错误，这样才能取得工作设计的理想效果。柔性工作设计是应对变革的一种新思路，能较好地解决传统工作设计的片面性、非科学性等问题，使工作变得更具有自主性。

【思考与练习】

1. 什么是工作设计？工作设计与工作分析有何关系？
2. 工作设计中有哪些常见的错误？在实际工作中应如何避免？
3. 什么是激励型工作设计方法？它的主要实现方式有哪些？各自的优缺点是什么？
4. 试比较工作扩大化和工作丰富化，为什么要进行工作扩大化和工作丰富化？
5. 联系实际说说工作设计的重要意义。
6. 柔性工作设计的主要内容是什么？

参考文献

[1] 彭剑锋，张望军，朱兴东，等. 职位分析技术与方法[M]. 北京：中国人民大学出版社，2004.
[2] 付亚和. 工作分析[M]. 2 版. 上海：复旦大学出版社，2009.
[3] 李中斌，陈初升，卢冰. 工作分析[M]. 北京：中国社会科学出版社，2009.
[4] 马国辉，张燕娣. 工作分析与应用[M]. 2 版. 上海：华东理工大学出版社，2012.
[5] 葛玉辉. 工作分析与工作设计实务[M]. 北京：清华大学出版社，2011.
[6] 萧鸣政. 工作分析的方法与技术[M]. 3 版. 北京：中国人民大学出版社，2010.
[7] 高卫中. 工作分析中的员工恐惧及应对策略[J]. 商业研究，2009（3）.
[8] 荣鹏飞，葛玉辉. 复杂环境中企业团队模式的构建[J]. 中国人力资源开发，2012（2）.
[9] 王平. 浅谈企业管理中工作分析存在的问题及对策[J]. 中国商贸，2009（19）.
[10] 李文东，时勘. 工作分析研究的新趋势[J]. 心理科学进展，2006，14（3）.
[11] 谭绮球. 工作分析：现代企业人力资源管理的基础[J]. 科技创业月刊，2008（6）.
[12] 曾月征，贺小武. 浅析如何在工作分析中渗透人本管理思想[J]. 中国市场，2007（39）
[13] 陈晓波. 中小企业工作分析中面临的障碍及对策[J]. 科技和产业，2009，9（5）.
[14] 万希. 论基于胜任力的工作分析[J]. 湖南财经高等专科学校学报，2008，24（2）.
[15] 吕书梅. 人力资源管理中的工作分析[J]. 山西经济管理干部学院学报，2008，16（2）.
[16] 何芳芳，刘耀中. 工作分析实践中的障碍与应对策略[J]. 商业时代，2006（1）.
[17] 张莉，徐旭永. 工作分析理论和方法研究[J]. 中国外资，2008（10）.
[18] 王志华. 啤酒企业如何做好工作分析及岗位说明书[J]. 啤酒科技，2008（12）.
[19] 王乐杰，隋丽丽. 企业工作分析中的问题及对策[J]. 商场现代化，2006（5）.
[20] 孔令娟，赵京国. 工作分析中员工配合度问题心理探析[J]. 科技创业月刊，2007，20（8）.
[21] 蔡厚清. 对工作分析几个有争议问题的思考[J]. 企业活力，2007（9）.
[22] 方存艳. 论企业工作分析[J]. 经济师，2007（11）.
[23] 贾如静. 问卷调查法在岗位分析中的规范应用[J]. 人力资源，2004（9）.
[24] 罗双平. 用问卷调查来做工作分析[J]. 中国人才（上半月），2006（2）.
[25] 曹迪. 浅谈如何运用工作说明书——工作说明书在 XM 公司应用的情况[J]. 当代

经济, 2007 (10).

[26] 陈俊梁. 工作分析: 理论与实务[M]. 北京: 中国人民大学出版社, 2017.

[27] 万希, 等. 工作分析: 人力资源管理的基石[M]. 北京: 电子工业出版社, 2017.

[28] 李强. 工作分析: 理论、方法及应用[M]. 北京: 科学出版社, 2018.

[29] 潘泰萍. 工作分析: 基本原理、方法与实践[M]. 2版. 上海: 复旦大学出版社, 2018.

[30] 陈俊梁, 陈瑜. 工作分析理论与实务[M]. 北京: 中国人民大学出版社, 2017.

[31] 周鹏飞. 工作分析[M]. 重庆: 西南师范大学出版社, 2018.

[32] 袁声莉, 毛忞歆. 工作分析与职位管理[M]. 北京: 科学出版社, 2018.

[33] 陈彩琦, 马欣川. 工作分析与评价[M]. 武汉: 华中科技大学出版社, 2017.

[34] 蒋祖华, 薛伟. 工作分析与测定[M]. 北京: 机械工业出版社, 2012.

[35] 李忠斌. 工作分析理论与实务[M]. 3版. 大连: 东北财经大学出版社, 2017.

反侵权盗版声明

电子工业出版社依法对本作品享有专有出版权。任何未经权利人书面许可，复制、销售或通过信息网络传播本作品的行为；歪曲、篡改、剽窃本作品的行为，均违反《中华人民共和国著作权法》，其行为人应承担相应的民事责任和行政责任，构成犯罪的，将被依法追究刑事责任。

为了维护市场秩序，保护权利人的合法权益，我社将依法查处和打击侵权盗版的单位和个人。欢迎社会各界人士积极举报侵权盗版行为，本社将奖励举报有功人员，并保证举报人的信息不被泄露。

举报电话：（010）88254396；（010）88258888
传　　真：（010）88254397
E-mail：dbqq@phei.com.cn
通信地址：北京市万寿路173信箱
　　　　　电子工业出版社总编办公室
邮　　编：100036